DIN-Taschenbuch 223

Für das Fachgebiet Qualitätsmanagement, Statistik und Zertifizierungsgrundlagen bestehen folgende Taschenbücher sowie ein Loseblattwerk:

DIN-Taschenbuch 223
Qualitätsmanagement und Statistik – Begriffe –
Normen

DIN-Taschenbuch 224
Statistik – Auswertungen und Genauigkeitsanalysen –
Normen

DIN-Taschenbuch 225
Qualitätsmanagement und Statistik –
Verfahren 2: Probenahme und Annahmestichprobenprüfung –
Normen

DIN-Taschenbuch 226
Qualitätsmanagement – Verfahren –
Normen

DIN-Taschenbuch 294
Grundlagen der Konformitätsbewertung –
Normen

DIN-Taschenbuch 355
Statistik – Genauigkeit von Messungen – Ringversuche –
Normen

Loseblattwerk
Qualitätsmanagement, Statistik, Umweltmanagement –
Anwendungshilfen und Normensammlungen

DIN-Taschenbücher sind auch im Abonnement vollständig erhältlich.
Für Auskünfte und Bestellungen wählen Sie bitte im Beuth Verlag Tel.: 030 2601-2260.

DIN-Taschenbuch 223

Qualitätsmanagement und Statistik
Begriffe
Normen

4. Auflage
Stand der abgedruckten Normen: Februar 2006

Herausgeber: DIN Deutsches Institut für Normung e.V.

© 2006 Beuth Verlag GmbH
Berlin · Wien · Zürich
Burggrafenstraße 6
10787 Berlin

Telefon: +49 30 2601-0
Telefax: +49 30 2601-1260
Internet: www.beuth.de
Email: info@beuth.de

Das Werk einschließlich aller seiner Teile ist urheberrechtlich geschützt. Jede Verwertung außerhalb der Grenzen des Urheberrechts ist ohne schriftliche Zustimmung des Verlages unzulässig und strafbar. Das gilt insbesondere für Vervielfältigungen, Übersetzungen, Mikroverfilmungen und die Einspeicherung in elektronischen Systemen.

© für DIN-Normen DIN Deutsches Institut für Normung e.V., Berlin.

Die im Werk enthaltenen Inhalte wurden vom Verfasser und Verlag sorgfältig erarbeitet und geprüft. Eine Gewährleistung für die Richtigkeit des Inhalts wird gleichwohl nicht übernommen. Der Verlag haftet nur für Schäden, die auf Vorsatz oder grobe Fahrlässigkeit seitens des Verlages zurückzuführen sind. Im Übrigen ist die Haftung ausgeschlossen.

Druck: Media-Print Informationstechnologie,
       33100 Paderborn
Gedruckt auf säurefreiem, alterungsbeständigem Papier nach DIN 6738

ISBN 10: 3-410-16238-0 (4. Auflage)
ISBN 13: 978-3-410-16238-4
ISSN 0342-801X

Inhalt

	Seite
DIN-Nummernverzeichnis	VII
Verzeichnis abgedruckter Normen und Norm-Entwürfe	IX
Normung ist Ordnung. DIN – der Verlag heißt Beuth	X
Hinweise für das Anwenden des DIN-Taschenbuches	XII
Hinweise für den Anwender von DIN-Normen	XII
Vorwort	XIII
Abgedruckte Normen und Norm-Entwürfe (nach steigenden DIN-Nummern geordnet)	1

Die in den Verzeichnissen verwendeten Abkürzungen bedeuten:

DIN	Deutsche Norm
DIN EN ISO	Deutsche Norm, in die eine Internationale Norm (ISO-Norm) unverändert übernommen wurde und deren Deutsche Fassung den Status einer Deutschen Norm hat
DIN ISO	Deutsche Norm, in die eine Internationale Norm (ISO-Norm) unverändert übernommen wurde
E	Entwurf

> **Maßgebend für das Anwenden jeder in diesem DIN-DVS-Taschenbuch abgedruckten Norm ist deren Fassung mit dem neuesten Ausgabedatum.**
> Bei den abgedruckten Norm-Entwürfen wird auf den Anwendungswarnvermerk verwiesen.
> Sie können sich auch über den aktuellen Stand im DIN-Katalog, unter der Telefon-Nr.: 030 2601-2260 oder im Internet unter www.beuth.de informieren.

Management in allen Größen:
QM, UM, XM

Das umfangreiche Loseblattwerk von Klaus Graebig, Autor und „Qualitätsexperte" aus dem Hause DIN, hat sich qualitativ und normgerecht als feste Größe in der Welt der Managementsysteme etabliert.

Die vierteilige Sammlung bietet Ihnen alle grundlegenden **Normen, Kommentare** sowie **viele weitere Hilfen**, die Sie bei der Einführung und Verbesserung Ihres Q-, U- oder X-Managementsystems praxisbezogen unterstützen.

Je nach Interessenlage oder Unternehmensorientierung können Sie aus dem modular aufgebauten, differenzierten Angebot der Teile A, B/C, D und E auswählen.

Das Qualitätskonzept

Teil A
Anwendungshilfen und Sammlung der übergreifenden Normen zum Qualitätsmanagement und zum Umweltmanagement
- Beschreibung von über 100 branchen- und produktunabhängigen Normen

Teil B/C
Normensammlung Qualitätsmanagement und Zertifizierungsgrundlagen, Normensammlung Statistik
- alle Normen der Reihe DIN EN ISO 9000 ff.

Teil D
Normensammlung Umweltmanagement
- alle Normen der Reihe DIN EN ISO 14001 ff.
+ Öko-Audit-Verordnung

Teil E
Normensammlung Weitere Managementaspekte
- Normen zur Projektwirtschaft und zum Value Management

Sie entscheiden selbst über die Größe – und damit auch den Preis – Ihres Grundwerks, z. B.:

Loseblattwerk
Klaus Graebig
Qualitätsmanagement – Statistik – Umweltmanagement
Teil A, Teil B/C, Teil D und Teil E
Anwendungshilfen und Normensammlungen
Gesamtwerk
2003. 3174 S. A4. 7 Ordner.
Mit CD-ROM:
DIN EN ISO 9000 ff. Qualitätsmanagement – Dokumentensammlung.
259,00 EUR / 461,00 CHF
ISBN 3-410-15545-7

Nur im Abonnement! Es erscheinen ca. 2 Ergänzungslieferungen pro Jahr.

Fordern Sie Ihre ausführliche und kostenlose Produktinformation an:

Telefon: 030 2601-2240
Telefax: 030 2601-1724
werbung@beuth.de

Berlin · Wien · Zürich

Beuth Verlag GmbH
Burggrafenstraße 6
10787 Berlin
aboservice@beuth.de
www.beuth.de

DIN-Nummernverzeichnis

Hierin bedeuten:

- ●   Neu aufgenommen gegenüber der 3. Auflage des DIN-Taschenbuches 223
- ☐   Geändert gegenüber der 3. Auflage des DIN-Taschenbuches 223

(en)   Von dieser Norm gibt es auch eine vom DIN herausgegebene englische Übersetzung

Dokument	Seite	Dokument	Seite
E DIN 55350-11 ☐	1	DIN 55350-22 (en)	66
DIN 55350-12	14	DIN 55350-23 (en)	74
DIN 55350-13	27	DIN 55350-24 (en)	84
DIN 55350-14 (en)	35	DIN 55350-31	91
DIN 55350-15	41	DIN 55350-33	98
DIN 55350-17	44	DIN EN ISO 9000 ☐	106
DIN 55350-18	52	DIN ISO 11843-1 ●	173
DIN 55350-21 (en)	57		

Gegenüber der 2. Auflage nicht mehr abgedruckte Normen:
DIN 55350-34, ersetzt durch DIN ISO 11843-1

Wo Pfitzinger draufsteht, ist Qualität drin

Qualität setzt sich durch. Und wer auch morgen konkurrenzfähig sein will, sollte sich schon heute zertifizieren lassen.
Auf diesem Weg gehören die sieben „Pfitzinger-Specials" von Beuth zu den qualifiziertesten Begleitern. Sie geben Ihnen anschauliche, fachkompetente Unterstützung bei der Einführung, Sicherung und Weiterentwicklung Ihres normkonformen QM-Systems.
Pragmatisch – praktisch – Pfitzinger.

Elmar Pfitzinger
**DIN EN ISO 9000:2000
für Dienstleistungsunternehmen**
Mit CD-ROM zur Selbsteinschätzung
2., überarbeitete Aufl. 2001.
122 S. A5. Brosch.
25,30 EUR / 45,00 CHF
ISBN 3-410-14986-4

Elmar Pfitzinger
**DIN EN ISO 9000:2000
im Handwerk**
Mit CD-ROM zur Selbsteinschätzung
und Musterhandbuch
2., überarbeitete Aufl. 2002.
152 S. A5. Brosch.
34,80 EUR / 62,00 CHF
ISBN 3-410-14988-0

Elmar Pfitzinger
Projekt DIN EN ISO 9001:2000
Vorgehensbeschreibung zur
Einführung eines Qualitätsmanagementsystems
1. Aufl. 2001. 130 S. A5. Brosch.
27,60 EUR / 49,00 CHF
ISBN 3-410-14987-2

Elmar Pfitzinger
**Die Weiterentwicklung zur
DIN EN ISO 9000:2000**
2., überarbeitete Aufl. 2001.
84 S. A5. Brosch.
24,30 EUR / 43,00 CHF
ISBN 3-410-15111-7

Elmar Pfitzinger
**Der Weg von DIN EN ISO 9000 ff.
zu Total Quality Management (TQM)**
2. Aufl. 2002. 130 S. A5. Brosch.
24,30 EUR / 43,00 CHF
ISBN 3-410-15401-9

Elmar Pfitzinger
**Geschäftsprozess-
Management**
Steuerung und Optimierung
von Geschäftsprozessen
2., überarbeitete Aufl. 2003.
114 S. A5. Brosch.
22,00 EUR / 39,00 CHF
ISBN 3-410-15610-0

Elmar Pfitzinger
**Qualitätsmanagement
nach DIN EN ISO 9000 ff.
in einer Arztpraxis**
Mit CD-ROM zur Selbsteinschätzung
1. Aufl. 2004. 172 S. A5. Brosch.
38,00 EUR / 68,00 CHF
ISBN 3-410-15844-8

Beuth
Berlin · Wien · Zürich

Beuth Verlag GmbH
Burggrafenstraße 6
10787 Berlin
Telefon: 030 2601-2260
Telefax: 030 2601-1260
info@beuth.de
www.beuth.de

Verzeichnis abgedruckter Normen und Norm-Entwürfe

Dokument	Ausgabe	Titel	Seite
E DIN 55350-11*)	2004-03	Begriffe zu Qualitätsmanagement und Statistik – Teil 11: Begriffe des Qualitätsmanagements, Ergänzung zu DIN EN ISO 9000:2000-12	1
DIN 55350-12	1989-03	Begriffe der Qualitätssicherung und Statistik; Merkmalsbezogene Begriffe	14
DIN 55350-13	1987-07	Begriffe der Qualitätssicherung und Statistik; Begriffe zur Genauigkeit von Ermittlungsverfahren und Ermittlungsergebnissen	27
DIN 55350-14	1985-12	Begriffe der Qualitätssicherung und Statistik; Begriffe der Probenahme	35
DIN 55350-15	1986-02	Begriffe der Qualitätssicherung und Statistik; Begriffe zu Mustern	41
DIN 55350-17	1988-08	Begriffe der Qualitätssicherung und Statistik; Begriffe der Qualitätsprüfungsarten	44
DIN 55350-18	1987-07	Begriffe der Qualitätssicherung und Statistik – Begriffe zu Bescheinigungen über die Ergebnisse von Qualitätsprüfungen; Qualitätsprüf-Zertifikate	52
DIN 55350-21	1982-05	Begriffe der Qualitätssicherung und Statistik; Begriffe der Statistik; Zufallsgrößen und Wahrscheinlichkeitsverteilungen	57
DIN 55350-22	1987-02	Begriffe der Qualitätssicherung und Statistik; Begriffe der Statistik; Spezielle Wahrscheinlichkeitsverteilungen	66
DIN 55350-23	1983-04	Begriffe der Qualitätssicherung und Statistik; Begriffe der Statistik; Beschreibende Statistik	74
DIN 55350-24	1982-11	Begriffe der Qualitätssicherung und Statistik; Begriffe der Statistik; Schließende Statistik	84
DIN 55350-31	1985-12	Begriffe der Qualitätssicherung und Statistik; Begriffe der Annahmestichprobenprüfung	91
DIN 55350-33	1993-09	Begriffe zu Qualitätsmanagement und Statistik; Begriffe der statistischen Prozesslenkung (SPC)	98
DIN EN ISO 9000	2005-12	Qualitätsmanagementsysteme – Grundlagen und Begriffe (ISO 9000:2005); Dreisprachige Fassung EN ISO 9000:2005	106
DIN ISO 11843-1	2004-09	Erkennungsfähigkeit – Teil 1: Begriffe (ISO 11843-1:1997 einschließlich Technisches Korrigendum 1:2003)	173

---

*) Der Entwurf DIN 55350-11 ist zu einer Zeit entstanden, als noch DIN EN ISO 9000 mit Ausgabedatum Dezember 2000 vorlag. Die Begriffsergänzungen sind aber auch für die neue DIN EN ISO 9000 mit Ausgabedatum Dezember 2005 zutreffend. Der Titel der künftigen Norm DIN 55350-11 wird entsprechend angepasst sein.

Normung ist Ordnung

DIN – der Verlag heißt Beuth

Das DIN Deutsches Institut für Normung e.V. ist der runde Tisch, an dem Hersteller, Handel, Verbraucher, Handwerk, Dienstleistungsunternehmen, Wissenschaft, technische Überwachung, Staat, also alle, die ein Interesse an der Normung haben, zusammenwirken. DIN-Normen sind ein wichtiger Beitrag zur technischen Infrastruktur unseres Landes, zur Verbesserung der Exportchancen und zur Zusammenarbeit in einer arbeitsteiligen Gesellschaft.

Das DIN orientiert seine Arbeiten an folgenden Grundsätzen:
- Freiwilligkeit
- Öffentlichkeit
- Beteiligung aller interessierten Kreise
- Einheitlichkeit und Widerspruchsfreiheit
- Sachbezogenheit
- Konsens
- Orientierung am Stand der Technik
- Orientierung an den wirtschaftlichen Gegebenheiten
- Orientierung am allgemeinen Nutzen
- Internationalität

Diese Grundsätze haben den DIN-Normen die allgemeine Anerkennung gebracht. DIN-Normen bilden einen Maßstab für ein einwandfreies technisches Verhalten.

Das DIN stellt über den Beuth Verlag Normen und technische Regeln aus der ganzen Welt bereit. Besonderes Augenmerk liegt dabei auf den in Deutschland unmittelbar relevanten technischen Regeln. Hierfür hat der Beuth Verlag Dienstleistungen entwickelt, die dem Kunden die Beschaffung und die praktische Anwendung der Normen erleichtern. Er macht das in fast einer halben Million von Dokumenten niedergelegte und ständig fortgeschriebene technische Wissen schnell und effektiv nutzbar.

Die Recherche- und Informationskompetenz der DIN-Datenbank erstreckt sich über Europa hinaus auf internationale und weltweit genutzte nationale, darunter auch wichtige amerikanische Normenwerke. Für die Recherche stehen der DIN-Katalog für technische Regeln (Online, als CD-ROM und in Papierform) und die komfortable internationale Normendatenbank PERINORM (Online und als CD-ROM) zur Verfügung. Über das Internet können DIN-Normen recherchiert werden (www.beuth.de). Aus dem Rechercheergebnis kann direkt bestellt werden. Außerdem steht unter www.myBeuth.de die Erweiterte Suche und ein weiterer kostenpflichtiger Download von DIN-Normen zur Verfügung.

DIN und Beuth stellen auch Informationsdienste zur Verfügung, die sowohl auf besondere Nutzergruppen als auch auf individuelle Kundenbedürfnisse zugeschnitten werden können, und berücksichtigen dabei nationale, regionale und internationale Regelwerke aus aller Welt. Sowohl das DIN als auch der Beuth Verlag verstehen sich als Partner der Anwender, die alle notwendigen Informationen aus Normung und technischem Recht recherchieren und beschaffen. Ihre Serviceleistungen stellen sicher, dass dieses Wissen rechtzeitig und regelmäßig verfügbar ist.

DIN-Taschenbücher

DIN-Taschenbücher sind kleine Normensammlungen im Format A5. Sie sind nach Fach- und Anwendungsgebiet geordnet. Die DIN-Taschenbücher haben in der Regel eine Laufzeit von drei Jahren, bevor eine Neuauflage erscheint. In der Zwischenzeit kann ein Teil der abgedruckten DIN-Normen überholt sein. Maßgebend für das Anwenden jeder Norm ist jeweils deren Originalfassung mit dem neuesten Ausgabedatum.

Kontaktadressen

Fachauskunft & individueller Beratungsservice
vom Deutschen Informationsdienst für technische Regeln (DITR) im Beuth Verlag
Telefon: 030 2601-2600*)
Telefax: 030 2628-125
auskunft@beuth.de

*) Je angefangene Viertelstunde berechnen wir für Ihren Rechercheauftrag **17,50 EUR**.
 Kurzanfragen sind kostenfrei.

Normen und Normungsliteratur
Beuth Verlag GmbH
Postfach: 10772 Berlin
Hausanschrift: Burggrafenstraße 6, 10787 Berlin

Verkauf Inland
Telefon: 030 2601-2260
Telefax: 030 2601-1260
info@beuth.de

Verkauf Ausland
Telefon: 030 2601-2759
Telefax: 030 2601-1263
foreignsales@beuth.de

Der AuslandsNormen-Service
Telefon: 030 2601-2361
Telefax: 030 2601-1801
auslnormen@beuth.de

Abo- und Medienservice
Elektronische Medien
Telefon: 030 2601-2668
Telefax: 030 2601-1268
electronicmedia@beuth.de

Loseblattwerke, Zeitschriften
Telefon: 030 2601-2121
Telefax: 030 2601-1721
aboservice@beuth.de

Normen im Abonnement
Telefon: 030 2601-2221
Telefax: 030 2601-1259
normenabo@beuth.de

Prospektversand
Telefon: 030 2601-2240
Telefax: 030 2601-1724
werbung@beuth.de

DIN-Tagungen & Seminare
Telefon: 030 2601-2518
Telefax: 030 2601-1738
monika.vogel@din.de

www.beuth.de

Normen zum Download
www.mybeuth.de
(Dieser Service ist registrierungs- und kostenpflichtig.)

Hinweise für das Anwenden des DIN-Taschenbuches

Eine **Norm** ist das herausgegebene Ergebnis der Normungsarbeit.

Deutsche Normen (DIN-Normen) sind vom DIN Deutsches Institut für Normung e.V. unter dem Zeichen DIN herausgegebene Normen.

Sie bilden das Deutsche Normenwerk.

Eine **Vornorm** war bis etwa März 1985 eine Norm, zu der noch Vorbehalte hinsichtlich der Anwendung bestanden und nach der versuchsweise gearbeitet werden konnte. Ab April 1985 hat das Präsidium des DIN die Vornorm neu definiert. Wichtigste Ergänzung in der Definition ist die Tatsache, dass Vornormen auch ohne vorherige Entwurfsveröffentlichung herausgegeben werden dürfen. Da hierdurch von einem wichtigen Grundsatz für die Veröffentlichung von Normen abgewichen wird, entfällt auf der Titelseite die Angabe „Deutsche Norm". (Weitere Einzelheiten siehe DIN 820-4.)

Eine **Auswahlnorm** ist eine Norm, die für ein bestimmtes Fachgebiet einen Auszug aus einer anderen Norm enthält, jedoch ohne sachliche Veränderungen oder Zusätze.

Eine **Übersichtsnorm** ist eine Norm, die eine Zusammenstellung aus Festlegungen mehrerer Normen enthält, jedoch ohne sachliche Veränderungen oder Zusätze.

Teil (früher Blatt) kennzeichnete bis Juni 1994 eine Norm, die den Zusammenhang zu anderen Teilen mit gleicher Hauptnummer dadurch zum Ausdruck brachte, dass sich die DIN-Nummern nur in den Zählnummern hinter dem Zusatz „Teil" voneinander unterschieden haben. Das DIN hat sich bei der Art der Nummernvergabe der internationalen Praxis angeschlossen. Es entfällt deshalb bei der DIN-Nummer die Angabe „Teil"; diese Angabe wird in der DIN-Nummer durch „-" ersetzt. Das Wort „Teil" wird dafür mit in den Titel übernommen. In den Verzeichnissen dieses DIN-Taschenbuches wird deshalb für alle ab Juli 1994 erschienenen Normen die neue Schreibweise verwendet.

Ein **Beiblatt** enthält Informationen zu einer Norm, jedoch keine zusätzlich genormten Festlegungen.

Ein **Norm-Entwurf** ist das vorläufig abgeschlossene Ergebnis einer Normungsarbeit, das in der Fassung der vorgesehenen Norm der Öffentlichkeit zur Stellungnahme vorgelegt wird.

Die Gültigkeit von Normen beginnt mit dem Zeitpunkt des Erscheinens (Einzelheiten siehe DIN 820-4). Das Erscheinen wird im DIN-Anzeiger angezeigt.

Hinweise für den Anwender von DIN-Normen

Die Normen des Deutschen Normenwerkes stehen jedermann zur Anwendung frei.

Festlegungen in Normen sind aufgrund ihres Zustandekommens nach hierfür geltenden Grundsätzen und Regeln fachgerecht. Sie sollen sich als „anerkannte Regeln der Technik" einführen. Bei sicherheitstechnischen Festlegungen in DIN-Normen besteht überdies eine tatsächliche Vermutung dafür, dass sie „anerkannte Regeln der Technik" sind. Die Normen bilden einen Maßstab für einwandfreies technisches Verhalten; dieser Maßstab ist auch im Rahmen der Rechtsordnung von Bedeutung. Eine Anwendungspflicht kann sich aufgrund von Rechts- oder Verwaltungsvorschriften, Verträgen oder sonstigen Rechtsgründen ergeben. DIN-Normen sind nicht die einzige, sondern eine Erkenntnisquelle für technisch ordnungsgemäßes Verhalten im Regelfall. Es ist auch zu berücksichtigen, dass DIN-Normen nur den zum Zeitpunkt der jeweiligen Ausgabe herrschenden Stand der Technik berücksichtigen können. Durch das Anwenden von Normen entzieht sich niemand der Verantwortung für eigenes Handeln. Jeder handelt insoweit auf eigene Gefahr.

Jeder, der beim Anwenden einer DIN-Norm auf eine Unrichtigkeit oder eine Möglichkeit einer unrichtigen Auslegung stößt, wird gebeten, dies dem DIN unverzüglich mitzuteilen, damit etwaige Mängel beseitigt werden können.

Vorwort

Das menschliche Denken benutzt eine Vielzahl von Begriffen. Jedem Begriff kommt, unabhängig davon in welcher Sprache er gedacht wird, ein Bedeutungsinhalt zu. Dieser Inhalt, in Worte gefasst, stellt eine Definition dar. Letztere ist eines der zwei Elemente des Begriffs und soll dessen Inhalt eindeutig und vollständig, aber möglichst knapp festlegen.

Als das zweite Element des Begriffs tritt die Benennung hinzu, die griffig und ebenfalls möglichst knapp sein soll. Sie ermöglicht den sprachlichen Ausdruck und stellt das Wort dar, das zur Bezeichnung des Begriffes mündlich und schriftlich benutzt wird. Benennungen für denselben Begriff sind in der Regel von Sprache zu Sprache verschieden.

Wenn eindeutige Begriffsfestlegungen fehlen, können in vielfacher Hinsicht Unklarheiten oder Missverständnisse auftreten. Diese können vermieden werden, wenn alle Partner (Vertragspartner, Gesprächspartner, ...) mit derselben Benennung dieselbe Definition verknüpfen. Diesem Ziel dienen Terminologienormen. Sie wenden sich sowohl an diejenigen, die mit der Fachterminologie erst vertraut werden müssen, als auch an Fachleute, die sich auf diese Normen bewusst berufen können. An vielen Stellen enthalten die Normen zusätzlich zu den Begriffen Anmerkungen, um auf Zusammenhänge hinzuweisen oder ergänzende Erklärungen zum Verständnis zu geben. DIN EN ISO 9000 beschreibt auch einige weitere, zum Verständnis hilfreiche, Grundlagen.

Die Terminologienormen sind eine Basis und gleichzeitig ständig mitgeltende Unterlage der anderen Normen, deren Aussagen nur mit festgelegten Begriffen eindeutig, einheitlich und verständlich werden können. Sie sind dadurch ein wichtiger Beitrag zur Qualität des Normenwerks. Insbesondere aber auch außerhalb des Normungsgeschehens sollen sie die tägliche Verständigung über fachliche Themen unterstützen.

Die in diesem DIN-Taschenbuch enthaltenen Normen beziehen sich auf die Fachgebiete Qualitätsmanagement und Statistik. Sie gelten fachübergreifend für alle Branchen und Bereiche aus Wirtschaft und Gesellschaft sowie alle Größen von Organisationen (Unternehmen, Behörden, Vereine, Gesundheitseinrichtungen usw.), unabhängig davon, ob sie gewinnorientiert sind oder nicht.

Die Terminologienormen werden für das Qualitätsmanagement und die Statistik nicht nur national, sondern auch weltweit festgelegt und gegebenenfalls in das deutsche Normenwerk übernommen. Bei dem Übertragen eines Begriffs von einer Sprache in eine andere muss zunächst die Definition in der Zielsprache übereinstimmend mit der Definition in der Ausgangssprache festgelegt werden. Danach kann die Benennung aus dem Wortschatz der Zielsprache zugeordnet oder gelegentlich auch neu geprägt werden.

Berlin, im Januar 2006   Dipl.-Ing. Klaus Graebig
Normenausschuss Qualitätsmanagement, Statistik
und Zertifizierungsgrundlagen (NQSZ) im DIN

Entwurf März 2004

DIN 55350-11

ICS 01.040.03; 03.120.01

Einsprüche bis 2004-06-30
Vorgesehen als Ersatz für
DIN 55350-11:1995-08

Entwurf

Begriffe zu Qualitätsmanagement und Statistik –
Teil 11: Begriffe des Qualitätsmanagements, Ergänzung zu
DIN EN ISO 9000:2000-12

Concepts for quality management and statistics –
Part 11: Concepts of quality management, supplement to DIN EN ISO 9000:2000-12

Notions pour le management de la qualité et pour la statistique –
Partie 11: Notions du management de la qualité, supplément à DIN EN ISO 9000:2000-12

Anwendungswarnvermerk

Dieser Norm-Entwurf wird der Öffentlichkeit zur Prüfung und Stellungnahme vorgelegt.

Weil die beabsichtigte Norm von der vorliegenden Fassung abweichen kann, ist die Anwendung dieses Entwurfes besonders zu vereinbaren.

Stellungnahmen werden erbeten

- vorzugsweise als Datei per E-Mail an nqsz@din.de in Form einer Tabelle. Die Vorlage dieser Tabelle kann im Internet unter www.din.de/stellungnahme oder für Stellungnahmen zu Norm-Entwürfen der DKE unter www.dke.de/stellungnahme abgerufen werden;

- oder in Papierform an den Normenausschuss Qualitätsmanagement, Statistik und Zertifizierungsgrundlagen (NQSZ) im DIN, 10772 Berlin (Hausanschrift: Burggrafenstr. 6, 10787 Berlin).

Gesamtumfang 13 Seiten

Normenausschuss Qualitätsmanagement, Statistik und Zertifizierungsgrundlagen (NQSZ) im DIN

Vorwort

Diese Norm wurde vom Unterausschuss NQSZ-1.1 "Grundgedanken und Begriffe" im Normenausschuss Qualitätsmanagement, Statistik und Zertifizierungsgrundlagen (NQSZ) erarbeitet.

DIN 55350 "Begriffe zu Qualitätsmangement und Statistik" besteht aus:

— Teil 11: Begriffe des Qualitätsmangements — Ergänzung zu DIN EN ISO 9000:2000-12

— Teil 12: Merkmalsbezogene Begriffe

— Teil 13: Begriffe zur Genauigkeit von Ermittlungsverfahren und Ermittlungsergebnissen

— Teil 14: Begriffe der Probenahme

— Teil 15: Begriffe zu Mustern

— Teil 17: Begriffe der Qualitätsprüfungsarten

— Teil 18: Begriffe zu Bescheinigungen über die Ergebnisse von Qualitätsprüfungen — Qualitätsprüf-Zertifikate

— Teil 21: Begriffe der Statistik; Zufallsgrößen und Wahrscheinlichkeitsverteilungen

— Teil 22: Begriffe der Statistik; Spezielle Wahrscheinlichkeitsverteilungen

— Teil 23: Begriffe der Statistik; Beschreibende Statistik

— Teil 24: Begriffe der Statistik; Schließende Statistik

— Teil 31: Begriffe der Annahmestichprobenprüfung

— Teil 33: Begriffe der statistischen Prozeßlenkung (SPC)

— Teil 34: Erkennungsgrenze, Erfassungsgrenze und Erfassungsvermögen

Die in dieser Norm enthaltenen fremdsprachlichen Benennungen sind nicht Bestandteil dieser Norm. Sie dienen dem leichteren Übersetzen.

Anhang A dient zur Information.

Änderungen

Gegenüber DIN 55350-11:1995-08 wurden folgende Änderungen vorgenommen:

a) Berücksichtigung der DIN EN ISO 9000:2000-12;

b) Inhalt vollständig überarbeitet.

1 Anwendungsbereich

Diese Norm ist wie alle Normen der Reihe DIN 55350 eine Grundnorm. Sie dient dazu, Benennungen und Definitionen der in Qualitätsmanagement, Statistik und Zertifizierungsgrundlagen verwendeten Begriffe zu vereinheitlichen und damit der Verständigung auf diesem Gebiet.

Die Teile von DIN 55350 sollten nach Möglichkeit alle an der Normung interessierten Anwendungsbereiche berücksichtigen. Diese dürfen deshalb ihre Definitionen nicht so eng fassen, dass sie nur für spezielle Bereiche gelten (z. B. Technik, Landwirtschaft, Medizin).

Die Begriffe dieser Norm und aus DIN EN ISO 9000:2000-12 ergänzen sich gegenseitig. Deswegen ist die Kenntnis von DIN EN ISO 9000:2000-12 für das Verständnis des ganzen Begriffssystems nützlich. Siehe auch Erläuterungen.

2 Normative Verweisungen

Diese Norm enthält durch datierte oder undatierte Verweisungen Festlegungen aus anderen Publikationen. Diese normativen Verweisungen sind an den jeweiligen Stellen im Text zitiert, und die Publikationen sind nachstehend aufgeführt. Bei datierten Verweisungen gehören spätere Änderungen oder Überarbeitungen dieser Publikationen nur zu dieser Norm, falls sie durch Änderung oder Überarbeitung eingearbeitet sind. Bei undatierten Verweisungen gilt die letzte Ausgabe der in Bezug genommenen Publikation (einschließlich Änderungen).

DIN 1313, *Größen*.

DIN 40041:1990-12, *Zuverlässigkeit — Begriffe*.

DIN 40150, *Begriffe zur Ordnung von Funktions- und Baueinheiten*.

DIN 55319:2002-03, *Qualitätsfähigkeitskenngrößen*.

DIN 55350-17, *Begriffe der Qualitätssicherung und Statistik — Teil 17: Begriffe der Qualitätsprüfungsarten*.

DIN 55350-21, *Begriffe der Qualitätssicherung und Statistik — Teil 21: Begriffe der Statistik; Zufallsgrößen und Wahrscheinlichkeitsverteilungen*.

DIN 55350-33, *Begriffe zu Qualitätsmanagement und Statistik — Teil 33: Begriffe der statistischen Prozesslenkung (SPC)*.

DIN 66050:1980-08, *Gebrauchstauglichkeit — Begriff*.

DIN EN 45020:1998-07, *Normung und damit zusammenhängende Tätigkeiten — Allgemeine Begriffe (ISO/IEC-Guide 2:1996); Dreisprachige Fassung EN 45020:1998*.

DIN EN 45020:1998-07, *Normung und damit zusammenhängende Tätigkeiten — Allgemeine Begriffe (ISO/IEC-Guide 2:1996); Dreisprachige Fassung EN 45020:1998*.

DIN EN ISO 9000:2000-12, *Qualitätsmanagementsysteme — Grundlagen und Begriffe (ISO 9000:2000); Dreisprachige Fassung EN ISO 9000:2000*.

3 Begriffe

Die nachfolgend bei Benennungen in Klammern und die im Stichwortverzeichnis angegebenen Abschnittsnummern sind Hinweise auf die zugehörigen Begriffe in dieser Norm. Die mit * versehenen Abschnittsnummern weisen auf Begriffe in DIN EN ISO 9000:2000-12 hin.

3.1
Einheit (en: entity; object)
Das, was einzeln beschrieben und betrachtet werden kann

ANMERKUNG 1 Eine Einheit kann materiell oder immateriell sein.

ANMERKUNG 2 Eine Einheit kann im Allgemeinen in kleinere Einheiten unterteilt oder mit anderen Einheiten zu einer größeren Einheit zusammengefasst werden.

ANMERKUNG 3 Eine Einheit kann z. B. eine Tätigkeit, ein Prozess, ein Produkt, eine Organisation, eine Person oder ein System sein. In DIN EN ISO 9000:2000-12 wird die Formulierung "Produkt, Prozess oder System" z. B. in den Definitionen von Anspruchsklasse, Entwicklung und Qualitätsmerkmal stellvertretend für den in DIN EN ISO 9000:2000-12 nicht enthaltenen Begriff Einheit verwendet.

ANMERKUNG 4 Zur eingeschränkten Anwendung der Benennung "Einheit" im Messwesen siehe DIN 1313, in der Elektrotechnik siehe DIN 40150.

3.2
Beschaffenheit
Gesamtheit der inhärenten Merkmale einer Einheit sowie der zu diesen Merkmalen gehörenden Merkmalswerte

ANMERKUNG 1   "Inhärentes Merkmal" bedeutet "einer Einheit innewohnendes Merkmal", im Gegensatz zu einem "einer Einheit zugeordneten Merkmal". So sind z. B. die Maße eines Schranks, die Funktionsfähigkeit seiner Scharniere und der innere Aufbau der Türblätter inhärente Merkmale dieses Schranks, während sein Preis und sein Liefertermin diesem Schrank zugeordnete Merkmale sind.

ANMERKUNG 2   Im Englischen wird für Beschaffenheit bisweilen die Benennung "nature" benutzt.

3.3
Gebrauchstauglichkeit (en: fitness for use)
Eignung eines Gutes für seinen bestimmungsgemäßen Verwendungszweck, die auf objektiv und nicht objektiv feststellbaren Gebrauchseigenschaften beruht, und deren Beurteilung sich aus individuellen Bedürfnissen ableitet

[DIN 66050:1980-08]

ANMERKUNG   Die Zuordnung des Begriffs Gebrauchstauglichkeit zum Qualitätsbegriff ergibt sich aus der Beziehung der Gebrauchseigenschaften zur Beschaffenheit der Einheit.

3.4
umfassendes Qualitätsmanagement (en: total quality management)
in allen Bereichen einer Organisation angewendetes Qualitätsmanagement

3.5
Zuverlässigkeitsanforderung (en: dependability requirement)
Teil der Qualitätsanforderung, der das Verhalten der Einheit während oder nach vorgegebenen Zeitspannen bei vorgegebenen Anwendungsbedingungen betrifft

ANMERKUNG 1   Entsprechende Definitionen sind auch für andere Bestandteile der Qualitätsforderung sinnvoll, z. B. für die Sicherheitsanforderung, die Verfügbarkeitsanforderung (als Teil der Zuverlässigkeitsanforderung) und die Umweltschutzanforderung.

ANMERKUNG 2   Siehe auch DIN 40041:1990-12.

3.6
QM-Element (en: quality management element)
Element des Qualitätsmanagements oder eines QM-Systems

ANMERKUNG 1   QM-Elemente unterscheidet man von Qualitätselementen (siehe 3.7).

ANMERKUNG 2   Wie Einheiten können auch QM-Elemente unterteilt oder zusammengestellt werden.

ANMERKUNG 3   Es gibt 3 Arten von QM-Elementen: QM-Führungselemente, QM-Ablaufelemente und QM-Aufbauelemente.

ANMERKUNG 4   QM-Elemente bedürfen einer Qualitätsplanung, einer Qualitätslenkung und zweckmäßiger Qualitätsprüfungen sowie ggf. erforderlicher Qualitätsverbesserungen.

3.7
Qualitätselement (en: quality element)
Beitrag zur Qualität einer Einheit

ANMERKUNG 1   Bei Produkten gibt es unmittelbar und mittelbar wirksame Qualitätselemente. Beispiel für ein unmittelbar wirksames ist das Ergebnis der Beschaffung. Beispiel für ein mittelbar wirksames ist das Ergebnis der Erprobung eines Entwicklungsmusters.

— *Entwurf* — E DIN 55350-11:2004-03

ANMERKUNG 2 Tätigkeiten und Prozesse, deren Ergebnis zu einem Qualitätselement eines Produktes führt, werden üblicherweise geplant, gelenkt und geprüft sowie ggf. verbessert werden.

ANMERKUNG 3 Entsprechend dem Qualitätselement gibt es für spezielle Merkmalsgruppen speziell benannte Qualitätselemente, z. B. ein Zuverlässigkeitselement, ein Sicherheitselement, ein Umweltschutzelement.

3.8
Lieferantenbeurteilung
Beurteilung der Fähigkeit (DIN EN ISO 9000:2000-12, 3.1.5) eines Lieferanten durch den Auftraggeber

ANMERKUNG Es gibt in QM-Systemen unterschiedliche Verfahren der Beurteilung eines Lieferanten. Beispiele sind

vor der Auftragserteilung die Sammlung von Information über die Fähigkeit des Lieferanten (en: "vendor appraisal");

nach der Auftragserteilung die

- Überwachung des QM-Systems des Lieferanten durch den Auftraggeber, seinen Beauftragten oder eine unabhängige Stelle;
- Prüfung der Vertragsgegenstände (Angebotsprodukt) durch den Auftraggeber oder seinen Beauftragten beim Lieferanten (en: "vendor inspection");
- Eingangsprüfung der Vertragsgegenstände beim Auftraggeber mit laufender Bewertung der Fähigkeit des Lieferanten (en: "vendor rating").

3.9
Qualitätstechnik (en: quality engineering)
Gesamtheit von Methoden, die im Qualitätsmanagement angewendet werden

3.10
statistische Qualitätslenkung (en: statistical quality control)
Teil der Qualitätslenkung (DIN EN ISO 9000:2000-12, 3.2.10), bei dem statistische Verfahren eingesetzt werden

ANMERKUNG Ein spezieller Bereich der statistischen Qualitätslenkung ist die statistische Prozesslenkung (siehe auch DIN 55350-33).

3.11.1
beherrschtes Prozessmerkmal
Prozessmerkmal, bei dem sich die Parameter (siehe DIN 55350-21) der Verteilung der Merkmalswerte praktisch nicht oder nur in bekannter Weise oder in bekannten Grenzen ändern

[DIN 55319:2002-03]

3.11.2
beherrschter Prozess
Prozess, bei dem die Prozessmerkmale, welche die Qualität des Prozesses beeinflussen, beherrschte Prozessmerkmale sind

ANMERKUNG 1 Dieser Begriff kennzeichnet nicht die Qualitätsfähigkeit (siehe DIN EN ISO 9000:2000-12, 3.1.5) des Prozesses bezüglich seiner Prozessmerkmale. Oft ist es jedoch für eine Aussage über die Qualitätsfähigkeit des Prozesses erforderlich, beherrschte Prozessmerkmale zu haben.

[DIN 55319:2002-03]

ANMERKUNG 2 Eine beherrschte Produktion oder Dienstleistungserbringung ist eine Produktion oder Dienstleistungserbringung, bei der die Prozesse beherrscht sind.

ANMERKUNG 3 Zur Qualitätsfähigkeit eines Prozesses findet man Hinweise in DIN 55319:2002-03.

3.12
spezieller Prozess (en: special process)
Prozess, dessen qualitätsbezogenes Ergebnis durch Qualitätsprüfungen nicht oder nicht in vollem Umfang oder nur mit unverhältnismäßigem Aufwand oder nicht rechtzeitig festgestellt werden kann

ANMERKUNG   Spezielle Prozesse werden üblicherweise vorab qualifiziert und überwacht.

3.13.1
Prüfplanung
Planung von Prüfungen

ANMERKUNG 1   Prüfung siehe DIN EN ISO 9000:2000-12, 3.8.2.

ANMERKUNG 2   Im Qualitätsmanagement bezieht sich die Prüfplanung üblicherweise auf Qualitätsprüfungen.

3.13.2
Prüfplan
Spezifikation einer oder mehrerer Prüfungen

ANMERKUNG 1   Ein Prüfplan enthält im Allgemeinen Angaben zum Prüfobjekt und die Festlegung der Prüftechnik, der Prüftätigkeiten und Prüfprozesse und der Abfolge von Prüfungen oder verweist auf entsprechende Prüfspezifikationen, Prüfanweisungen und Prüfablaufpläne. Ein Prüfplan kann auch Festlegungen zur Kennzeichnung und Dokumentation des Prüfstatus enthalten.

ANMERKUNG 2   Zusätzlich zu einem umfassenden Prüfplan können für dieselbe Prüfung Auszüge aus diesem Prüfplan in Form von Prüfspezifikationen, Prüfanweisungen und Prüfablaufplänen zweckmäßig sein.

3.13.2.1
Prüfspezifikation
Prüfplan mit Festlegungen zu Prüftechnik

ANMERKUNG 1   Eine Prüfspezifikation kann zusätzlich auch Festlegungen zu Prüftätigkeiten und Prüfprozessen und zur Abfolge von Prüfungen enthalten.

ANMERKUNG 2   Die Festlegungen zu Prüftechnik können die Festlegung der Prüfmerkmale und gegebenenfalls der Prüf-Grenzwerte sowie erforderlichenfalls der Prüfverfahren und Prüfmittel beinhalten.

ANMERKUNG 3   Eine Prüfspezifikation ist gegebenenfalls Bestandteil einer oder mehrerer (technischer) Spezifikationen.

ANMERKUNG 4   Die früher hierfür übliche Benennung "Prüfvorschrift" ist wegen der Definition des Begriffs Vorschrift in DIN EN 45020:1998-07 zu vermeiden.

3.13.2.2
Prüfanweisung
Prüfplan mit Festlegungen zu Prüftätigkeiten und Prüfprozessen

ANMERKUNG 1   Eine Prüfanweisung kann zusätzlich auch Festlegungen zu Prüftechnik und zur Abfolge von Prüfungen enthalten.

ANMERKUNG 2   Die Festlegungen zu Prüftätigkeiten und Prüfprozessen können die Festlegung der Prüfmerkmale und gegebenenfalls der Prüf-Grenzwerte der Prüfhäufigkeit, des Stichprobenumfangs, der Lenkungsmethode (z. B. statistische Prozesslenkung, SPC), der prüfenden Stelle, der Aufzeichnung von Ergebnissen sowie erforderlichenfalls der Prüfverfahren und Prüfmittel beinhalten.

ANMERKUNG 3   Es ist grundsätzlich zweckmäßig, dass eine Prüfanweisung alle Angaben enthält, die der Prüfer zur Durchführung der Prüfung benötigt.

3.13.2.3
Prüfablaufplan
Prüfplan mit Festlegungen zur Abfolge von Prüfungen

ANMERKUNG 1   Ein Prüfablaufplan kann zusätzlich auch Festlegungen zu Prüftechnik und zu Prüftätigkeiten und Prüfprozessen enthalten.

ANMERKUNG 2   Ein Prüfablaufplan mit zusätzlichen Angaben zu den zu lenkenden Prozessen, der Prozesslenkung, den von diesen Prozessen erzeugten Produkten und ggf. auszulösenden Maßnahmen und zum Aufzeichnen von Ergebnissen kann Lenkungsplan (en: control plan) genannt werden. Bezieht sich der Lenkungsplan auf die Produktion kann er Produktionslenkungsplan genannt werden.

3.13.3
Prüfauftrag
für den konkreten Einzelfall erteilter Auftrag, eine Prüfung durchzuführen

ANMERKUNG   Grundlage für einen Prüfauftrag ist unter anderem die Prüfanweisung.

3.13.4
Prüfstatus
Zustand einer Einheit bezüglich der Frage, welche Prüfung(en) an dieser Einheit durchgeführt wurde(n) und welche Ergebnisse dabei erzielt wurden

ANMERKUNG   Der Prüfstatus kann

- am Produkt selbst oder
- auf einem am Produkt angebrachten Träger oder
- in einem Begleitpapier des Produkts oder
- durch die Positionierung (z. B. Aufstellungsort, Lagerungsort usw.) des Produkts oder
- in der Datenverarbeitung im Rahmen eines CAQ-Systems oder
- in einer sonstigen geeigneten Weise

dokumentiert sein.

3.14
Verfahrensanweisung (en: procedure instruction)
verbindliche Spezifikation, die ein Verfahren enthält

ANMERKUNG 1   In einer Verfahrensanweisung sind üblicherweise Anwendungsbereich und Zweck der Tätigkeit oder des Prozesses enthalten. Außerdem ist häufig in der Verfahrensanweisung festgelegt, was, durch wen, wann und wo getan werden muss. Weiterhin können die zu benutzenden Einrichtungen, Materialien und Hilfsmittel sowie die Überwachungs- und Dokumentationsmethoden festgelegt sein.

ANMERKUNG 2   Es gibt produktunabhängige und produktspezifische Verfahrensanweisungen sowie hierarchisch gegliederte Systeme von Verfahrensanweisungen, z. B. eine übergeordnete Verfahrensanweisung für alle Änderungsdienste und dazu folgende spezielle Verfahrensanweisungen, z. B. für die Änderung von Bauteile-Stammdaten oder für die Änderung von Zeichnungen.

ANMERKUNG 3   Ein Verfahrensdokument (siehe DIN EN ISO 9000:2000-12, 3.4.5 ANMERKUNG 2, Satz 2) kann verbindlich oder unverbindlich sein. Ein verbindliches Verfahrensdokument ist eine Verfahrensanweisung.

ANMERKUNG 4   In Abhängigkeit vom Inhalt einer Verfahrensanweisung werden bisweilen Benennungen wie Arbeitsanweisung, Prüfanweisung und Transportanweisung verwendet.

3.15
Qualitätsdaten (en: quality-related data)
Daten über die Qualität von Einheiten, über die bei der Ermittlung der Qualität angewendeten Qualitätsprüfungen und über die dabei herrschenden Randbedingungen sowie gegebenenfalls über die jeweils zugehörige Qualitätsanforderung

3.16.1
Fehlerverhütungskosten (en: prevention costs)
Kosten, die verursacht sind durch die Analyse und Beseitigung von Fehlerursachen

ANMERKUNG   Zu den Fehlerverhütungskosten gehören insbesondere die Kosten für Vorbeugungsmaßnahmen und Korrekturmaßnahmen.

3.16.2
Prüfkosten (en: appraisal costs)
Kosten, die durch planmäßige Prüfungen verursacht sind, die keinen konkreten Fehler zum Anlass haben

ANMERKUNG   Prüfkosten entstehen durch das für Prüfungen eingesetzte Personal und die zugehörigen Prüfmittel eingeschlossen die Prüfmittelüberwachung in allen Bereichen der Organisation. Bei zeitlich ineinandergreifenden Prüftätigkeiten und anderen Tätigkeiten sind die Kosten für den Anteil der Prüftätigkeiten anzusetzen. Beispiele für Arten von Qualitätsprüfungen siehe DIN 55350-17.

3.16.3
Fehlerkosten (en: nonconformity costs)
Kosten, die durch Fehler verursacht sind

ANMERKUNG 1   Fehlerkosten können nach dem Ort der Feststellung der Fehler in zwei Untergruppen unterteilt werden: in die internen Fehlerkosten (Kosten intern festgestellter Fehler) und die externen Fehlerkosten (Kosten extern festgestellter Fehler). Es kann zweckmäßig sein, für eine Organisation festzulegen, was unter "intern" und "extern" zu verstehen ist.

ANMERKUNG 2   Beispiele für Fehlerkosten sind die Kosten für Beseitigung oder Linderung eines Fehlers, für Nacharbeit, Reparatur, Verschrottung, Entsorgung, Ausschuss, außerplanmäßige Sortierprüfung, Wiederholungsprüfung, Ausfallzeit, Gewährleistung und Produkthaftung.

ANMERKUNG 3   Einige Fehlerkosten mögen schwer quantifizierbar, können aber sehr bedeutsam sein, z. B. Kosten durch Imageverlust.

3.16.4
qualitätsbezogene Kosten (en: quality-related costs)
im Rahmen des Qualitätsmanagements entstehende Fehlerverhütungs-, Prüf- und Fehlerkosten

ANMERKUNG 1   Qualitätsbezogene Kosten werden in einer Organisation gemäß deren eigenen Kriterien abgegrenzt und erfasst.

ANMERKUNG 2   Zu den qualitätsbezogenen Kosten gehören auch Kosten für Qualitätsaudits durch Kunden und Zertifizierungsstellen.

3.17
Angebotsprodukt (en: offered product)
Produkt, das eine Organisation zur Erreichung ihrer Ziele für externe Organisationen oder Personen vorsieht

ANMERKUNG 1   Angebotsprodukte werden z. B. auf dem Markt zum Verkauf angeboten oder externen Anwendern oder Kunden als Besitz oder zur Benutzung zur Verfügung gestellt. Es gibt auch Produkte für externe Stellen, die deshalb keine Angebotsprodukte sind, weil sie nicht der Erreichung der Ziele der anbietenden Organisation dienen, sondern vom Empfänger verlangt werden, wie Umsatzsteuervoranmeldung für das Finanzamt oder ein von einem Kunden verlangtes Zertifikat.

ANMERKUNG 2   Vom Angebotsprodukt sind Produkte zu unterscheiden, welche in der Organisation ausschließlich für die Organisation realisiert werden, beispielsweise der Betriebsabrechnungsbogen.

ANMERKUNG 3   Auch aus Steuern finanzierte, für den Empfänger aber unmittelbar unentgeltliche Leistungen der öffentlichen Hand sind Angebotsprodukte.

3.18.1
Ausschuss
fehlerhaftes Produkt, für das Verschrottung vorgesehen ist

ANMERKUNG 1 Verschrottung kann z. B. Recycling, Zerstörung oder Entsorgung bedeuten.

ANMERKUNG 2 Fehlerhafte Produkte, die einer Nacharbeit unterzogen werden können, aber z. B. aus wirtschaftlichen Gründen nicht nachgearbeitet werden sollen, sind Ausschuss.

ANMERKUNG 3 Die Bedeutung von Ausschuss für eine Organisation kann wegen der Störung des planmäßigen Betriebsablaufs weit über die Kosten für die Realisierung und Verschrottung des fehlerhaften Produkts hinausgehen.

ANMERKUNG 4 Ausschusskosten sind die Kosten für die Realisierung und Verschrottung des fehlerhaften Produkts. Ausschusskosten sind Fehlerkosten.

3.18.2
Abfall (en: waste)
Produkt, dessen sich sein Besitzer entledigt, entledigen will oder entledigen muss

BEISPIELE   Ausschuss, Produktionsrückstände, kontaminierte Produkte, ausgefallene Produkte

ANMERKUNG 1 Abfall kann in Abfall zur Verwertung und Abfall zur Beseitigung eingeteilt werden.

ANMERKUNG 2 Abfall kann zur Verschrottung vorgesehen sein.

3.19
Tätigkeit (en: activity)
Verändern des Zustandes einer Einheit

ANMERKUNG   Tätigkeiten von Personen können auch „Handlung" genannt werden.

3.19.1
Maßnahme (en: action)
zielgerichtete Tätigkeit

BEISPIELE   Korrektur, Nacharbeit, Korrekturmaßnahme, Vorbeugungsmaßnahme

3.20
Dienstleistungserbringung (en: service provision)
zum Erbringen einer Dienstleistung vom Lieferanten durchgeführte Tätigkeiten oder Prozesse

ANMERKUNG 1 Für die Dienstleistungserbringung können auch Tätigkeiten des Kunden an der Schnittstelle zum Lieferanten wesentlich sein. Diese Tätigkeiten des Kunden gehören nicht zur Dienstleistungserbringung durch den Lieferanten, werden aber grundsätzlich vom Lieferanten geplant.

ANMERKUNG 2 Lieferung oder Anwendung materieller Produkte oder von Software können Bestandteil der Dienstleistungserbringung sein.

Anhang A
(informativ)

Erläuterungen

DIN EN ISO 9000:2000-12 wurde in dieser Norm berücksichtigt (siehe auch Änderungen).

Zur Änderung der Benennung des Oberbegriffs für alle qualitätsbezogenen Tätigkeiten 1994 von „Qualitätssicherung" in „Qualitätsmanagement" wird die Übergangslösung, die neue Bedeutung von „Qualitätssicherung" durch die Doppelbenennung „Qualitätssicherung/QM-Darlegung" vor Missverständnissen zu bewahren nicht mehr aufrechterhalten. Es sollte jetzt als bekannt vorausgesetzt und darauf geachtet werden, dass „Qualitätssicherung (quality assurance)" jener Teil des Qualitätsmanagements ist, der auf das Erzeugen von Vertrauen darauf gerichtet ist, dass künftig Anforderungen erfüllt werden.

Zu dem vielfach in Benennungen und Definitionen benutzten Grundbegriff Qualität ist allgemein folgendes zu sagen:

Das Wort „Qualität" geht auf das lateinische „qualitas" zurück, das aus „qualis" („wie beschaffen?") gebildet wurde. In der Gemeinsprache, aber auch in qualitätsbezogenen fachlichen Unterhaltungen steht „Qualität" häufig (entgegen der Festlegung in DIN EN ISO 9000:2000-12 und in früheren Ausgaben dieser Norm) für

- Vortrefflichkeit (z. B. im Sinn von „Spitzenqualität");
- Sorte (auch kommerziell, z. B. „schwere englische Tuchqualität");
- Beschaffenheit (siehe dazu 3.2);
- Anspruchsklasse (siehe dazu DIN EN ISO 9000:2000-12, 3.1.3);
- Qualitätsanforderung (siehe den Oberbegriff Anforderung in DIN EN ISO 9000:2000-12, 3.1.2);
- irgendeine Wertigkeit (z. B. einer Figur im Schachspiel);
- Qualitätsmanagement (siehe den Oberbegriff Management in DIN EN ISO 9000:2000-12, 3.2.8);
- die hinter dem Qualitätsmanagement stehende Qualitätspolitik (siehe dazu den Begriff Qualitätspolitik in DIN EN ISO 9000:2000-12, 3.2.4);
- das umfassende Qualitätsmanagement (siehe dazu 3.4).

Für den weiten Anwendungsbereich des Qualitätsmanagements benötigt man einen klaren Fachbegriff Qualität. Das ist auch deshalb nötig, weil die Auffassung dieses Grundbegriffs das Verständnis zahlreicher abgeleiteter Begriffe prägt, deren Benennung das Wort „Qualität" enthält, z. B. „Qualitätsprüfung".

Der Fachbegriff Qualität ist international vereinheitlicht und in allen bisherigen terminologischen Festlegungen der ISO zum Qualitätsmanagement definiert, zuletzt in DIN EN ISO 9000:2000-12, 3.2.1. Man könnte schlagwortartig sagen: „Qualität ist die an der geforderten Beschaffenheit gemessene realisierte Beschaffenheit", oder noch kürzer „Realisierte Beschaffenheit bezüglich Qualitätsanforderung". Das gilt für jede beliebige Einheit, für die eine gedankliche oder praktische Qualitätsbetrachtung vorgenommen wird.

Der immaterielle Qualitätsbegriff enthält kontinuierliche (stetige) und diskrete sowie in Stufen oder Noten ausdrückbare Bewertungsmöglichkeiten, z. B. von „sehr schlecht" bis „sehr gut". Das ist auch neuerdings in der Anmerkung 1 zu DIN EN ISO 9000:2000-12, 3.2.1, wieder ausdrücklich hervorgehoben. Am Ende der Qualitätsbetrachtung einer Einheit wird ein ursprünglich für viele Qualitätsmerkmale erzieltes quantitatives Ergebnis oft qualitativ zusammengefasst, indem man alternativ nur noch von „gut" oder „schlecht" spricht, oder von „zufriedenstellend" oder „nicht zufriedenstellend".

In der Werbung wird oft entgegen der Festlegung in DIN EN ISO 9000:2000-12 die Benennung "Qualität" für etwas "Gutes" benutzt. Auch in der Gemeinsprache wird häufig von "das ist Qualität" gesprochen, wenn man "das ist gute Qualität" meint oder "das ist keine Qualität", wenn man „das ist schlechte Qualität" meint. Damit ergibt sich am technisch-wirtschaftlich entscheidenden, meist stetigen Übergang zwischen "annehmbare Qualität" und "nicht annehmbare Qualität" eine störende Begriffsunstetigkeit. Zur Vermeidung von Missverständnissen kann die Benennung „Qualität" des definierten Fachbegriffs zusammen mit Adjektiven wie schlecht, gut oder ausgezeichnet verwendet werden.

Die Qualität als Relation zwischen realisierter und geforderter Beschaffenheit kann bezüglich eines einzelnen Qualitätsmerkmals oder bezüglich mehrerer oder aller Qualitätsmerkmale interessieren, also für ausgewählte oder für alle Qualitätselemente (siehe 3.7). Entsprechendes gilt für die aufeinander folgenden Konkretisierungsstufen der Einzelanforderungen: Qualitätsprüfungen müssen meist schon lange vor dem Beginn der Produktion oder Dienstleistungserbringung einer Einheit angesetzt werden. Man muss wissen, ob der Entwurf für die Einheit die vorausgesetzten und festgelegten Erfordernisse erfüllt. Alles dies enthält der Begriff Qualitätsanforderung.

Tabelle A.1 verdeutlicht das Begriffsteilsystem qualitätsbezogenes Dokument. Es ergänzt die in von DIN EN ISO 9000:2000-12, 3.7 aufgeführten dokumentationsbezogenen Begriffe.

In DIN EN ISO 9000:2000-12, 3.7.2 ist Dokument definiert als eine „Information und ihr Trägermedium".

Tabelle A.1 — Begriffsteilsystem qualitätsbezogenes Dokument

		ART DER EINHEIT, auf welche sich das Dokument bezieht			
		beliebige Einheit	Tätigkeit oder Prozess	Produkt	
INHALT DES QUALITÄTS- BEZOGENEN DOKUMENTS	beliebiger qualitätsbezogener Inhalt	QUALITÄTS- BEZOGENES DOKUMENT	QM- DOKUMENT	QUALITÄTS- DOKUMENT	Oberbegriffe
	qualitätsbezogene Anforderungen	QUALITÄTSAN- FORDERUNGS- DOKUMENT[a]	QM- Verfahrens- dokument	qualitätsbezogene Produkt- Spezifikation	
	erreichtes qualitätsbezogenes Ergebnis oder Nachweis ausgeführter qualitätsbezogener Tätigkeiten	QUALITÄTS- AUF- ZEICHNUNG[b]	Tätigkeits- oder prozessbezogene Qualitäts- aufzeichnung	Produkt- bezogene Qualitäts- aufzeichnung	
		Oberbegriffe			

[a]Oberbegriff: Spezifikation
[b]Oberbegriff: Aufzeichnung

Literaturhinweise

[1] DIN 55350-12, *Begriffe der Qualitätssicherung und Statistik — Teil 12: Merkmalsbezogene Begriffe.*

[2] DIN 55350-13, *Begriffe der Qualitätssicherung und Statistik — Teil 13: Begriffe zur Genauigkeit von Ermittlungsverfahren und Ermittlungsergebnissen.*

[3] DIN 55350-14, *Begriffe der Qualitätssicherung und Statistik — Teil 14: Begriffe der Probenahme.*

[4] DIN 55350-15, *Begriffe der Qualitätssicherung und Statistik — Teil 15: Begriffe zu Mustern.*

[5] DIN 55350-18, *Begriffe der Qualitätssicherung und Statistik — Teil 18: Begriffe zu Bescheinigungen über die Ergebnisse von Qualitätsprüfungen — Qualitätsprüf-Zertifikate.*

[6] DIN 55350-22, *Begriffe der Qualitätssicherung und Statistik — Teil 22: Begriffe der Statistik; Spezielle Wahrscheinlichkeitsverteilungen.*

[7] DIN 55350-23, *Begriffe der Qualitätssicherung und Statistik — Teil 23: Begriffe der Statistik; Beschreibende Statistik.*

[8] DIN 55350-24, *Begriffe der Qualitätssicherung und Statistik — Teil 24: Begriffe der Statistik; Schließende Statistik.*

[9] DIN 55350-31, *Begriffe der Qualitätssicherung und Statistik — Teil 31: Begriffe der Annahmestichprobenprüfung.*

[10] DIN 55350-34, *Begriffe der Qualitätssicherung und Statistik — Teil 34: Erkennungsgrenze, Erfassungsgrenze und Erfassungsvermögen.*

[11] E DIN ISO 11843-1, *Erkennungsfähigkeit — Teil 1: Begriffe (ISO 11843-1:1997).*

[12] ISO 3534-1:1993, *Statistics — Vocabulary and symbols — Part 1: Probability and general statistical terms.*

[13] ISO/DIS 3534-2:2002, *Statistics — Vocabulary and symbols — Part 2: Applied statistics.*

[14] ISO 3534-3:1999, *Statistics — Vocabulary and symbols — Part 3: Design of experiments.*

[15] ISO/IEC/DIS 17000:2003, *Conformity assessment — General vocabulary.*

Stichwortverzeichnis

Abfall	3.18.4	Prüfablaufplan	3.13.2.3
Angebotsprodukt	3.1.7	Prüfanweisung	3.13.2.2
Ausschuss	3.18.1	Prüfauftrag	3.13.3
		Prüfkosten	3.16.2
beherrschter Prozess	3.11.2	Prüfplan	3.13.2
beherrschtes Prozessmerkmal	3.11.1	Prüfplanung	3.13.1
Beschaffenheit	3.2	Prüfspezifikation	3.13.2.1
		Prüfstatus	3.13.4
Dienstleistungserbringung	3.20		
		QM-Element	3.6
Einheit	3.1	Qualitätsbezogene Kosten	3.16.4
		Qualitätsdaten	3.7
Fehlerkosten	3.16.3	Qualitätselement	3.15
Fehlerverhütungskosten	3.16.1	Qualitätstechnik	3.9
Gebrauchstauglichkeit	3.3	spezieller Prozess	3.12
		statistische Qualitätslenkung	3.10
Lieferantenbeurteilung	3.13.2.2		
		Tätigkeit	3.19
Maßnahme	3.19.1		
		umfassendes Qualitätsmanagement	3.4
		Verfahrensanweisung	3.14
		Zuverlässigkeitsanforderung	3.5

DK 658.562:001.4 März 1989

Begriffe der Qualitätssicherung und Statistik
Merkmalsbezogene Begriffe

DIN
55 350
Teil 12

Concepts in the field of quality and statistics; concepts relating to characteristics

Ersatz für Ausgabe 09.88

Die in dieser Norm enthaltenen fremdsprachlichen Benennungen (in der Reihenfolge englisch, französisch) sind nicht Bestandteil dieser Norm. Sie sollen das Übersetzen erleichtern.

1 Anwendungsbereich und Zweck

Diese Norm dient wie alle Teile von DIN 55 350 dazu, Benennungen und Definitionen der in der Qualitätssicherung und Statistik verwendeten Begriffe zu vereinheitlichen.

Die Teile von DIN 55 350 sollen nach Möglichkeit alle an der Normung interessierten Anwendungsbereiche berücksichtigen. Sie dürfen deshalb ihre Definitionen nicht so eng fassen, daß sie nur für spezielle Bereiche gelten (Technik, Landwirtschaft, Medizin u. a.). Die internationale Terminologie wurde berücksichtigt, insbesondere die von der International Organization for Standardization (ISO) herausgegebene Internationale Norm ISO 3534 – 1977 „Statistics – Vocabulary and Symbols".

2 Begriffe

Die nachfolgenden Begriffe betreffen immer nur ein Einzelmerkmal, dem ein Einzelwert zugeordnet ist (univariater Fall). Bei mehreren zusammenhängenden Einzelmerkmalen, die unter einer einzigen Merkmalsbenennung zusammengefaßt sein können, und denen Wertetupel zugeordnet sind (multivariater Fall), sind die Begriffe auf jedes Einzelmerkmal getrennt anwendbar, beispielsweise auf jede Komponente eines Vektors. Einzige Ausnahme ist das Quantil, das als (vorgegebener oder festgestellter) Merkmalswert grundsätzlich einem vorgegebenen Verteilungsanteil zugeordnet ist.

Werden nachfolgend die Bestimmungswörter „Nenn-", „Soll-", „Richt-", „Grenz-", „Höchst-", „Mindest-", „Bemessungs-", „Beobachtungs-", „Extrem-" oder „Ist-" in Verbindung mit der Benennung von Größen gebraucht, so wird darunter immer der diesem Bestimmungswort entsprechende Wert dieser Größe im Sinne der jeweils nachfolgend gegebenen Definition verstanden. Beispiel: Soll-Temperatur.

Die Begriffe zu abgestuften Grenzwerten sind in Anhang A aufgeführt (siehe auch Erläuterungen).

Jedes Ermittlungsergebnis (z. B. Istwert, Istquantil und Ist-Verteilungsanteil), ist mit einer von Ergebnisabweichungen herrührenden Ergebnisunsicherheit (siehe DIN 55 350 Teil 13) behaftet. Diese kann sich auf die Festlegung von vorgegebenen Merkmalswerten auswirken.

Die in Klammern angegebenen Nummern sind Hinweise auf die Nummern der in dieser Norm enthaltenen Begriffe.

Fortsetzung Seite 2 bis 13

Ausschuß Qualitätssicherung und angewandte Statistik (AQS) im DIN Deutsches Institut für Normung e.V.

Nr	Benennung	Definition und Anmerkungen
1	**Allgemeine Begriffe**	
1.1	Merkmal characteristic caractère	Eigenschaft zum Erkennen oder zum Unterscheiden von Einheiten (siehe DIN 55350 Teil 11). Anmerkung: Das Unterscheiden dient sowohl der Abgrenzung als auch der Untersuchung einer Grundgesamtheit (siehe DIN 55350 Teil 14).
1.1.1	Merkmalswert characteristic value	Der Erscheinungsform des Merkmals zugeordneter Wert. Anmerkung: Durch die spezielle Festlegung des betrachteten Merkmals ist die Art des Merkmals (z. B. Farbe, Länge) bestimmt (Art des Merkmals: siehe 1.1.4 bis 1.1.5.2 und Fußnote 1) und damit auch die Art der Merkmalswerte (z. B. rot, 3 m).
1.1.2	Wertebereich eines Merkmals	Menge aller Merkmalswerte (1.1.1), die das betrachtete Merkmal annehmen kann.
1.1.3	Skala	Zweckmäßig geordneter Wertebereich eines Merkmals (1.1.2). Anmerkung: Zur Festlegung einer Skala gehört auch die Festlegung der zwischen ihren Werten zulässigen Beziehungen und Transformationen (siehe Tabelle 1 der Erläuterungen).
1.1.4	Quantitatives Merkmal quantitative characteristic caractère quantitatif	Merkmal, dessen Werte einer Skala (1.1.3) zugeordnet sind, auf der Abstände definiert sind. Anmerkung 1: Diese Skala heißt „Metrische Skala" oder „Kardinalskala". Auf ihr sind entweder nur Abstände definiert („Intervallskala") oder zusätzlich auch Verhältnisse („Verhältnisskala"). Beispielsweise sind auf der Temperaturskala nach Celsius nur Abstände definiert, während auf der Kelvin-Temperaturskala zusätzlich auch Verhältnisse definiert sind. Anmerkung 2: Nach dem Wertebereich (1.1.2) werden „kontinuierliche Merkmale" und „diskrete Merkmale" unterschieden. Anmerkung 3: Ein quantitatives Merkmal kann dadurch in ein qualitatives Merkmal verwandelt werden, daß nur noch festgestellt wird, ob der Istwert in einem vorgegebenen Bereich von Werten liegt (der zum Wertebereich des Merkmals (1.1.2) gehört). Anmerkung 4: Der Wert eines quantitativen Merkmals wird als Produkt aus Zahlenwert und Einheit (z. B. SI-Einheit, Währungseinheit, siehe auch DIN 1301 Teil 1) ausgedrückt (siehe DIN 1313). Anmerkung 5: Alle (physikalischen) Größen sind quantitative Merkmale. Größenwerte sind Werte quantitativer Merkmale.
1.1.4.1	Kontinuierliches Merkmal continuous characteristic caractère mesurable	Quantitatives Merkmal, dessen Wertebereich überabzählbar unendlich ist. Anmerkung 1: Statistische Auswertungsverfahren zu dieser Merkmalsart siehe DIN 53804 Teil 1 [1]). Anmerkung 2: Eine Menge ist dann überabzählbar unendlich, wenn zu ihrer Durchnumerierung die Menge der natürlichen Zahlen nicht ausreicht (z. B. ist die Menge der reellen Zahlen überabzählbar unendlich). Anmerkung 3: Die Benennungen „meßbares Merkmal" und „Variablenmerkmal" werden nicht empfohlen. Anmerkung 4: Leicht mißverständlich auch „stetiges Merkmal".

[1]) Die Benennungen für die in DIN 53804 behandelten vier Merkmalsarten sollen – soweit nötig – bei der jeweils nächsten Ausgabe an die obigen Benennungen angeglichen werden. Das bedeutet, daß geändert wird:
- im Teil 1: „Meßbare (kontinuierliche) Merkmale" in „Kontinuierliche Merkmale"
- im Teil 2: „Zählbare (diskrete) Merkmale" in „Zählmerkmale (Diskrete Merkmale)" und
- im Teil 4: „Attributmerkmale" in „Nominalmerkmale".

Nr	Benennung	Definition und Anmerkungen
1.1.4.2	Diskretes Merkmal discrete characteristic caractère discret	Quantitatives Merkmal, dessen Wertebereich endlich oder abzählbar unendlich ist. Anmerkung 1: Statistische Auswertungsverfahren speziell zu Zählmerkmalen siehe DIN 53804 Teil 2 [1]). Anmerkung 2: Eine Menge ist dann abzählbar unendlich, wenn zu ihrer Durchnumerierung die Menge der natürlichen Zahlen ausreicht. Anmerkung 3: Zählmerkmale sind spezielle diskrete Merkmale, deren Wertebereich die Menge der natürlichen Zahlen einschließlich der Null (0, 1, 2, ...) oder eine Teilmenge dieser Menge ist. Der festgestellte (ermittelte, beobachtete, gemessene) Merkmalswert eines Zählmerkmals heißt „Zählwert". Anmerkung 4: Die Benennung „zählbares Merkmal" wird nicht empfohlen.
1.1.5	Qualitatives Merkmal qualitative characteristic caractère qualitatif	Merkmal, dessen Werte einer Skala zugeordnet sind, auf der keine Abstände definiert sind. Anmerkung 1: Diese Skala heißt „Topologische Skala". Anmerkung 2: Es ist sinnvoll und vielfach üblich, Merkmalswerte von qualitativen Merkmalen mit einer Schlüsselnummer zu kennzeichnen, also mit Zahlen. Dadurch wird jedoch den Werten dieses qualitativen Merkmals keine Skala zugeordnet, auf der Abstände definiert sind. Das qualitative Merkmal wird also durch eine Benummerung der Merkmalswerte nicht in ein quantitatives Merkmal umgewandelt. Anmerkung 3: Die Benennungen „Attributmerkmal" oder „attributives Merkmal" werden nicht empfohlen.
1.1.5.1	Ordinalmerkmal ordinal characteristic caractère ordinal	Qualitatives Merkmal, für dessen Merkmalswerte eine Ordnungsbeziehung besteht. Anmerkung 1: Statistische Auswertungsverfahren zu dieser Merkmalsart siehe DIN 53804 Teil 3 [1]). Anmerkung 2: Die topologische Skala (siehe Anmerkung 1 zu 1.1.5) heißt hier speziell „Ordinalskala". Anmerkung 3: Merkmalswerte eines Ordinalmerkmals können nur in einer einzigen Ordnung (im Sinne einer Aufeinanderfolge) auf der Ordinalskala angeordnet werden. Siehe auch Anmerkung 2 zu 1.1.5. Anmerkung 4: Die Ordnungsbeziehung besteht in den Beziehungen „größer als", „gleich", „kleiner als". Beispielsweise sind die drei möglichen Beobachtungswerte einer Grenzlehre „Maß im Toleranzbereich", „Maß über Höchstmaß" und „Maß unter Mindestmaß" einer Ordinalskala zugeordnet. Anmerkung 5: Die Merkmalswerte von Ordinalmerkmalen werden häufig auch „Noten" genannt.
1.1.5.2	Nominalmerkmal nominal characteristic caractère nominal	Qualitatives Merkmal, für dessen Werte keine Ordnungsbeziehung besteht. Anmerkung 1: Statistische Auswertungsverfahren zu dieser Merkmalsart siehe DIN 53804 Teil 4 [1]). Anmerkung 2: Die topologische Skala (siehe Anmerkung 1 zu 1.1.5) heißt hier speziell „Nominalskala". Anmerkung 3: Weil keine Ordnungsbeziehung besteht, kann man nur „gleich" oder „ungleich" erkennen. Deshalb ist auch jede beliebige Anordnung der Werte wählbar. Z. B. sind die Farben „grün", „weiß" und „rot" einer Nominalskala zugeordnet. Ein weiteres Beispiel ist die Zuordnung von Schlüsselnummern zu Berufsgruppen für eine Berufsgruppenstatistik. Anmerkung 4: Der Merkmalswert eines Nominalmerkmals wird häufig auch „Attribut" genannt. Ein Nominalmerkmal mit nur zwei möglichen Merkmalswerten heißt „dichotomes Merkmal", „Binärmerkmal" oder „Alternativmerkmal". Anmerkung 5: Die Benennung „klassifikatorisches Merkmal" wird nicht empfohlen.

[1]) Siehe Seite 2

Nr	Benennung	Definition und Anmerkungen
1.2	Abweichung deviation écart	Allgemein: Unterschied zwischen einem Merkmalswert (1.1.1) oder einem dem Merkmal (1.1) zugeordneten Wert und einem Bezugswert. Bei einem quantitativen Merkmal (1.1.4): Merkmalswert oder ein dem Merkmal zugeordneter Wert minus Bezugswert. Anmerkung: Bei quantitativen Merkmalen wird häufig der Abweichungsbetrag benutzt. Ein Beispiel für Abweichungsgrenzbeträge (2.6.3) sind die Fehlergrenzen (siehe DIN 1319 Teil 3).
1.3 Allgemeine qualitätsbezogene Merkmalsbegriffe		
1.3.1	Qualitätsmerkmal quality characteristic caractère de la qualité	Die Qualität (siehe DIN 55350 Teil 11) mitbestimmendes Merkmal. Anmerkung 1: Entsprechend der Bedeutung unterscheidet man vielfach Klassen von Qualitätsmerkmalen. Es ist empfehlenswert, diese Klassen entsprechend der Fehlerklassifizierung (siehe DIN 55350 Teil 31) festzulegen. Anmerkung 2: Ein Qualitätsmerkmal sowie seine Werte dürfen weder als „Qualität" noch als „Qualitätselement" bezeichnet werden.
1.3.1.1	Zuverlässigkeitsmerkmal	Die Zuverlässigkeit (siehe DIN 55350 Teil 11) mitbestimmendes Qualitätsmerkmal. Anmerkung: Die Anmerkungen zu Nr 1.3.1 gelten sinngemäß.
1.3.2	Prüfmerkmal inspection characteristic	Merkmal, anhand dessen eine Prüfung durchgeführt wird. Anmerkung: In der Qualitätssicherung ist die Prüfung eine Qualitätsprüfung.
2 Begriffe zu vorgegebenen Merkmalswerten		
2.1	Nennwert nominal value valeur nominale	Wert eines quantitativen Merkmals (1.1.4) zur Gliederung des Anwendungsbereichs. Anmerkung 1: Der Nennwert wird oft unter Verwendung einer gerundeten Zahl ausgedrückt. Anmerkung 2: Ist ein Nennwert vorgegeben, so können Grenzabweichungen (2.6) oder Abweichungsgrenzbeträge (2.6.3) auf ihn bezogen werden. Bei Längenmaßen heißen Grenzabweichungen, die auf das Nennmaß bezogen sind, „Grenzabmaße" (siehe DIN 7182 Teil 1). Anmerkung 3: In der inhaltsgleichen Nennwert-Definition nach DIN 40 200 („Geeigneter gerundeter Wert einer Größe zur Bezeichnung oder zur Identifizierung eines Elements, einer Gruppe oder einer Einrichtung") ist die obige Anmerkung 1 enthalten.
2.2	Bemessungswert rated value valeur assignée	Für vorgegebene Anwendungsbedingungen vorgegebener Wert eines quantitativen Merkmals (1.1.4), der von dem festgelegt wird, der die Qualitätsforderung an die Einheit festlegt. Anmerkung: Die Definition des Bemessungswertes nach DIN 40200 („Ein für eine vorgegebene Betriebsbedingung geltender Wert einer Größe, der im allgemeinen vom Hersteller für ein Element, eine Gruppe oder eine Einrichtung festgelegt wird") ist in der obigen Definition enthalten.
2.3	Sollwert desired value valeur de consigne	Wert eines quantitativen Merkmals (1.1.4), von dem die Istwerte (3.1.1) dieses Merkmals so wenig wie möglich abweichen sollen. Anmerkung 1: Die Abweichungen dürfen im Fall eines zusätzlich vorgegebenen Toleranzbereichs (2.7.2) nicht zur Überschreitung des Höchstwertes (2.5.2) oder zur Unterschreitung des Mindestwertes (2.5.1) führen. Anmerkung 2: Sollwert und Nennwert (2.1) können zusammenfallen. Anmerkung 3: Der Begriff Sollwert ist nur auf die Ergebnisse von Realisierungsverfahren anwendbar, nicht aber auf die Ergebnisse von Ermittlungsverfahren. Ein für ein Meßverfahren vorgegebener richtiger Wert (siehe DIN 1319 Teil 3) soll daher nicht Sollwert genannt werden. Er ist nach DIN 55350 Teil 13 Bezugswert für die Feststellung von Ermittlungsabweichungen, nicht Sollwert gemäß obiger Definition.

DIN 55350 Teil 12 Seite 5

Nr	Benennung	Definition und Anmerkungen
2.4	Richtwert standard value valeur indicatif	Wert eines quantitativen Merkmals (1.1.4), dessen Einhaltung durch die Istwerte (3.1.1) empfohlen wird, ohne daß Grenzwerte (2.5) vorgegeben sind.
2.5	Grenzwert limiting value valeur limitante	Mindestwert (2.5.1) oder Höchstwert (2.5.2). Anmerkung 1: „Toleranzgrenze" wird als Synonym für „Grenzwert" nicht empfohlen, weil die Benutzung zu Verwechslungen führt. Anmerkung 2: Bei quantitativen Merkmalen mit dem Sollwert Null, z. B. bei Unsymmetriegrößen (siehe bei „Zentrierte Zufallsgröße" in DIN 55350 Teil 21), genügt es meist, einen Grenzbetrag (2.5.3) vorzugeben. Anmerkung 3: Bei multivariaten quantitativen Merkmalen können Grenzwerte einzeln für jede Komponente vorgegeben sein und außerdem voneinander abhängen. Anmerkung 4: Bei Längenmaßen heißt der Grenzwert „Grenzmaß" (siehe DIN 7182 Teil 1).
2.5.1	Mindestwert lower limiting value valeur limite inférieure	Kleinster zugelassener Wert eines quantitativen Merkmals (1.1.4). Anmerkung: Bei Längenmaßen heißt der Mindestwert „Mindestmaß" (siehe DIN 7182 Teil 1).
2.5.2	Höchstwert upper limiting value valeur limite supérieure	Größter zugelassener Wert eines quantitativen Merkmals (1.1.4). Anmerkung: Bei Längenmaßen heißt der Höchstwert „Höchstmaß" (siehe DIN 7182 Teil 1).
2.5.3	Grenzbetrag upper limiting amount	Betrag für Mindestwert (2.5.1) und Höchstwert (2.5.2), die bis auf das Vorzeichen übereinstimmen. Anmerkung 1: Ein Grenzbetrag wird vor allem bei Größen mit dem Sollwert (2.3) Null vorgegeben, z. B. bei Unsymmetriegrößen (siehe „Zentrierte Zufallsgröße" in DIN 55350 Teil 21). Anmerkung 2: Ein für Abweichungen (1.2) vorgegebener Grenzbetrag hat die Benennung „Abweichungsgrenzbetrag" (2.6.3).
2.6	Grenzabweichung limiting deviation écart limite	Untere Grenzabweichung (2.6.1) oder obere Grenzabweichung (2.6.2). Anmerkung 1: Es ist unrichtig, betragsmäßig gleiche Grenzabweichungen als „Plusminus-Toleranz" oder als „höchstzulässige Abweichung ± A" zu bezeichnen. Richtig ist die Benennung „Grenzabweichungen ± A" oder „Betrag A der Grenzabweichungen" oder „Abweichungsgrenzbetrag A" (2.6.3). Anmerkung 2: Bei Längenmaßen heißt die auf das Nennmaß bezogene Grenzabweichung „Grenzabmaß" (siehe DIN 7182 Teil 1).
2.6.1	Untere Grenzabweichung lower limiting deviation écart limite inférieure	Mindestwert (2.5.1) minus Bezugswert. Anmerkung 1: Bezugswert ist der Nennwert (2.1) oder der Sollwert (2.3). Im Zweifel ist der verwendete Bezugswert anzugeben. Anmerkung 2: Es ist unrichtig, die untere Grenzabweichung als „Minustoleranz" zu bezeichnen.
2.6.2	Obere Grenzabweichung upper limiting deviation écart limite supérieure	Höchstwert (2.5.2) minus Bezugswert. Anmerkung 1: Bezugswert ist der Nennwert (2.1) oder der Sollwert (2.3). Im Zweifel ist der verwendete Bezugswert anzugeben. Anmerkung 2: Es ist unrichtig, die obere Grenzabweichung als „Plustoleranz" zu bezeichnen.

Nr	Benennung	Definition und Anmerkungen
2.6.3	Abweichungsgrenzbetrag	Betrag der unteren Grenzabweichung (2.6.1) und/oder der oberen Grenzabweichung (2.6.2). Anmerkung: Untere und obere Grenzabweichung können unterschiedliche Beträge haben. Werden in einem solchen Fall Abweichungsgrenzbeträge festgelegt, dann werden sie als „Oberer Abweichungsgrenzbetrag" und „Unterer Abweichungsgrenzbetrag" bezeichnet. Ein Beispiel aus der Meßtechnik ist eine von der oberen Fehlergrenze verschiedene untere Fehlergrenze (siehe DIN 1319 Teil 3). Man unterscheide davon den Grenzbetrag (2.5.3) mit definitionsgemäß gleichen Beträgen für Mindest- und Höchstwert der erlaubten Abweichungen vom Bezugswert Null.
2.7	Toleranz tolerance tolerance	Höchstwert (2.5.2) minus Mindestwert (2.5.1), und auch obere Grenzabweichung (2.6.2) minus untere Grenzabweichung (2.6.1). Anmerkung: Sind Zweifel möglich, zu welchem Merkmal die Toleranz gehört, sollte die Benennung durch ein Bestimmungswort ergänzt werden. Beispiele sind „Maßtoleranz", „Temperaturtoleranz", „Drucktoleranz".
2.7.1	Prozeßtoleranz process tolerance	Toleranz für das Merkmal eines Prozesses. Anmerkung 1: Die Toleranz für ein Merkmal des Prozeßergebnisses ist keine Prozeßtoleranz. Anmerkung 2: Zu einem Prozeß können auch Tätigkeiten von Personen gehören. Anmerkung 3: Die Prozeßtoleranz in einem Fertigungsprozeß wird „Fertigungstoleranz" genannt.
2.7.2	Toleranzbereich tolerance zone tolerance	Bereich zugelassener Werte zwischen Mindestwert (2.5.1) und Höchstwert (2.5.2). Anmerkung: Der Toleranzbereich ist bestimmt durch die Toleranz und durch seine Lage zum Bezugswert, z. B. durch die Abweichung eines der beiden Grenzwerte oder des Mittenwerts (2.7.3) vom Nennwert (2.1) oder vom Sollwert (2.3).
2.7.3	Mittenwert	Arithmetischer Mittelwert aus Mindestwert (2.5.1) und Höchstwert (2.5.2). Anmerkung: Vielfach stimmt der Mittenwert mit dem gedachten oder mit dem festgelegten Sollwert (2.3) überein.

3 Begriffe zu festgestellten Merkmalswerten

3.1	Ermittlungsergebnis result of determination	Durch die Anwendung eines Ermittlungsverfahrens festgestellter Merkmalswert (1.1.1).[2)] Anmerkung 1: Das Ermittlungsverfahren ist ein Beurteilungs-, Beobachtungs-, Meß-, Berechnungs-, statistisches Schätzverfahren oder eine Kombination daraus. Die Feststellung ist eine Beurteilung, Beobachtung, Messung (siehe DIN 1319 Teil 1), Berechnung oder eine Kombination daraus. Je nach der Art des Ermittlungsverfahrens heißt das Ermittlungsergebnis Beurteilungs-, Beobachtungs-, Meß-, Rechen-, statistisches Schätzergebnis. Anmerkung 2: Ein Ermittlungsergebnis ist im allgemeinen nur dann vollständig, wenn es eine Angabe über die Ergebnisunsicherheit (siehe DIN 55 350 Teil 13) enthält. Anmerkung 3: Ein Ermittlungsergebnis höherer Stufe kann durch Zusammenfassung mehrerer Ermittlungsergebnisse niedrigerer Stufe entstanden sein. Beispielsweise kann das Ermittlungsergebnis höherer Stufe der Mittelwert aus mehreren Meßergebnissen (Ermittlungsergebnissen niedrigerer Stufe) sein. Anmerkung 4: Das „berichtigte Ermittlungsergebnis" ist das um die bekannte systematische Ergebnisabweichung (siehe DIN 55 350 Teil 13) berichtigte Ermittlungsergebnis. Anmerkung 5: In der vorangegangenen Ausgabe dieser Norm war statt „Ermittlungsergebnis" noch „Beobachtungswert" enthalten. In DIN 55 350 Teil 23 kann das Wort „Beobachtungswert" durch „Einzelermittlungsergebnis" oder „Einzelergebnis" (siehe DIN 13 303 Teil 1) ersetzt werden.

[2)] Definition und Anmerkungen 1 bis 4 aus DIN 55 350 Teil 13/07.87

Nr	Benennung	Definition und Anmerkungen
3.1.1	Istwert actual value	Ermittlungsergebnis eines quantitativen Merkmals (1.1.4). Anmerkung: Anmerkungen 1 bis 4 zu 3.1 gelten sinngemäß.
3.1.2	Extremwert	Kleinster Einzelistwert (3.1.2.1) oder größter Einzelistwert (3.1.2.2). Anmerkung 1: Extremwerte haben in der Praxis häufig die größte Zufallsstreuung. Anmerkung 2: Zur Vermeidung von Verwechslungen zwischen Extremwerten und Grenzwerten (2.5) wird davon abgeraten, für die Extremwerte die kürzeren Benennungen „Kleinstwert" und „Größtwert" zu benutzen.
3.1.2.1	Kleinster Einzelistwert	In einer bezüglich ihres Umfangs festgelegten Serie von Einzelistwerten (siehe 3.1.1) der kleinste.
3.1.2.2	Größter Einzelistwert	In einer bezüglich ihres Umfangs festgelegten Serie von Einzelistwerten (siehe 3.1.1) der größte.
3.1.3	Grenzwertabstand	Istwert (3.1.1) minus Mindestwert (2.5.1) oder Höchstwert (2.5.2) minus Istwert. Anmerkung 1: Der Istwert kann ein Einzelistwert, ein Istmittelwert oder ein anderer charakteristischer Istwert sein. Anmerkung 2: Ein negativer Grenzwertabstand zeigt, daß der Istwert den Mindestwert unterschreitet oder den Höchstwert überschreitet.

Anhang A
Begriffe zu abgestuften Grenzwerten

Nr	Benennung	Definition und Anmerkungen
A.1 Allgemeine Begriffe		
A.1.1	Merkmalskette	Zusammenfassung mehrerer zusammenwirkender, voneinander unabhängiger Einzelmerkmale (A.1.1.1) gleicher Dimension. Anmerkung 1: In der Praxis kommen oft lineare (additive) Merkmalsketten vor. Auf die beteiligten Einzelmerkmale und das Schließmerkmal (A.1.1.2) werden zweckmäßig abgestufte Grenzwerte (A.2.3) oder abgestufte Toleranzen (A.2.4) angewendet. Anmerkung 2: Die Einzelmerkmale heißen auch „Glieder der Merkmalskette".
A.1.1.1	Einzelmerkmal	Quantitatives Merkmal (1.1.4) als Glied einer Merkmalskette.
A.1.1.2	Schließmerkmal	Quantitatives Merkmal (1.1.4), das sich aus dem Zusammenwirken voneinander unabhängiger Einzelmerkmale (A.1.1.1) in einer Merkmalskette (A.1.1) ergibt. Anmerkung 1: Siehe die Anmerkung 1 zu Merkmalskette. Anmerkung 2: Beispiele für Werte von Schließmerkmalen linearer Merkmalsketten bei Längenmaßen sind die Dicke des Blechpakets für einen Transformatorkern oder das Maß des Luftspalts bei einem Elektromotor.

Seite 8 DIN 55350 Teil 12

Nr	Benennung	Definition und Anmerkungen
A.1.2	Quantil quantile quantil	Allgemein für eine Verteilungsfunktion: Siehe DIN 55350 Teil 21 und DIN 13303 Teil 1. Bei einem kontinuierlichen Merkmal (1.1.4.1): Merkmalswert (1.1.1), unter dem ein vorgegebener Anteil der Merkmalswerte einer Verteilung liegt. Anmerkung 1: Das Quantil hat die Dimension des Merkmalswertes. Der zugehörige vorgegebene Anteil der Merkmalswerte der Verteilung hat die Dimension 1. Anmerkung 2: Gemäß Definition ist der Anteil der Merkmalswerte der Verteilung unter diesem Merkmalswert stets vorgegeben, sowohl bei einem festgestellten als auch bei einem vorgegebenen Quantil. In beiden Fällen muß entweder eine wirkliche oder eine gedachte Verteilung existieren. Demnach ist – ein vorgegebenes Quantil ein (zum vorgegebenen Verteilungsanteil) vorgegebener Merkmalswert, z. B. ein Mindestquantil (A.2.1.1). – ein festgestelltes Quantil ein (zum vorgegebenen Verteilungsanteil) festgestellter Merkmalswert, z. B. ein Istquantil (A.3.1).

A.2 Begriffe zu vorgegebenen Merkmalswerten

A.2.1	Grenzquantil limiting quantile	Mindestquantil oder Höchstquantil (A.2.1.1 oder A.2.1.2). Anmerkung 1: Für ein zusammengehöriges Paar von Mindest- und Höchstquantil, das zur Eingrenzung einer als symmetrisch vorausgesetzten Verteilung durch abgestufte Grenzwerte (A.2.3) vorgegeben wird, ist die Summe der zugehörigen Grenz-Unterschreitungsanteile (A.2.2) hundert Prozent. Anmerkung 2: Auch für einzelne Grenzquantile eines abgestuften Grenzwertes können Grenzwertabstände (3.1.3) festgestellt werden.
A.2.1.1	Mindestquantil lower limiting quantile	Kleinstes zugelassenes Quantil, und damit ein vorgegebener Merkmalswert, unter dem nicht mehr als der vorgegebene Anteil von Merkmalswerten der Verteilung (siehe DIN 55350 Teil 23) zugelassen ist. Anmerkung 1: Ein Beispiel für ein Mindestquantil ist eine Mindestwanddicke 1,00 mm bei einem vorgegebenen Verteilungsanteil von 10 Prozent. Unter 1,00 mm ist folglich ein Höchst-Unterschreitungsanteil (A.2.2.1) 10 Prozent von Wanddickenwerten zugelassen. Anmerkung 2: Wird ein Höchst-Unterschreitungsanteil von null Prozent der Merkmalswerte einer Verteilung unter dem Mindestquantil zugelassen, verwandelt sich das Mindestquantil dadurch in einen Mindestwert (2.5.1), weil dieser dann der kleinste zugelassene Wert ist.
A.2.1.2	Höchstquantil upper limiting quantile	Größtes zugelassenes Quantil, und damit ein vorgegebener Merkmalswert, unter dem nicht weniger als der vorgegebene Anteil von Merkmalswerten der Verteilung (siehe DIN 55350 Teil 23) gefordert wird. Anmerkung 1: Ein Beispiel für ein Höchstquantil ist eine Höchstwanddicke 1,20 mm bei einem vorgegebenen Verteilungsanteil von 90 Prozent. Unter 1,20 mm ist folglich ein Mindest-Unterschreitungsanteil (A.2.2.2) 90 Prozent von Wanddickenwerten gefordert. Anmerkung 2: Wird ein Mindest-Unterschreitungsanteil von hundert Prozent der Merkmalswerte einer Verteilung unter dem Höchstquantil gefordert, verwandelt sich das Höchstquantil dadurch in einen Höchstwert (2.5.2), weil dieser dann der größte zugelassene Wert ist.
A.2.2	Grenz-Unterschreitungsanteil limiting proportion	Höchst-Unterschreitungsanteil (A.2.2.1) oder Mindest-Unterschreitungsanteil (A.2.2.2). Anmerkung 1: Der Grenz-Unterschreitungsanteil ist in der Quantil-Definition (A.1.2) der „vorgegebene Anteil der Merkmalswerte einer Verteilung". Anmerkung 2: Für ein zusammengehöriges Paar von Mindest- und Höchstquantil, das zur Eingrenzung einer als symmetrisch vorausgesetzten Verteilung durch abgestufte Grenzwerte (A.2.3) vorgegeben wird, ist die Summe der zugehörigen Grenz-Unterschreitungsanteile hundert Prozent.

DIN 55350 Teil 12 Seite 9

Nr	Benennung	Definition und Anmerkungen
A.2.2.1	Höchst-Unterschreitungsanteil upper limiting proportion	Größter zugelassener Anteil der Merkmalswerte einer Verteilung unter dem Mindestquantil (A.2.1.1). Anmerkung: Der Merkmalsgrenzwert des Mindestquantils darf höchstens von einem Anteil von Merkmalswerten der Verteilung unterschritten werden, der dem Höchst-Unterschreitungsanteil entspricht.
A.2.2.2	Mindest-Unterschreitungsanteil lower limiting proportion	Kleinster geforderter Anteil der Merkmalswerte einer Verteilung unter dem Höchstquantil (A.2.1.2). Anmerkung: Der Merkmalsgrenzwert des Höchstquantils muß mindestens von einem Anteil von Merkmalswerten der Verteilung unterschritten werden, der dem Mindest-Unterschreitungsanteil entspricht.
A.2.3	Abgestufter Grenzwert stepped limiting value	Aus einer Folge von Grenzquantilen (A.2.1) aufgebauter mehrstufiger Grenzwert mit zugehörigen Grenz-Unterschreitungsanteilen (A.2.2). Anmerkung 1: Die Benennung „abgestufter Grenzwert" ist aus seiner Darstellung im Wahrscheinlichkeitsnetz entstanden. Anmerkung 2: Praxisüblich sind einfache, zweifache und dreifache Abstufungen. Eine mehrfache Abstufung ermöglicht die ein- oder zweiseitige Eingrenzung der Kennwerte für Lage und Streuung einer Verteilung, bei Feinabstufung sogar für deren Form. Anmerkung 3: Sonderfall eines abgestuften Grenzwertes ist ein einzelnes Mindestquantil oder ein einzelnes Höchstquantil. Dann existiert (im Wahrscheinlichkeitsnetz) nur eine einzige Stufe. Die einfache Abstufung gestattet z. B. die Berücksichtigung kleiner Überschreitungs- oder Unterschreitungsanteile bei Grenzwerten.
A.2.3.1	Abgestufter Mindestwert stepped lower limiting value	Abfallende Folge von Mindestquantilen (A.2.1.1) mit zugehöriger abfallender Folge von Höchst-Unterschreitungsanteilen (A.2.2.1). Anmerkung: Den Höchst-Unterschreitungsanteilen sind für die statistische Qualitätsprüfung häufig Annahmefaktoren A zugeordnet ($A = $ Mindestbetrag für $|G - \bar{x}|/s$, wobei G der betrachtete Grenzwert (2.5) und für $\bar{x}$ positiver Grenzwertabstand (3.1.3) vorausgesetzt ist.
A.2.3.2	Abgestufter Höchstwert stepped upper limiting value	Ansteigende Folge von Höchstquantilen (A.2.1.2) mit zugehöriger ansteigender Folge von Mindest-Unterschreitungsanteilen (A.2.2.2). Anmerkung: Den Komplementen zu Eins der Mindest-Unterschreitungsanteile sind für die statistische Qualitätsprüfung häufig Annahmefaktoren A (siehe Anmerkung zu A.2.3.1) zugeordnet. Bei manchen bestehenden Spezifikationen abgestufter Höchstwerte sind diese Komplemente zu Eins der Mindest-Unterschreitungsanteile statt der Mindest-Unterschreitungsanteile selbst festgelegt.
A.2.4	Abgestufte Toleranz stepped tolerance	Oberstes Höchstquantil des abgestuften Höchstwertes (A.2.3.2) minus unterstes Mindestquantil des abgestuften Mindestwertes (A.2.3.1). Anmerkung: Die Abstufungen der Grenzquantile sind also stets „nach innen" gerichtet.
A.2.4.1	Abgestufte Einzeltoleranz	Abgestufte Toleranz für ein Einzelmerkmal (A.1.1.1).
A.2.4.2	Schließtoleranz	Abgestufte Toleranz für ein Schließmerkmal (A.1.1.2). Anmerkung: Man unterscheidet zwischen dem unwirtschaftlichen Fall der „arithmetischen Schließtoleranz" als der Summe der abgestuften Einzeltoleranzen, dem Idealfall der „quadratischen Schließtoleranz" als der positiven Quadratwurzel aus der Summe der Quadrate der abgestuften Einzeltoleranzen, und der dazwischen liegenden „statistischen Schließtoleranz". Diese wiederum wird unterschieden nach der optimalen und der aufgrund des eingesetzten Ermittlungsaufwands anwendbaren. Die anwendbare statistische Schließtoleranz ist in der Regel ungünstiger (enger) als die optimale.
A.2.5	Abgestufter Toleranzbereich stepped tolerance zone	Bereich zugelassener Werte zwischen einem abgestuften Mindestwert (A.2.3.1) und einem abgestuften Höchstwert (A.2.3.2). Anmerkung: Als abgestufte Toleranz (A.2.4) ist die Differenz zwischen dem obersten Höchstquantil und dem untersten Mindestquantil festgelegt.

Nr	Benennung	Definition und Anmerkungen
A.3	**Begriffe zu festgestellten Merkmalswerten**	
A.3.1	Istquantil	Quantil (A.1.2) einer Häufigkeitsverteilung (siehe DIN 55350 Teil 23). Anmerkung 1: Für den Fall, daß die Häufigkeitsverteilung beim vorgegebenen Anteil keinen Merkmalswert aufweist, ist bei Anwendung von Istquantilen festzulegen, ob der nächste darunterliegende, der nächste darüberliegende Merkmalswert oder der Mittelwert aus diesen beiden als Istquantil gelten soll. Fehlt diese Festlegung, so ist der darüberliegende Merkmalswert zu verwenden. Anmerkung 2: Auch „empirisches Quantil" (siehe DIN 13303 Teil 1)
A.3.2	Ist-Unterschreitungsanteil	Anzahl der Einzelistwerte (siehe 3.1.1) unter einem vorgegebenen Merkmalswert dividiert durch die gesamte Anzahl Einzelistwerte der Häufigkeitsverteilung.

Zitierte Normen

DIN 1301 Teil 1	Einheiten; Einheitennamen, Einheitenzeichen
DIN 1313	Physikalische Größen und Gleichungen; Begriffe, Schreibweisen
DIN 1319 Teil 1	Grundbegriffe der Meßtechnik; Allgemeine Grundbegriffe
DIN 1319 Teil 3	Grundbegriffe der Meßtechnik; Begriffe für die Meßunsicherheit und für die Beurteilung von Meßgeräten und Meßeinrichtungen
DIN 7182 Teil 1	Maße, Abmaße, Toleranzen und Passungen; Grundbegriffe
DIN 13303 Teil 1	Stochastik; Wahrscheinlichkeitstheorie, Gemeinsame Grundbegriffe der mathematischen und der beschreibenden Statistik; Begriffe und Zeichen
DIN 40200	Nennwert, Grenzwert, Bemessungswert, Bemessungsdaten; Begriffe
DIN 53804 Teil 1	Statistische Auswertungen; Meßbare (kontinuierliche) Merkmale
DIN 53804 Teil 2	Statistische Auswertungen; Zählbare (diskrete) Merkmale
DIN 53804 Teil 3	Statistische Auswertungen; Ordinalmerkmale
DIN 53804 Teil 4	Statistische Auswertungen; Attributmerkmale
DIN 55350 Teil 11	Begriffe der Qualitätssicherung und Statistik; Grundbegriffe der Qualitätssicherung
DIN 55350 Teil 13	Begriffe der Qualitätssicherung und Statistik; Begriffe zur Genauigkeit von Ermittlungsverfahren und Ermittlungsergebnissen
DIN 55350 Teil 14	Begriffe der Qualitätssicherung und Statistik; Begriffe der Probenahme
DIN 55350 Teil 21	Begriffe der Qualitätssicherung und Statistik; Begriffe der Statistik; Zufallsgrößen und Wahrscheinlichkeitsverteilungen
DIN 55350 Teil 23	Begriffe der Qualitätssicherung und Statistik; Begriffe der Statistik; Beschreibende Statistik
DIN 55350 Teil 31	Begriffe der Qualitätssicherung und Statistik; Begriffe der Annahmestichprobenprüfung
DIN ISO 3534 – 1977	Statistics – Vocabulary and Symbols

Weitere Normen

DIN 7186 Teil 1	Statistische Tolerierung; Begriffe, Anwendungsrichtlinien und Zeichnungsangaben
DIN 55350 Teil 15	Begriffe der Qualitätssicherung und Statistik; Begriffe zu Mustern
DIN 55350 Teil 17	Begriffe der Qualitätssicherung und Statistik; Begriffe der Qualitätsprüfungsarten
DIN 55350 Teil 18	Begriffe der Qualitätssicherung und Statistik; Begriffe zu Bescheinigungen über die Ergebnisse von Qualitätsprüfungen; Qualitätsprüf-Zertifikate
DIN 55350 Teil 22	Begriffe der Qualitätssicherung und Statistik; Begriffe der Statistik; Spezielle Wahrscheinlichkeitsverteilungen
DIN 55350 Teil 24	Begriffe der Qualitätssicherung und Statistik; Begriffe der Statistik; Schließende Statistik

Frühere Ausgaben

DIN 55350 Teil 12 : 07.78, 09.88

DIN 55350 Teil 12 Seite 11

Änderungen

Gegenüber der im Januar 1986 zurückgezogenen Ausgabe Juli 1978 wurden folgende Änderungen vorgenommen:
Vollständige Überarbeitung und Ergänzung.
Gegenüber der Ausgabe September 1988 wurden folgende Berichtigungen vorgenommen:
In Tabelle 1 wurden der Tabellenkopf für die beiden letzten Spalten korrigiert und einige mißverständliche Beispiele korrigiert bzw. entfernt. Weitere Korrekturen in 1.1.5.1, A.2.1.2, A.2.2, A.2.3, A.2.3.1, A.2.3.2 und A.3.1.

Erläuterungen

Die dieser Norm vorausgegangene Vornorm war im Juli 1978 herausgegeben worden (die erste vom Ausschuß für Qualitätssicherung und angewandte Statistik (AQS) erarbeitete Veröffentlichung). Seinerzeit waren 18 merkmalsbezogene Begriffe genormt worden.
Seit Herausgabe der Vornorm wurden zahlreiche weitere merkmalsbezogene Begriffe in der Praxis (z. B. Werknormen), in DIN-Normen (z. B. Normen der Reihe DIN 1319) und in der internationalen Normung (z. B. DIN 40 200 als Folge der Publication IEC 50 (151)(1978)) festgelegt.

Erläuterungen zu den vier Merkmalsarten:

Es war notwendig, die Begriffe für die vier Merkmalsarten (im Abschnitt 2 die Nummern 1.1.4.1, 1.1.4.2, 1.1.5.1 und 1.1.5.2) und ihre beiden Oberbegriffe (Nummern 1.1.4 und 1.1.5) in die Folgeausgabe der Norm aufzunehmen, siehe auch Tabelle 1. Diese Tabelle stammt aus Padberg und Wilrich: Die Auswertung von Daten und ihre Abhängigkeit von der Merkmalsart, „Qualität und Zuverlässigkeit" 26 (1981), Heft 6, Seite 180, und wurde für diese Erläuterungen und aufgrund der zwischenzeitlichen Entwicklung der Begriffsnormung modifiziert.

Tabelle 1. **Übersicht über die vier Merkmalsarten anhand der zugehörigen Skalentypen**

Merkmalsart	Qualitative Merkmale		Quantitative	
	Nominalmerkmal	Ordinalmerkmal	(kontinuierliche oder diskrete) Merkmale	
Skalentyp	Topologische Skalen		Kardinalskalen (Metrische Skalen)	
	Nominalskala	Ordinalskala	Intervallskala	Verhältnisskala
Definierte Beziehungen	= ≠	= ≠ < >	= ≠ < > + −	= ≠ < > · :
Interpretation der hinzukommenden Beziehung	Unterscheidung gleich/ungleich möglich	Unterscheidung kleiner/größer möglich	Differenzen haben empirischen Sinn	Verhältnisse haben empirischen Sinn
Zugelassene Transformationen	umkehrbar eindeutige (bijektive)	monoton steigende (isotone)	lineare $y = ax + b$ $(a > 0)$	Ähnlichkeitstransform. $y = ax$ $(a > 0)$
Beispiele für Merkmale	Postleitzahlen Autokennzeichen Artikelnummern Symbole	Schulnoten Militärische Dienstgrade Mercalli'sche Erdbebenskala Windstärke Beaufort	Celsius-Temperatur Kalenderdatum	Temperatur Einkommen Fehleranzahl Richter'sche Erdbebenskala Windgeschwindigkeit m/s
Beispiele für statistische Kennwerte	Modalwert Häufigkeiten	Quantile*) (Median, Quartile, ...)	arithmetischer Mittelwert*) Standardabweichung	geometrischer Mittelwert*) Variationskoeffizient
Anzuwendende statistische Verfahren	nichtparametrische		parametrische, und zwar unter Beachtung der Modellvoraussetzungen	
Informationsinhalt	gering ───▶ hoch			
Empfindlichkeit gegenüber Ergebnisabweichungen	gering ───▶ hoch			

*) Die statistischen Kennwerte in allen jeweils links von einer betrachteten Tabellenspalte stehenden Tabellenspalten sind weitere Beispiele für statistische Kennwerte.

Seite 12   DIN 55 350 Teil 12

Erläuterungen zu den im Anhang A enthaltenen Begriffen zu abgestuften Grenzwerten

Die Diskussion zu den Begriffen zu Grenzwerten unter Berücksichtigung statistischer Gesichtspunkte ist noch nicht abgeschlossen. Um dennoch eine Grundlage zur Vereinheitlichung zu schaffen, wurden die Begriffe im Anhang A aufgeführt. Abgestufte Grenzwerte werden in diesem Anhang mit Hilfe von Quantilen definiert. Dabei kann der Quantilbegriff in seiner Definition für kontinuierliche Merkmale benutzt werden (vergleiche A.1.2). Bei abgestuften Grenzwerten werden im allgemeinen nur diese Merkmale betrachtet.

Zur Erleichterung des Verständnisses für abgestufte Grenzwerte dienen die nachfolgenden drei Bilder (aus Geiger: Grenzwerte, abgestufte Grenzwerte und ihre Bezeichnung, DIN-Mitteilungen+elektronorm 61. 1982, Nr. 2, Seiten 76 bis 80).

Bild 1. Beispiel eines Mindestquantils   Bild 2. Beispiel eines Höchstquantils   Bild 3. Praxisbeispiel eines dreifach abgestuften Toleranzbereichs

Die Häufigkeitsverteilungen mit „1" sind zugelassen, die mit „2" nicht.

T – Toleranzbereich
GK
GO   G – Grenzwert
GUQ   U – unten; Mindest-
GOA   O – oben; Höchst-
GUA   Q – Quantil
GOQ   A – Anteil (Unterschreitungsanteil)
W – Isolierwanddicke
C – Betriebskapazität

Wird ein Mindest-Unterschreitungsanteil von Istwerten von weniger als hundert Prozent unter dem Höchstwert gefordert, verwandelt sich der Höchstwert dadurch in ein Höchstquantil, weil Werte zugelassen sind, die größer sind als dieser Höchstwert.
Wird ein Höchst-Unterschreitungsanteil von Istwerten von mehr als null Prozent unter dem Mindestwert zugelassen, verwandelt sich der Mindestwert dadurch in ein Mindestquantil, weil Werte zugelassen sind, die kleiner sind als dieser Mindestwert.
Bei Mindestquantilen wird schon bisher immer der größte zugelassene Anteil von kleineren Merkmalswerten vorgegeben. Bei Höchstquantilen hingegen ist gelegentlich ein Umdenken nötig. Dort sind oft noch größte zugelassene Überschreitungsanteile vorgegeben. Sie müssen nach Definition A.2.1.2 ersetzt werden durch deren Komplemente zu 1, das sind die Mindest-Unterschreitungsanteile.
Abgestufte Grenzwerte sind der Allgemeinfall von Grenzwerten (2.5), d. h. von Mindestwerten (2.5.1) oder Höchstwerten (2.5). Bei abgestuften Grenzwerten handelt es sich um eine komplexe Festlegung aufgrund einer verbesserten Kenntnis der praktisch erzielbaren oder erzielten Häufigkeitsverteilungen der Einzelmerkmale. (Siehe Beispiele im DIN-Fachbereich Nr 6 sowie DIN 7186 Teil 1).
Es gibt Fälle, in denen ein Mindestanteil von Merkmalswerten zwischen zwei symmetrisch zum Mittenwert (z. B. Ursprung) liegenden Grenzwerten liegen muß, die deshalb als Mindestwert und Höchstwert festgelegt sind, wobei die Summe der beiden Grenz-Unterschreitungsanteile 100 % ergibt (vergleiche Anmerkung 1 zu A.2.1 und Anmerkung 2 zu A.2.2). In diesem Fall kann auch ein Höchstquantil für die Abweichungsbeträge vom Mittenwert festgelegt werden.
Die Abstufung von Grenzwerten für Einzelmerkmale und Schließmerkmale von Merkmalsketten unter Ausnutzung der Abweichungsfortpflanzung ist in größerem Umfang in der Praxis erst jetzt möglich, weil die erforderlichen Berechnungen nun mit der Datenverarbeitung in wirtschaftlicher Weise ausgeführt und alle relevanten statistischen Methoden ausgenutzt werden können. So wird der Einsatz abgestufter Grenzwerte auch dort sinnvoll, wo bisher der Aufwand für Planung und Informationsbeschaffung noch zu groß war.
Dies ergibt eine Fertigung, die
– bei vorgegebener Schließtoleranz und bekannten Häufigkeitsverteilungen der Einzelmerkmale zu wirtschaftlicheren abgestuften Einzeltoleranzen für die Einzelmerkmale oder
– bei bekannten Häufigkeitsverteilungen der Einzelmerkmale zu günstigeren (kleineren) Schließtoleranzen führt.

DIN 55350 Teil 12 Seite 13

Stichwortverzeichnis

(Benennungen in deutscher Sprache)
Dieses Verzeichnis enthält auch Benennungen, die in Anmerkungen vorkommen.

A
Abgestufte Einzeltoleranz A.2.4.1
Abgestufte Toleranz A.2.4
Abgestufter Grenzwert A.2.3
Abgestufter Höchstwert A.2.3.2
Abgestufter Mindestwert A.2.3.1
Abgestufter Toleranzbereich A.2.5
Abweichung 1.2
Abweichungsbetrag 1.2
Abweichungsgrenzbetrag 2.6.3
Alternativmerkmal 1.1.5.2
Anwendbare statistische Schließtoleranz A.2.4.2
Arithmetische Schließtoleranz A.2.4.2
Attribut 1.1.5.2
Attributives Merkmal 1.1.5
Attributmerkmal 1.1.5

B
Bemessungswert 2.2
Beobachtungsergebnis 3.1
Beobachtungsverfahren 3.1
Beobachtungswert 3.1
Berechnungsverfahren 3.1
Beurteilungsergebnis 3.1
Beurteilungsverfahren 3.1
Binärmerkmal 1.1.5.2

D
Dichotomes Merkmal 1.1.5.2
Diskretes Merkmal 1.1.4.2

E
Einzelergebnis 3.1
Einzelmerkmal A.1.1.1
Empirisches Quantil A.3.1
Ermittlungsergebnis 3.1
Extremwert 3.1.2

F
Fertigungstoleranz 2.7.1

G
Glieder der Merkmalskette A.1.1
Grenzabmaß 2.1, 2.6
Grenzabweichung 2.6
Grenzbetrag 2.5.3
Grenzmaß 2.5
Grenzquantil A.2.1
Grenz-Unterschreitungsanteil A.2.2
Grenzwert 2.5
Grenzwertabstand 3.1.3
Größenwert 1.1.4
Größter Einzelistwert 3.1.2.2
Größtwert 3.1.2

H
Höchstmaß 2.5.2
Höchstquantil A.2.1.2
Höchst-Unterschreitungsanteil A.2.2.1
Höchstwert 2.5.2
Höchstzulässige Abweichung 2.6

I
Intervallskala 1.1.4
Istquantil A.3.1
Ist-Unterschreitungsanteil A.3.2
Istwert 3.1.1

K
Kardinalskala 1.1.4
Klassifikatorisches Merkmal 1.1.5.2
Kleinster Einzelistwert 3.1.2.1
Kleinstwert 3.1.2
Kontinuierliches Merkmal 1.1.4.1

M
Merkmal 1.1
Merkmalskette A.1.1
Merkmalswert 1.1.1
Meßbares Merkmal 1.1.4.1
Meßergebnis 3.1
Meßverfahren 3.1
Metrische Skale 1.1.4
Mindestmaß 2.5.1
Mindestquantil A.2.1.1
Mindest-Unterschreitungsanteil A.2.2.2
Mindestwert 2.5.1
Minustoleranz 2.6.1
Mittenwert 2.7.3

N
Nennwert 2.1
Nominalmerkmal 1.1.5.2
Nominalskala 1.1.5.2
Note 1.1.5.1

O
Obere Grenzabweichung 2.6.2
Oberer Abweichungsgrenzbetrag 2.6.3
Optimale statistische Schließtoleranz A.2.4.2
Ordinalmerkmal 1.1.5.1
Ordinalskala 1.1.5.1

P
Plusminus-Toleranz 2.6
Plustoleranz 2.6.2
Prozeßtoleranz 2.7.1
Prüfmerkmal 1.3.2

Q
Quadratische Schließtoleranz A.2.4.2
Qualitatives Merkmal 1.1.5
Qualitätsmerkmal 1.3.1
Quantil A.1.2
Quantitatives Merkmal 1.1.4

R
Rechenergebnis 3.1
Richtwert 2.4

S
Schließmerkmal A 1 1.2
Schließtoleranz A.2.4.2
Skala 1.1.3
Sollwert 2.3
Statistische Schließtoleranz A.2.4.2
Statistisches Schätzergebnis 3.1
Statistisches Schätzverfahren 3.1
Stetiges Merkmal 1.1.4.1

T
Toleranz 2.7
Toleranzbereich 2.7.2
Toleranzgrenze 2.5
Topologische Skala 1.1.5

U
Unsymmetriegröße 2.5, 2.5.3
Untere Grenzabweichung 2.6.1
Unterer Abweichungsgrenzbetrag 2.6.3

V
Variablenmerkmal 1.1.4.1
Verhältnisskala 1.1.4

W
Wertebereich eines Merkmals 1.1.2

Z
Zählbares Merkmal 1.1.4.2
Zählmerkmal 1.1.4.2
Zählwert 1.1.4.2
Zuverlässigkeitsmerkmal 1.3.1.1

Internationale Patentklassifikation
G 07 C 3/14

DK 658.562:519.2:001.4   Juli 1987

Begriffe der Qualitätssicherung und Statistik Begriffe zur Genauigkeit von Ermittlungsverfahren und Ermittlungsergebnissen	DIN 55 350 Teil 13
Concepts in quality and statistics; concepts relating to the accuracy of methods of determination and of results of determination	Ersatz für die im Januar 1986 zurückgezogene Ausgabe 01.81

Die in dieser Norm enthaltenen fremdsprachlichen Benennungen (in der Reihenfolge englisch, französisch) sind nicht Bestandteil dieser Norm, sie sollen das Übersetzen erleichtern.

1 Anwendungsbereich und Zweck

Diese Norm dient wie alle Teile von DIN 55 350 dazu, Benennungen und Definitionen der in der Qualitätssicherung und Statistik verwendeten Begriffe zu vereinheitlichen.

Die Teile von DIN 55 350 sollen nach Möglichkeit alle an der Normung interessierten Anwendungsbereiche berücksichtigen. Sie dürfen deshalb ihre Definitionen nicht so eng fassen, daß sie nur für spezielle Bereiche gelten (Technik, Landwirtschaft, Medizin u. a.). Die internationale Terminologie wurde berücksichtigt, insbesondere die von der International Organization for Standardization (ISO) herausgegebene Internationale Norm ISO 3534 – 1977 „Statistics – Vocabulary and Symbols".

Die in dieser Norm dargelegten Begriffe zur Genauigkeit von Ermittlungsverfahren und Ermittlungsergebnissen sowie für die zugehörigen Bezugswerte (z. B. wahrer Wert), Abweichungen und Unsicherheiten lassen sich sinngemäß, nötigenfalls bei Verwendung anderer Benennungen, übertragen auf Begriffe zur Genauigkeit von Realisierungsverfahren (z. B. Positionierverfahren und Fertigungsverfahren) und von Realisierungsergebnissen (z. B. von Positionierergebnissen und, gegebenenfalls davon abhängend, von Fertigungsergebnissen) sowie für deren zugehörige Bezugswerte (z. B. Sollwert), Abweichungen und Unsicherheiten. Dabei ist zu berücksichtigen, daß Realisierungsergebnisse nur durch Ermittlungen festgestellt werden können und daß sich dabei die Abweichungen (bzw. Unsicherheiten) der Realisierungen und die Abweichungen (bzw. Unsicherheiten) der Ermittlungen überlagern.

Fortsetzung Seite 2 bis 8

Ausschuß Qualitätssicherung und angewandte Statistik (AQS) im DIN Deutsches Institut für Normung e. V.
Normenausschuß Einheiten und Formelgrößen (AEF) im DIN

2 Begriffe

Die in Klammern angegebenen Nummern sind Hinweise auf die Nummern der in dieser Norm enthaltenen Begriffe.

Nr	Benennung	Definition
1	**Allgemeine Begriffe**	
1.1	Ermittlungsergebnis result of determination	Durch die Anwendung eines Ermittlungsverfahrens festgestellter Merkmalswert (siehe DIN 55 350 Teil 12 (z. Z. Entwurf)). Anmerkung 1: Das Ermittlungsverfahren ist ein Beurteilungs-, Beobachtungs-, Meß-, Berechnungs-, statistisches Schätzverfahren oder eine Kombination daraus. Die Feststellung ist eine Beurteilung, Beobachtung, Messung (siehe DIN 1319 Teil 1), Berechnung oder einer Kombination daraus. Je nach der Art des Ermittlungsverfahrens heißt das Ermittlungsergebnis Beurteilungs-, Beobachtungs-, Meß-, Rechen-, statistisches Schätzergebnis. Anmerkung 2: Ein Ermittlungsergebnis ist im allgemeinen nur dann vollständig, wenn es eine Angabe über die Ergebnisunsicherheit (4.1) enthält. Anmerkung 3: Ein Ermittlungsergebnis höherer Stufe kann durch Zusammenfassung mehrerer Ermittlungsergebnisse niedrigerer Stufe entstanden sein. Beispielsweise kann das Ermittlungsergebnis höherer Stufe der Mittelwert aus mehreren Meßergebnissen (als Ermittlungsergebnisse niedrigerer Stufe) sein. Anmerkung 4: Das „berichtigte Ermittlungsergebnis" ist das um die bekannte systematische Ergebnisabweichung (1.2.1) berichtigte Ermittlungsergebnis.
1.2	Ergebnisabweichung error of result	Unterschied zwischen einem Ermittlungsergebnis (1.1) und dem Bezugswert, wobei dieser je nach Festlegung oder Vereinbarung der wahre, der richtige oder der Erwartungswert (1.3 bis 1.5) sein kann.
1.2.1	Systematische Ergebnisabweichung systematic error of result, bias of result	Bestandteil der Ergebnisabweichung (1.2), der im Verlauf mehrerer Feststellungen konstant bleibt oder sich in einer vorhersehbaren Weise ändert. Anmerkung: Systematische Ergebnisabweichungen und ihre Ursachen können bekannt oder unbekannt sein.
1.2.2	Zufällige Ergebnisabweichung random error of result	Bestandteil der Ergebnisabweichung (1.2), der im Verlauf mehrerer Feststellungen in unvorhersehbarer Weise schwankt. Anmerkung: Die Schwankung kann sich sowohl auf den Betrag als auch auf das Vorzeichen beziehen.
1.2.3	Meßabweichung error of measurement	Ergebnisabweichung (1.2), wenn das Ermittlungsverfahren ein Meßverfahren ist.
1.3	Wahrer Wert true value valeur vraie	Tatsächlicher Merkmalswert (siehe DIN 55 350 Teil 12 (z. Z. Entwurf)) unter den bei der Ermittlung herrschenden Bedingungen. Anmerkung 1: Oftmals ist der wahre Wert ein ideeller Wert, weil er sich nur dann feststellen ließe, wenn sämtliche Ergebnisabweichungen (1.2) vermieden werden könnten, oder er ergibt sich aus theoretischen Überlegungen. Anmerkung 2: Der wahre Wert eines mathematisch-theoretischen Merkmals wird auch „exakter Wert" genannt. Bei einem numerischen Berechnungsverfahren wird sich als Ermittlungsergebnis jedoch nicht immer der exakte Wert ergeben. Beispielsweise ist der exakte Wert der Fläche eines Kreises mit dem Durchmesser d gleich $\pi d^2/4$.

DIN 55 350 Teil 13 Seite 3

Nr	Benennung	Definition
1.4	Richtiger Wert conventional true value	Wert für Vergleichszwecke, dessen Abweichung vom wahren Wert (1.3) für den Vergleichszweck als vernachlässigbar betrachtet wird. Anmerkung 1: Der richtige Wert ist ein Näherungswert für den wahren Wert (1.3). Er kann z. B. aus internationalen, nationalen oder Gebrauchsnormalen, von Referenzmaterialien oder Referenzverfahren (z. B. auf der Grundlage speziell organisierter Versuche) gewonnen werden. Anmerkung 2: Es gibt mehrere Benennungen, die synonym zu „richtiger Wert" benutzt werden, beispielsweise „Sollwert" (siehe jedoch DIN 55 350 Teil 12 (z. Z. Entwurf)), „Zielwert". Diese Benennungen sind mißverständlich und daher zu vermeiden. Anmerkung 3: Auch „(konventionell) richtiger Wert".
1.5	Erwartungswert expectation	Das mittlere Ermittlungsergebnis (1.1), welches aus der unablässig wiederholten Anwendung des unter vorgegebenen Bedingungen angewendeten Ermittlungsverfahrens gewonnen werden könnte. Anmerkung: Siehe auch DIN 55 350 Teil 21 und DIN 13 303 Teil 1.
2 Qualitative Genauigkeitsbegriffe		
2.1	Genauigkeit accuracy justesse	Qualitative Bezeichnung für das Ausmaß der Annäherung von Ermittlungsergebnissen (1.1) an den Bezugswert, wobei dieser je nach Festlegung oder Vereinbarung der wahre, der richtige oder der Erwartungswert (1.3 bis 1.5) sein kann. Anmerkung 1: Es wird dringend davon abgeraten, quantitative Angaben für dieses Ausmaß der Annäherung mit der Benennung „Genauigkeit" zu versehen. Für quantitative Angaben gilt der Begriff Ergebnisunsicherheit (4.1), bei Meßergebnissen der Begriff Meßunsicherheit (4.1.1). Anmerkung 2: Die Genauigkeit bezieht man nur dann auf den Erwartungswert, wenn kein wahrer (oder richtiger) Wert existiert. In diesem Fall ist der Begriff Richtigkeit (2.1.1) nicht anwendbar; Angaben über die Präzision (2.1.2) sind dann gleichzeitig Genauigkeitsangaben. Anmerkung 3: Bei einem Meßergebnis ist die Genauigkeit durch die Sorgfalt bei der Ausschaltung bekannter systematischer Meßabweichungen (1.2.3) und durch die Meßunsicherheit (4.1.1) bestimmt.
2.1.1	Richtigkeit trueness, accuracy of the mean justesse de la moyenne	Qualitative Bezeichnung für das Ausmaß der Annäherung des Erwartungswertes (1.5) des Ermittlungsergebnisses (1.1) an den Bezugswert, wobei dieser je nach Festlegung oder Vereinbarung der wahre oder der richtige Wert (1.3 oder 1.4) sein kann. Anmerkung 1: Je kleiner die systematische Ergebnisabweichung (1.2.1) ist, um so richtiger arbeitet das Ermittlungsverfahren. Anmerkung 2: Bei quantitativen Angaben wird als Maß für die Richtigkeit im allgemeinen diejenige systematische Ergebnisabweichung (1.2.1) verwendet, die sich als Differenz zwischen dem Mittelwert der Ermittlungsergebnisse (1.1), die bei mehrfacher Anwendung des festgelegten Ermittlungsverfahrens festgestellt wurden, und dem richtigen Wert (1.4) ergibt. Anmerkung 3: Früher auch „Treffgenauigkeit".
2.1.2	Präzision precision fidélité	Qualitative Bezeichnung für das Ausmaß der gegenseitigen Annäherung voneinander unabhängiger Ermittlungsergebnisse (1.1) bei mehrfacher Anwendung eines festgelegten Ermittlungsverfahrens unter vorgegebenen Bedingungen. Anmerkung 1: Je größer das Ausmaß der gegenseitigen Annäherung der voneinander unabhängigen Ermittlungsergebnisse (1.1) ist, umso präziser arbeitet das Ermittlungsverfahren.

Seite 4 DIN 55 350 Teil 13

Nr	Benennung	Definition
noch 2.1.2	Präzision	Anmerkung 2: Die vorgegebenen Bedingungen können sehr unterschiedlich sein. Deshalb ist man übereingekommen, zwei Extremfälle zu betrachten, die Wiederholbedingungen (2.1.2.1) und die Vergleichbedingungen (2.1.2.3). Anmerkung 3: „Voneinander unabhängige Ermittlungsergebnisse" sind Ermittlungsergebnisse, die durch keines der vorhergehenden Ermittlungsergebnisse für dasselbe, das gleiche oder ähnliches Material beeinflußt sind. Anmerkung 4: Früher auch „Wiederholgenauigkeit"
2.1.2.1	Wiederholbedingungen repeatability conditions	Bei der Gewinnung voneinander unabhängiger Ermittlungsergebnisse (1.1) geltende Bedingungen, bestehend in der wiederholten Anwendung des festgelegten Ermittlungsverfahrens am identischen Objekt durch denselben Beobachter in kurzen Zeitabständen mit derselben Geräteausrüstung am selben Ort (im selben Labor). Anmerkung 1: Ermittlungsergebnisse (1.1), die unter den genannten Bedingungen gewonnen werden, nennt man „Ergebnisse unter Wiederholbedingungen". Anmerkung 2: Wenn die Ermittlung am identischen Objekt nicht möglich ist (beispielsweise bei zerstörender Prüfung), dann versucht man, durch möglichst gleichartige Objekte die Wiederholbedingungen sicherzustellen (siehe auch DIN ISO 5725). Anmerkung 3: Siehe Anmerkung 3 zu 2.1.2
2.1.2.2	Wiederholpräzision repeatability	Präzision unter Wiederholbedingungen (2.1.2.1). Anmerkung: Früher „Wiederholbarkeit" (im qualitativen Sinne).
2.1.2.3	Vergleichbedingungen reproducibility conditions	Bei der Gewinnung voneinander unabhängiger Ermittlungsergebnisse (1.1) geltende Bedingungen, bestehend in der Anwendung des festgelegten Ermittlungsverfahrens am identischen Objekt durch verschiedene Beobachter mit verschiedener Geräteausrüstung an verschiedenen Orten (in verschiedenen Labors). Anmerkung 1: Ermittlungsergebnisse (1.1), die unter den genannten Bedingungen gewonnen werden, nennt man „Ergebnisse unter Vergleichbedingungen". Anmerkung 2: Wenn die Ermittlung am identischen Objekt nicht möglich ist (beispielsweise bei zerstörender Prüfung), dann versucht man, durch möglichst gleichartige Objekte die Vergleichbedingungen sicherzustellen (siehe auch DIN ISO 5725). Anmerkung 3: Siehe Anmerkung 3 zu 2.1.2
2.1.2.4	Vergleichpräzision reproducibility	Präzision unter Vergleichbedingungen (2.1.2.3) Anmerkung 1: Die Benennung „Reproduzierbarkeit" soll für diesen Begriff nicht verwendet werden, weil deren umgangssprachliche Bedeutung sowohl die Wiederholpräzision (2.1.2.2) als auch die Vergleichpräzision einschließt und weil sie auch bei der Betrachtung unterschiedlicher Ermittlungsverfahren verwendet wird. Anmerkung 2: Früher „Vergleichbarkeit" (im qualitativen Sinne).
3 Quantitative Begriffe zur Präzision (2.1.2)		
3.1	Wiederholstandardabweichung repeatability standard deviation	Standardabweichung (siehe DIN 55 350 Teil 21) der Ermittlungsergebnisse (1.1) unter Wiederholbedingungen (2.1.2.1). Anmerkung 1: Formelzeichen σ_r

DIN 55 350 Teil 13 Seite 5

Nr	Benennung	Definition
noch 3.1	Wiederholstandardabweichung	Anmerkung 2: Die Wiederholstandardabweichung ist ein Streuungsparameter (siehe DIN 55 350 Teil 21) für Ermittlungsergebnisse (1.1) unter Wiederholbedingungen (2.1.2.1) und daher ein Maß für die Wiederholpräzision (2.1.2.2). Als Streuungsparameter können auch die Wiederholvarianz, der Wiederholvariationskoeffizient, ein kritischer Wiederholdifferenzbetrag (3.1.1) oder die Wiederholgrenze (3.1.1.1) benutzt werden.
3.1.1	Kritischer Wiederholdifferenzbetrag repeatability critical difference	Betrag, unter dem oder höchstens gleich dem der Absolutwert der Differenz zwischen zwei unter Wiederholbedingungen (2.1.2.1) gewonnenen Ergebnissen, von denen jedes eine Serie von Ermittlungsergebnissen (1.1) repräsentiert, mit einer vorgegebenen Wahrscheinlichkeit erwartet werden kann. Anmerkung 1: Beispiele für solche Ergebnisse sind der arithmetische Mittelwert oder der Median (siehe DIN 55 350 Teil 23) einer Serie von Ermittlungsergebnissen (1.1), wobei die Serie aus nur einem Ermittlungsergebnis bestehen kann. Anmerkung 2: Früher „kritische Wiederholdifferenz"
3.1.1.1	Wiederholgrenze repeatability limit	Kritischer Wiederholdifferenzbetrag (3.1.1) für zwei einzelne Ermittlungsergebnisse (1.1) und für eine vorgegebene Wahrscheinlichkeit von 95%. Anmerkung 1: Formelzeichen r. Anmerkung 2: Die Standardabweichung der Differenz zweier einzelner Ermittlungsergebnisse (1.1) unter Wiederholbedingungen (2.1.2.1) ist das $\sqrt{2}$fache der Wiederholstandardabweichung. Sind die Ermittlungsergebnisse unter Wiederholbedingungen normalverteilt, dann ergibt sich der kritische Wiederholdifferenzbetrag für eine vorgegebene Wahrscheinlichkeit $1-\alpha$ als $u_{1-\alpha/2}\sqrt{2}\sigma_r$. Dabei ist $u_{1-\alpha/2}$ das $(1-\alpha/2)$-Quantil (siehe DIN 55 350 Teil 21) der standardisierten Normalverteilung (siehe DIN 55 350 Teil 22). Für eine Wahrscheinlichkeit von 95% sind $1-\alpha=0{,}95$ und $u_{1-\alpha/2}=1{,}96$. Daraus ergibt sich $r=1{,}96\sqrt{2}\,\sigma_r=2{,}77\,\sigma_r$. Häufig wird auch der Zahlenwert 2,8 benutzt ($2{,}8\approx 2\sqrt{2}$), siehe DIN ISO 5725. Anmerkung 3: Früher „Wiederholbarkeit" (im quantitativen Sinne)
3.2	Vergleichstandardabweichung reproducibility standard deviation	Standardabweichung (siehe DIN 55 350 Teil 21) der Ermittlungsergebnisse (1.1) unter Vergleichbedingungen (2.1.2.3). Anmerkung 1: Formelzeichen σ_R. Anmerkung 2: Die Vergleichstandardabweichung ist ein Streuungsparameter (siehe DIN 55 350 Teil 21) für Ermittlungsergebnisse (1.1) unter Vergleichbedingungen (2.1.2.3) und daher ein Maß für die Vergleichpräzision (2.1.2.4). Als Streuungsparameter können auch die Vergleichvarianz, der Vergleichvariationskoeffizient, ein kritischer Vergleichdifferenzbetrag (3.2.1) oder die Vergleichgrenze (3.2.1.1) benutzt werden.
3.2.1	Kritischer Vergleichdifferenzbetrag reproducibility critical difference	Betrag, unter dem oder höchstens gleich dem der Absolutwert der Differenz zwischen zwei Ergebnissen, von denen jedes eine unter Wiederholbedingungen gewonnene Serie von Ermittlungsergebnissen (1.1) repräsentiert, unter denen Vergleichbedingungen (2.1.2.3) vorlagen, mit einer vorgegebenen Wahrscheinlichkeit erwartet werden kann. Anmerkung 1: Beispiele für solche Ergebnisse sind der arithmetische Mittelwert oder der Median (siehe DIN 55 350 Teil 23) einer Serie von Ermittlungsergebnissen (1.1), wobei die Serie aus nur einem Ermittlungsergebnis bestehen kann. Anmerkung 2: Früher „kritische Vergleichdifferenz"

Nr	Benennung	Definition
3.2.1.1	Vergleichgrenze reproducibility limit	Kritischer Vergleichdifferenzbetrag (3.2.1) für zwei einzelne Ermittlungsergebnisse (1.1) und für eine vorgegebene Wahrscheinlichkeit von 95 %. Anmerkung 1: Formelzeichen R. Anmerkung 2: Die Standardabweichung der Differenz zweier Ermittlungsergebnisse (1.1) unter Vergleichbedingungen (2.1.2.3) ist das $\sqrt{2}$fache der Vergleichstandardabweichung. Sind die Ermittlungsergebnisse unter Vergleichbedingungen normalverteilt, dann ergibt sich der kritische Vergleichdifferenzbetrag für eine vorgegebene Wahrscheinlichkeit $1-\alpha$ als $u_{1-\alpha/2} \sqrt{2}\ \sigma_R$. Dabei ist $u_{1-\alpha/2}$ das $(1-\alpha/2)$-Quantil (siehe DIN 55 350 Teil 21) der standardisierten Normalverteilung (siehe DIN 55 350 Teil 22). Für eine Wahrscheinlichkeit von 95 % sind $1-\alpha = 0{,}95$ und $u_{1-\alpha/2} = 1{,}96$. Daraus ergibt sich $R = 1{,}96 \sqrt{2}\ \sigma_R = 2{,}77\ \sigma_R$. Häufig wird auch der Zahlenwert 2,8 benutzt (2,8 $\approx$ 2 $\sqrt{2}$), siehe DIN ISO 5725. Anmerkung 3: Früher „Vergleichbarkeit" (im quantitativen Sinne).
4 Quantitative Begriffe zur Genauigkeit (2.1) von Ermittlungsergebnissen (1.1)		
4.1	Ergebnisunsicherheit	Geschätzter Betrag zur Kennzeichnung eines Wertebereichs, innerhalb dessen der Bezugswert liegt, wobei dieser je nach Festlegung oder Vereinbarung der wahre Wert (1.3) oder der Erwartungswert (1.5) sein kann. Anmerkung 1: Die Ergebnisunsicherheit u ist ein Maß für die Genauigkeit (2.1) des Ermittlungsergebnisses (1.1), und zwar als Unterschied u_{ob} zwischen der oberen Grenze des Wertebereichs und dem berichteten Ermittlungsergebnis (siehe Anmerkung 4 zu 1.1) bzw. als Unterschied u_{un} zwischen dem berichteten Ermittlungsergebnis und der unteren Grenze des Wertebereichs. Meistens, aber nicht immer, sind beide gleich groß. Ist $u_{ob} = u_{un} = u$ die Ergebnisunsicherheit und x das berichtige Ermittlungsergebnis, so ist die Untergrenze des Wertebereichs $x - u$ und die Obergrenze $x + u$. Der Wertebereich hat dann eine Weite $2u$. Anmerkung 2: Im allgemeinen baut die Ergebnisunsicherheit auf zwei Komponenten auf: die systematische Komponente als Maß für die unbekannten systematischen Ergebnisabweichungen (1.2.1) und die zufällige Komponente als Maß für die zufälligen Ergebnisabweichungen (1.2.2) des Ermittlungsergebnisses (1.1). Anmerkung 3: Die Ergebnisunsicherheit bezieht man nur dann auf den Erwartungswert, wenn kein wahrer Wert existiert. Anmerkung 4: Die 'Ergebnisunsicherheit eines Meßverfahrens heißt Meßunsicherheit (4.1.1). Entsprechende Benennungen sind bei den anderen in Anmerkung 1 zu 2.1.1 genannten Ermittlungsverfahren möglich.
4.1.1	Meßunsicherheit uncertainty of measurement	Ergebnisunsicherheit eines Meßergebnisses. Anmerkung: Siehe Anmerkung 1 zu 1.1 sowie DIN 1319 Teil 3.

Zitierte Normen

DIN 1319 Teil 1	Grundbegriffe der Meßtechnik; Allgemeine Grundbegriffe
DIN 1319 Teil 3	Grundbegriffe der Meßtechnik; Begriffe für die Meßunsicherheit und für die Beurteilung von Meßgeräten und Meßeinrichtungen
DIN 13 303 Teil 1	Stochastik; Wahrscheinlichkeitstheorie, Gemeinsame Grundbegriffe der mathematischen und der beschreibenden Statistik; Begriffe und Zeichen
DIN 55 350 Teil 12	(z. Z. Entwurf) Begriffe der Qualitätssicherung und Statistik; Merkmalsbezogene Begriffe
DIN 55 350 Teil 21	Begriffe der Qualitätssicherung und Statistik; Begriffe der Statistik; Zufallsgrößen und Wahrscheinlichkeitsverteilungen
DIN 55 350 Teil 22	Begriffe der Qualitätssicherung und Statistik; Begriffe der Statistik; Spezielle Wahrscheinlichkeitsverteilungen
DIN 55 350 Teil 23	Begriffe der Qualitätssicherung und Statistik; Begriffe der Statistik; Beschreibende Statistik
DIN ISO 5725	Präzision von Meßverfahren; Ermittlung der Wiederhol- und Vergleichpräzision von festgelegten Meßverfahren durch Ringversuche; Identisch mit ISO 5725 Ausgabe 1986
ISO 3534 – 1977	Statistics – Vocabulary and Symbols

Weitere Normen

DIN 13 303 Teil 2	Stochastik; Mathematische Statistik; Begriffe und Zeichen
DIN 55 350 Teil 11	Begriffe der Qualitätssicherung und Statistik; Grundbegriffe der Qualitätssicherung
DIN 55 350 Teil 14	Begriffe der Qualitätssicherung und Statistik; Begriffe der Probenahme
DIN 55 350 Teil 15	Begriffe der Qualitätssicherung und Statistik; Begriffe zu Mustern
DIN 55 350 Teil 16	(z. Z. Entwurf) Begriffe der Qualitätssicherung und Statistik; Begriffe der Qualitätssicherung; Begriffe zu Qualitätssicherungssystemen
DIN 55 350 Teil 17	Begriffe der Qualitätssicherung und Statistik; Begriffe der Qualitätsprüfungsarten
DIN 55 350 Teil 18	Begriffe der Qualitätssicherung und Statistik; Begriffe zu Bescheinigungen über die Ergebnisse von Qualitätsprüfungen; Qualitätsprüf-Zertifikate
DIN 55 350 Teil 24	Begriffe der Qualitätssicherung und Statistik; Begriffe der Statistik; Schließende Statistik
DIN 55 350 Teil 31	Begriffe der Qualitätssicherung und Statistik; Begriffe der Annahmestichprobenprüfung

Frühere Ausgaben

DIN 55 350 Teil 13: 01.81

Änderungen

Gegenüber der im Januar 1986 zurückgezogenen Ausgabe Januar 1981 wurden folgende Änderungen vorgenommen:
Inhalt vollständig überarbeitet

Stichwortverzeichnis

(Benennungen in deutscher Sprache)

Dieses Verzeichnis enthält auch Benennungen, die in Anmerkungen vorkommen, und zwar auch dann, wenn sie dort als nicht empfehlenswert bezeichnet werden.

B
Beobachtung 1.1
Beobachtungsergebnis 1.1
Beobachtungsverfahren 1.1
Berechnung 1.1
Berechnungsverfahren 1.1
berichtigtes Ermittlungsergebnis 1.1
Beurteilung 1.1
Beurteilungsergebnis 1.1
Beurteilungsverfahren 1.1
Bezugswert 1.2

E
Ergebnis 1.1
Ergebnisabweichung 1.2
Ergebnisse unter Vergleichbedingungen 2.1.2.3
Ergebnisse unter Wiederholbedingungen 2.1.2.1
Ergebnisunsicherheit 4.1
Ermittlung 1.1
Ermittlungsergebnis 1.1
Ermittlungsverfahren 1.1
Erwartungswert 1.5
exakter Wert 1.3

F
Fertigungsergebnisse siehe Abschnitt 1
Fertigungsverfahren siehe Abschnitt 1

G
Genauigkeit 2.1

K
(konventionell) richtiger Wert 1.4
kritische Vergleichdifferenz 3.2.1
kritische Wiederholdifferenz 3.1.1
kritischer Vergleichdifferenzbetrag 3.2.1
kritischer Wiederholdifferenzbetrag 3.1.1

M
Meßabweichung 1.2.3
Meßergebnis 1.1
Messung 1.1
Meßunsicherheit 4.1.1
Meßverfahren 1.1

P
Positionierergebnisse siehe Abschnitt 1
Positionierverfahren siehe Abschnitt 1
Präzision 2.1.2

R
Realisierungsergebnis siehe Abschnitt 1
Realisierungsverfahren siehe Abschnitt 1
Rechenergebnis 1.1
Reproduzierbarkeit 2.1.2.4
richtiger Wert 1.4
Richtigkeit 2.1.1

S
Schätzergebnis 1.1
Schätzverfahren 1.1
Sollwert 1.4, siehe Abschnitt 1
statistisches Schätzergebnis 1.1
statistisches Schätzverfahren 1.1
systematische Ergebnisabweichung 1.2.1, 4.1
systematische Ergebnisunsicherheit 4.1

T
Treffgenauigkeit 2.1.1

V
Vergleichbarkeit 2.1.2.4, 3.2.1.1
Vergleichbedingungen 2.1.2.3
Vergleichgrenze 3.2.1.1
Vergleichpräzision 2.1.2.4
Vergleichstandardabweichung 3.2
Vergleichvarianz 3.2
Vergleichvariationskoeffizient 3.2

W
wahrer Wert 1.3
Wiederholbarkeit 2.1.2.2, 3.1.1.1
Wiederholbedingungen 2.1.2.1
Wiederholgenauigkeit 2.1.2
Wiederholgrenze 3.1.1.1
Wiederholpräzision 2.1.2.2
Wiederholstandardabweichung 3.1
Wiederholvarianz 3.1
Wiederholvariationskoeffizient 3.1

Z
Zielwert 1.4
zufällige Ergebnisabweichung 1.2.2, 4.1
zufällige Ergebnisunsicherheit 4.1

Internationale Patentklassifikation
G 07 C 3/14

DK 658.562 : 519.2 : 001.4 Dezember 1985

Begriffe der Qualitätssicherung und Statistik
Begriffe der Probenahme

DIN 55 350
Teil 14

Concepts of quality management and statistics; concepts of sampling

Die in dieser Norm enthaltenen fremdsprachlichen Benennungen (in der Reihenfolge englisch, französisch) sind nicht Bestandteil dieser Norm. Sie sollen das Übersetzen erleichtern.

1 Anwendungsbereich und Zweck

Diese Norm dient wie alle Teile von DIN 55 350 dazu, Benennungen und Definitionen der in der Qualitätssicherung und Statistik verwendeten Begriffe zu vereinheitlichen.

Die Teile von DIN 55 350 sollen nach Möglichkeit alle an der Normung interessierten Anwendungsbereiche berücksichtigen. Sie dürfen deshalb ihre Definitionen nicht so eng fassen, daß sie nur für spezielle Bereiche gelten (Technik, Landwirtschaft, Medizin u. a.). Die internationale Terminologie wurde berücksichtigt, insbesondere die von der International Organization for Standardization (ISO) herausgegebene Norm ISO 3534-1977 „Statistics – Vocabulary and Symbols" und das von der European Organization for Quality Control (EOQC) herausgegebene „Glossary of Terms, used in the Management of Quality ".

2 Zweck der Probenahme

Die Probenahme dient dazu, eine möglichst gut zutreffende (repräsentative) Aussage über die Grundgesamtheit zu treffen, aus der die Probe entnommen ist. Im einfachsten Fall dient diese Aussage lediglich zur Beschreibung von Merkmalen der Grundgesamtheit. Weit häufiger jedoch besteht die Aufgabe festzustellen, ob diese Merkmale und ihre Werte die Qualitätsforderung (siehe DIN 55 350 Teil 11) erfüllen.

Fortsetzung Seite 2 bis 6

Ausschuß Qualitätssicherung und angewandte Statistik (AQS) im DIN Deutsches Institut für Normung e.V.

3 Begriffe

Die in Klammern angegebenen Nummern sind Hinweise auf die Nummern der in dieser Norm enthaltenen Begriffe.

Nr	Benennung	Definition
1	Grundgesamtheit population population	Gesamtheit der in Betracht gezogenen Einheiten (2). Anmerkung 1: Bei der Probenahme (5) werden die Einheiten als Merkmalsträger in Betracht gezogen. Anmerkung 2: Es ist unzweckmäßig, die Benennung „Gesamtheit" (wie bisher) als Synonym zu „Grundgesamtheit" zu verwenden.
1.1	Teilgesamtheit subpopulation sous-population	Teil einer Grundgesamtheit (1).
1.2	Umfang der Grundgesamtheit (oder Teilgesamtheit) population size (or subpopulation size) taille du population (ou sous-population)	Anzahl der Einheiten (2) in der Grundgesamtheit (oder Teilgesamtheit). Anmerkung: Es kommen alle Arten von Einheiten (2.1, 2.2, ...) in Betracht.
2	Einheit item individu	Materieller oder immaterieller Gegenstand der Betrachtung (aus: DIN 55 350 Teil 11/09.80). Anmerkungen: Siehe DIN 55 350 Teil 11.
2.1	Natürliche Einheit	In einem Prozeß entstandenes abgegrenztes Stück. Anmerkung: Eine natürliche Einheit ist beispielsweise ein Apfel, eine Schraube, eine Glühlampe oder ein Fernsehempfangsgerät.
2.2	Massenguteinheit	Von einem Massengut abgeteilte Teilgesamtheit (1.1). Anmerkung: Eine Massenguteinheit ist beispielsweise der flüssige oder der gasförmige Inhalt einer Flasche, der Inhalt eines Sackes oder das Ladegut eines Lastwagens, Güterwagens, Güterzuges, Schiffsbunkers oder Schiffes.
2.3	Endlosguteinheit	Von einem Endlosgut abgeteilte Teilgesamtheit (1.1). Anmerkung 1: Eine Endlosguteinheit ist beispielsweise die Garnmenge auf einer Garnspule, die Drahtmenge auf einer Drahtspule, die Blechmenge einer Blechplatte oder die Stoffmenge eines Stoffballens. Anmerkung 2: Auch „Aufmachungseinheit".
2.4	Packungseinheit	Durch Verpackung abgeteilte Teilgesamtheit (1.1) von natürlichen Einheiten (2.1), Massenguteinheiten (2.2) oder Endlosguteinheiten (2.3). Anmerkung: Die kleinstmögliche Packungseinheit enthält jeweils eine der genannten Einheiten.
2.5	Transporteinheit	Zwecks Transport abgeteilte Teilgesamtheit (1.1) von natürlichen Einheiten (2.1), Massenguteinheiten (2.2) oder Endlosguteinheiten (2.3). Anmerkung: Die kleinstmögliche Transporteinheit enthält jeweils eine der genannten Einheiten.
2.6	Auswahleinheit sampling unit unité d'échantillonage	Einheit (2), die für den Zweck der Probenahme (5) gebildet und während der Probenahme als unteilbar angesehen wird. Anmerkung: Auswahleinheiten sind häufig mit natürlichen Einheiten (2.1), Packungseinheiten (2.4) oder Transporteinheiten (2.5) identisch.
2.7	Stichprobeneinheit sample unit unité dans l'échantillon	Auswahleinheit (2.6), die in die Strichprobe (3) gelangt ist.

DIN 55 350 Teil 14 Seite 3

Nr	Benennung	Definition
3	Probe, Stichprobe sample échantillon	Eine oder mehrere Einheiten (2), die aus der Grundgesamtheit (1) oder aus Teilgesamtheiten (1.1) entnommen werden. Anmerkung 1: Die Einheiten können beispielsweise Einheiten nach 2.1 bis 2.5 dieser Norm sein. Anmerkung 2: Die Benennung „Stichprobe" stammt ursprünglich von jenem „Stich", mit dem man aus einer Massenguteinheit (2.2) eine Probe entnahm, und wurde später auch bei Proben verwendet, die auf andere Weise der Grundgesamtheit entnommen werden; man spricht beispielsweise von Stichproben in der amtlichen Statistik, in der Qualitätssicherung usw. Dagegen wird die Benennung „Probe" heute vorwiegend bei Massengütern verwendet. Anwendung 3: Häufig werden anstatt der Einheiten der Stichprobe auch die an diesen Einheiten festgestellten Merkmalswerte als Stichprobe bezeichnet. Dabei kann sich die Anzahl der Merkmalswerte von der Anzahl der Stichprobeneinheiten unterscheiden.
3.1	Stichprobenumfang sample size taille de l'échantillon	Anzahl der Auswahleinheiten (2.6) in der Stichprobe (3). Anmerkung: Siehe Anmerkung 3 zu „Stichprobe".
3.2	Auswahlsatz sampling fraction taux d'échantilonage	Stichprobenumfang (3.1) dividiert durch den Umfang der Grundgesamtheit (1) oder Teilgesamtheit (1.2), aus der die Stichprobe entnommen ist.
4	Begriffe technischer Proben [1])	
4.1	Einzelprobe increment prélévement élémentaire	Durch einmalige Entnahme aus einem Massengut entnommene Probe (3).
4.2	Sammelprobe bulk sample, gross sample échantillon global	Probe, die durch Zusammenfassung von Einzelproben (4.1) oder Teilproben (4.3) entsteht.
4.3	Teilprobe divided sample échantillon divisé	Probe, die durch ein Probeteilungsverfahren aus Einzel- oder Sammelproben gewonnen wird.
4.4	Laboratoriumsprobe laboratory sample échantillon pour laboratoire	Probe, die als Ausgangsmaterialmenge für die Untersuchung im Laboratorium dient. Anmerkung: Die Laboratoriumsprobe kann eine Einzelprobe (4.1), eine Sammelprobe (4.2) oder eine Teilprobe (4.3) sein. Bei mehrstufiger Probenahme (5.7) ist die Laboratoriumsprobe in der Regel eine Probe vorletzter Stufe.
4.5	Meßprobe test sample échantillon pour essai	Probe, die zur Durchführung einer Einzeluntersuchung vorbereitet ist. Anmerkung 1: In der Regel ist die Meßprobe eine Teilprobe (4.3) der Laboratoriumsprobe (4.4). Bei mehrstufiger Probenahme (5.7) ist die Meßprobe eine Endstufenprobe (Anmerkung 2 zu 5.7). Anmerkung 2: Auch „Analysenprobe".
5	Probenahme, Stichprobenentnahme sampling échantillonage	Entnahme einer Probe (3) nach einem festgelegten Verfahren.
5.1	Zufallsprobenahme random sampling échantillonage au hasard	Probenahme (5) nach einem Zufallsverfahren, bei dem jeder möglichen Kombination von n Auswahleinheiten (2.6) eine vorgegebene Auswahlwahrscheinlichkeit zugeordnet ist.

[1]) Eine getrennte Norm über Begriffe technischer Proben befindet sich in Vorbereitung.

37

Nr	Benennung	Definition
5.1.1	Uneingeschränkte Zufallsprobenahme	Zufallsprobenahme, bei der jeder Kombination von n Auswahleinheiten (2.6) die gleiche Auswahlwahrscheinlichkeit zugeordnet ist. Anmerkung: Das Ergebnis der uneingeschränkten Zufallsprobenahme wird „Zufallsstichprobe" oder auch kurz „Stichprobe" genannt.
5.2	Systematische Probenahme systematic sampling échantillonage systématique	Probenahme, bei der systematisch festgelegt ist, welche Auswahleinheiten (2.6) in die Stichprobe gelangen. Anmerkung: Beispielsweise kann man bei numerierten Einheiten nach bestimmten Schlußziffern, bei Namen nach bestimmten Anfangsbuchstaben, bei Personen nach bestimmten Geburtstagen auswählen.
5.2.1	Periodische systematische Probenahme periodic systematic sampling échantillonage systématique périodique	Systematische Probenahme von Auswahleinheiten (2.6) in festen Abständen. Anmerkung: Lassen sich die N Auswahleinheiten nach einer vorgegebenen Regel – beispielsweise in der Reihenfolge der Fertigstellung in der Produktion – ordnen und von 1 bis N durchnumerieren, dann werden als Stichprobeneinheiten die Auswahleinheiten mit den Nummern $$h, h + k, h + 2k, \ldots, h + (n-1)k$$ entnommen. Dabei sind h und k ganze Zahlen, die der Ungleichung $$h + (n-1)k \leq N < h + nk$$ genügen müssen, wobei n der Stichprobenumfang ist und h aus den ersten k Nummern zufällig ausgewählt werden sollte (Zufallsstart). Beispielsweise könnte man bei $N = 500$ und $n = 20$ setzen: $k = N/n = 25$ und $h = 7$, so daß die 20 Auswahleinheiten mit den Nummern 7, 32, 57, ..., 482 Stichprobeneinheiten werden. Bei Probenahme von Massengütern während der Be- und Entladung erfolgt die periodische systematische Probenahme häufig in festen Zeitabständen mit zeitlichem Zufallsstart.
5.3	Gezielte Probenahme	Probenahme, bei der aufgrund von vorausgehender Information über eine Auswahleinheit (2.6) entschieden wird, ob sie in die Stichprobe (3) einbezogen wird oder nicht. Anmerkung: Beispiele sind Probenahmen zur Schwachstellenanalyse, zur Rauheitsprüfung nach DIN 4775 und zur Gewebeuntersuchung im medizinischen Bereich.
5.4	Klumpenprobenahme cluster sampling échantillonage en grappes	Probenahme, bei der die Auswahleinheiten (2.6) jeweils aus mehreren zusammenhängenden Einheiten (2) bestehen. Anmerkung 1: Die Auswahleinheiten werden hier Klumpen genannt. Anmerkung 2: Als zusammenhängende Einheiten kann man beispielsweise die natürlichen Einheiten (2.1) in einer Packungseinheit (2.4), die Personen in einem Haushalt, die Wahlberechtigten in einem Wahlbezirk ansehen. Anmerkung 3: Die Entnahme der Klumpen erfolgt in der Regel als Zufallsprobenahme (5.1). Anmerkung 4: Das Ergebnis der Klumpenprobenahme ist die „Klumpenstichprobe".
5.5	Ungeschichtete Probenahme simple random sampling échantillonage simple au hasard	Zufallsprobenahme (5.1) aus der Grundgesamtheit (1). Anmerkung: Das Ergebnis der ungeschichteten Probenahme ist die „ungeschichtete Zufallsstichprobe", kurz „Zufallsstichprobe" (siehe auch DIN 13 303 Teil 1) oder nur „Stichprobe" genannt.
5.6	Geschichtete Probenahme stratified sampling échantillonage stratifié	Probenahme, zu deren Zweck aus der Grundgesamtheit (1) Teilgesamtheiten (1.1) (= „Schichten") gebildet werden, aus denen die Auswahleinheiten (2.6) mit festgelegten Auswahlsätzen (3.2) entnommen werden. Anmerkung 1: Das Ergebnis der geschichteten Probenahme ist die „Geschichtete Stichprobe". Anmerkung 2: Die Entnahme der Stichprobeneinheiten (2.7) aus den Schichten kann z. B. als Zufallsprobenahme (5.1) oder als systematische Probenahme (5.2) erfolgen.

Nr	Benennung	Definition
5.7	Mehrstufige Probenahme multistage sampling échantillonage à plusieurs degrés	Probenahme in Stufen, bei der aus der Grundgesamtheit (1) Auswahleinheiten (2.6) erster Stufe gebildet werden, denen Stichprobeneinheiten (2.7) erster Stufe entnommen werden; aus den Stichprobeneinheiten erster Stufe werden Auswahleinheiten zweiter Stufe gebildet, denen Stichprobeneinheiten zweiter Stufe entnommen werden usw. Anmerkung 1: Die Auswahl der Stichprobeneinheiten aus den Auswahleinheiten in den einzelnen Stufen kann als Zufallsprobenahme (5.1) oder als systematische Probenahme (5.2) erfolgen. Anmerkung 2: Die Benennungen „Erststufenprobe", „Zweitstufenprobe",..., „Endstufenprobe" (kurz: „Endprobe") (E primary, secondary,..., final sample; F échantillon primaire, secondaire,..., final) bezeichnen die in der ersten, zweiten,..., letzten Stufe aus der Grundgesamtheit, der Erststufenprobe,..., der Probe der vorletzten Stufe entnommenen Probe. Anmerkung 3: Bei Massengütern erfolgt die mehrstufige Probenahme oft aus der Sammelprobe (4.2); Endstufenproben sind die Meßproben (4.5), Proben vorletzter Stufe die Laboratoriumsproben (4.4).

Zitierte Normen und andere Unterlagen

DIN 4775 Prüfen der Rauheit von Werkstückoberflächen; Sicht- und Tastvergleich, Tastschnittverfahren
DIN 13 303 Teil 1 Stochastik; Wahrscheinlichkeitstheorie, Gemeinsame Grundbegriffe der mathematischen und der beschreibenden Statistik; Begriffe und Zeichen
DIN 55 350 Teil 11 Begriffe der Qualitätssicherung und Statistik; Begriffe der Qualitätssicherung; Grundbegriffe
ISO 3534-1977 Statistics – Vocabulary and Symbols
Glossary of Terms used in the Management of Quality, European Organization for Quality Control – EOQC (Bezugsnachweis: Deutsche Gesellschaft für Qualität e.V., Kurhessenstr. 95, 6000 Frankfurt/M. 50)

Weitere Normen

DIN 55 350 Teil 12 Begriffe der Qualitätssicherung und Statistik; Begriffe der Qualitätssicherung; Merkmalsbezogene Begriffe
DIN 55 350 Teil 13 Begriffe der Qualitätssicherung und Statistik; Begriffe der Qualitätssicherung; Genauigkeitsbegriffe
DIN 55 350 Teil 15 (z. Z. Entwurf) Begriffe der Qualitätssicherung und Statistik; Begriffe der Qualitätssicherung, Begriffe zu Mustern
DIN 55 350 Teil 21 Begriffe der Qualitätssicherung und Statistik; Begriffe der Statistik; Zufallsgrößen und Wahrscheinlichkeitsverteilungen
DIN 55 350 Teil 22 Begriffe der Qualitätssicherung und Statistik; Begriffe der Statistik; Spezielle Wahrscheinlichkeitsverteilungen
DIN 55 350 Teil 23 Begriffe der Qualitätssicherung und Statistik; Begriffe der Statistik; Beschreibende Statistik
DIN 55 350 Teil 24 Begriffe der Qualitätssicherung und Statistik; Begriffe der Statistik; Schließende Statistik
DIN 55 350 Teil 31 Begriffe der Qualitätssicherung und Statistik; Begriffe der Annahme Stichprobenprüfung

Erläuterungen

Für die Probenahme existieren für spezielle Fachgebiete bereits Normen. Einerseits sind sie aber nur teilweise auf andere Fachgebiete übertragbar, andererseits nicht aufeinander abgestimmt. Diese Situation zusammen mit dem zunehmenden Zwang zur Schaffung einer größeren Möglichkeit der mißverständnisfreieren Kommunikation über Fachgebietsgrenzen hinweg haben ein dringendes Bedürfnis für eine übergeordnete Norm über Probenahmebegriffe geschaffen. Diesem Bedürfnis steht naturgemäß das Streben der einzelnen Fachgebiete entgegen, das Ergebnis der oft in vielen Jahren für dieses Fachgebiet mit großer Mühe erzielte Vereinheitlichung auf diesem Gebiet nicht wieder in Frage stellen zu lassen. Diese Schwierigkeit läßt sich nur meistern, wenn sich alle Fachgebiete aufgerufen fühlen, die hier vorgelegte Norm einer übergeordneten Terminologie der Probenahme gemeinsam zu tragen.

Besonders wichtig erscheint dabei, daß die speziellen Belange der Stückgut-, der Endlosgut- und der Massengut-Branchen ohne Homonymien auf einen gemeinsamen Nenner gebracht werden. Dazu war es notwendig, die Unterbegriffe 2.1 bis 2.7 der Einheit zu klären, wobei hier besonders darauf hingewiesen sei, daß sich die Begriffsinhalte teilweise überdecken.

Die vorliegende Norm entstand nicht in der Absicht, auch nur annähernd alle in den verschiedenen Fachgebieten vorkommenden Begriffe der Probenahme zu erfassen. Es sollte vielmehr nur eine Art Grundgerüst der Probenahmebegriffe gegeben werden. Freilich ist dennoch jede sich bietende Gelegenheit ergriffen worden, auf Synonyme hinzuweisen. In dieser Zielsetzung scheint ein wesentlicher Schlüssel zu der notwendige Terminologiebereinigung zu liegen: Für ein und denselben Sachverhalt und für ein und dieselbe Aufgabe gibt es in den verschiedenen Fachgebieten außerordentlich vielfältige Synonyme. Diese alle aufzuspüren und als solche zu kennzeichnen, ist dem AQS selbstverständlich nicht möglich gewesen. Mit den vorgeschlagenen Definitionen und Anmerkungen sollen indessen Anhaltspunkte für die harmonische gemeinsame Weiterarbeit in der Terminologiebereinigung der Probenahmebegriffe für alle Fachgebiete gegeben werden.

Stichwortverzeichnis

(Begriffe in deutscher Sprache)
Dieses Verzeichnis enthält auch Benennungen, die in Anmerkungen vorkommen

A
Analysenprobe 4.5
Aufmachungseinheit 2.3
Auswahleinheit 2.6
Auswahlsatz 3.2

E
Einheit 2
Einzelprobe 4.1
Endlosguteinheit 2.3
Endprobe 5.7
Endstufenprobe 5.7
Erststufenprobe 5.7

G
Gesamtheit 1
Geschichtete Probenahme 5.6
Geschichtete Stichprobe 5.6
Gezielte Probenahme 5.3
Grundgesamtheit 1

K
Klumpen 5.4
Klumpenprobenahme 5.4
Klumpenstichprobe 5.4

L
Laboratoriumsprobe 4.4

M
Massenguteinheit 2.2
Mehrstufige Probenahme 5.7
Meßprobe 4.5

N
Natürliche Einheit 2.1

P
Packungseinheit 2.4
Periodische systematische Probenahme 5.2.1
Probe 3
Probenahme 5

R
Repräsentativ Abschnitt 2 (Seite 1)

S
Sammelprobe 4.2
Schicht 5.6
Stichprobe 3, 5.1.1, 5.5
Stichprobeneinheit 2.7
Stichprobenentnahme 5
Stichprobenumfang 3.1
Systematische Probenahme 5.2

T
Teilgesamtheit 1.1
Teilprobe 4.3
Transporteinheit 2.5

U
Umfang der Grundgesamtheit 1.2
Umfang der Teilgesamtheit 1.2
Uneingeschränkte Zufallsprobenahme 5.1.1
Ungeschichtete Probenahme 5.5
Ungeschichtete Zufallsstichprobe 5.5

Z
Zufallsprobenahme 5.1
Zufallsstichprobe 5.1.1, 5.5
Zweitstufenprobe 5.7

Internationale Patentklassifikation
G 01 N 1/00
G 06 F 15/46

DK 658.562 : 519.2 : 001.4   Februar 1986

Begriffe der Qualitätssicherung und Statistik
Begriffe zu Mustern

DIN 55 350
Teil 15

Concepts of quality management and statistics; concepts of types (models)

1 Anwendungsbereich und Zweck

Diese Norm dient wie alle Teile von DIN 55 350 dazu, Benennungen und Definitionen der in der Qualitätssicherung und Statistik verwendeten Begriffe zu vereinheitlichen.

Die Teile von DIN 55 350 sollen nach Möglichkeit alle an der Normung interessierten Anwendungsbereiche berücksichtigen. Sie dürfen deshalb ihre Definitionen nicht so eng fassen, daß sie nur für spezielle Bereiche gelten (Technik, Landwirtschaft, Medizin u. a.).

Der Begriff Muster wird in dieser Norm für den Bereich der Qualitätssicherung definiert. Der Begriff Muster im Sinne eines Merkmals (z. B. Schachbrettmuster) ist nicht Gegenstand dieser Norm.

2 Begriffe

Die in Klammern angegebenen Nummern sind Hinweise auf die Nummern der in dieser Norm enthaltenen Begriffe.

Nr	Benennung	Definition
1	Muster	Materielle Einheit (siehe DIN 55 350 Teil 14), die einer Qualitätsprüfung (siehe DIN 55 350 Teil 11) aus besonderem Anlaß unterzogen oder im Rahmen einer Qualitätsprüfung benötigt wird. Anmerkung 1: Die Art der Qualitätsprüfung aus besonderem Anlaß oder die Forderungen, die an das Muster gestellt werden, bestimmen im einzelnen die Art des Musters. Anmerkung 2: Es soll vermieden werden, andere Benennungen wie ,,Qualitätsmuster'', ,,Prüfmuster'', ,,Spezialmuster'' als Synonyme zu ,,Muster'' zu verwenden.
1.1	Entwicklungsmuster	Muster zur Prüfung des Entwicklungsstandes. Anmerkung 1: Es besteht die Möglichkeit, spezielle Entwicklungsmuster für festgelegte Entwicklungsstufen zu definieren. Anmerkung 2: Auch ,,Entwurfsmuster'', ,,Prototyp''.
1.2	Angebotsmuster	Muster zur Veranschaulichung und zur Beurteilung eines Angebots.
1.3	Versuchsmuster	Muster für Funktionsversuche und Zuverlässigkeitsprüfungen. Anmerkung: Die Funktionsprüfung kann sich auf das Produkt selbst und/oder auf die Einrichtung zur Fertigung des Produkts beziehen.
1.4	Vormuster	Muster, das noch nicht mit den für die spätere Serienfertigung vorgesehenen Einrichtungen und Verfahren und/oder noch nicht unter den Randbedingungen dieser späteren Serienfertigung gefertigt ist.

Fortsetzung Seite 2 und 3

Ausschuß Qualitätssicherung und angewandte Statistik (AQS) im DIN

Nr	Benennung	Definition
1.5	Zwischenmuster	Muster, das teilweise mit den für die Serienfertigung vorgesehenen Einrichtungen und Verfahren und/oder teilweise unter den Randbedingungen der Serienfertigung gefertigt ist. Anmerkung: Verschiedentlich wird das Zwischenmuster als „Spezialmuster" benannt, beispielsweise in der Automobilindustrie. Siehe hierzu jedoch Anmerkung 2 zu Muster (1).
1.6	Erstmuster	Muster, das ausschließlich mit den für die Serienfertigung vorgesehenen Einrichtungen und Verfahren unter den zugehörigen Randbedingungen gefertigt ist. Anmerkung 1: Mit dem Erstmuster soll der Nachweis geführt werden, daß die Qualitätsforderung erfüllt werden kann, wenn die für die Serienfertigung vorgesehenen Einrichtungen und Verfahren unter den zugehörigen Randbedingungen angewendet werden. Anmerkung 2: Auch „Ausfallmuster", „Baumuster", „Fertigungsmuster", „Typmuster".
1.7	Wiederholmuster	Muster, das während der Serienfertigung gefertigt ist und gegebenenfalls im jeweils festgelegten Abstand zum vorangegangenen entnommen wird. Anmerkung: Mit dem Wiederholmuster soll der Nachweis geführt werden, daß die Qualitätsforderung während der Serienfertigung erfüllt wird.
1.8	Änderungsmuster	Muster nach einer Änderung der Fertigungseinrichtungen, der Fertigungsverfahren oder der Fertigungsbedingungen. Anmerkung 1: Mit dem Änderungsmuster soll der Nachweis geführt werden, daß die Qualitätsforderung auch nach einer Änderung der Fertigungseinrichtungen, der Fertigungsverfahren oder der Fertigungsbedingungen erfüllt wird. Anmerkung 2: Das Änderungsmuster kann gleichzeitig Erstmuster (1.6) sein. Anmerkung 3: Ein Muster für ein nicht austauschbares Produkt ist kein Änderungsmuster.
1.9	Einbaumuster	Muster für Einbauversuche.
1.10	Belegmuster	Muster zur Ermöglichung einer späteren Feststellung von Merkmalswerten (siehe DIN 55 350 Teil 12). Anmerkung: Auch „Referenzmuster", „Rückstellprobe".
1.11	Sollmuster	Muster, das den Sollwert (siehe DIN 55 350 Teil 12) eines Qualitätsmerkmals (siehe DIN 55 350 Teil 11) verkörpert. Anmerkung: Beispielsweise können für das Qualitätsmerkmal „Farbe" Sollmuster angewendet werden.
1.12	Grenzmuster	Muster, das den Grenzwert (siehe DIN 55 350 Teil 12) eines Qualitätsmerkmals (siehe DIN 55 350 Teil 11) verkörpert. Anmerkung: Beispielsweise werden die für das Qualitätsmerkmal „Oberflächenrauheit" in DIN 4769 Teil 1 bis Teil 3 genormten Oberflächenvergleichsmuster überwiegend als Grenzmuster verwendet.

DIN 55 350 Teil 15 Seite 3

Stichwortverzeichnis
(Begriffe in deutscher Sprache)
Dieses Verzeichnis enthält auch Benennungen, die in Anmerkungen vorkommen, und zwar auch dann, wenn sie dort als nicht empfehlenswert bezeichnet werden.

Benennung	Nr	Benennung	Nr	Benennung	Nr
Änderungsmuster	1.8	Fertigungsmuster	1.6	Sollmuster	1.11
Angebotsmuster	1.2	Funktionsmuster	1.3	Spezialmuster	1, 1.5
Ausfallmuster	1.6	Grenzmuster	1.12	Typmuster	1.6
Baumuster	1.6	Muster	1		
Bauartmuster	1.6			Versuchsmuster	1.3
Belegmuster	1.10	Prototyp	1.1	Vormuster	1.4
		Prüfmuster	1		
Einbaumuster	1.9	Qualitätsmuster	1	Wiederholmuster	1.7
Entwicklungsmuster	1.1				
Entwurfsmuster	1.1	Referenzmuster	1.10	Zuverlässigkeitsmuster	1.3
Erstmuster	1.6	Rückstellprobe	1.10	Zwischenmuster	1.5

Zitierte Normen

DIN 4769 Teil 1	Oberflächen-Vergleichsmuster; Technische Lieferbedingungen, Anwendung
DIN 4769 Teil 2	Oberflächen-Vergleichsmuster; Spanend hergestellte Flächen mit periodischem Profil
DIN 4769 Teil 3	Oberflächen-Vergleichsmuster; Spanend hergestellte Flächen mit aperiodischem Profil
DIN 55 350 Teil 11	Begriffe der Qualitätssicherung und Statistik; Begriffe der Qualitätssicherung; Grundbegriffe
DIN 55 350 Teil 12	Begriffe der Qualitätssicherung und Statistik; Begriffe der Qualitätssicherung; Merkmalsbezogene Begriffe
DIN 55 350 Teil 14	Begriffe der Qualitätssicherung und Statistik; Begriffe der Probenahme

Weitere Normen

DIN 55 350 Teil 13	Begriffe der Qualitätssicherung und Statistik; Begriffe der Qualitätssicherung; Genauigkeitsbegriffe
DIN 55 350 Teil 16	(z. Z. Entwurf) Begriffe der Qualitätssicherung und Statistik; Begriffe der Qualitätssicherung; Begriffe zu Qualitätssicherungssystemen
DIN 55 350 Teil 17	(z. Z. Entwurf) Begriffe der Qualitätssicherung und Statistik; Begriffe der Qualitätssicherung; Begriffe der Qualitätsprüfungsarten
DIN 55 350 Teil 21	Begriffe der Qualitätssicherung und Statistik; Begriffe der Statistik; Zufallsgrößen und Wahrscheinlichkeitsverteilungen
DIN 55 350 Teil 22	Begriffe der Qualitätssicherung und Statistik; Begriffe der Statistik; Spezielle Wahrscheinlichkeitsverteilungen
DIN 55 350 Teil 23	Begriffe der Qualitätssicherung und Statistik; Begriffe der Statistik; Beschreibende Statistik
DIN 55 350 Teil 24	Begriffe der Qualitätssicherung und Statistik; Begriffe der Statistik; Schließende Statistik
DIN 55 350 Teil 31	Begriffe der Qualitätssicherung und Statistik; Begriffe der Annahmestichprobenprüfung

Erläuterungen

Ursprünglich war im AQS erwogen worden, sowohl die Begriffe zu Proben als auch die Begriffe zu Mustern in DIN 55 350 Teil 14 Begriffe der Qualitätssicherung und Statistik; Begriffe der Probenahme, aufzunehmen. Frühere Erfahrungen zur Diskussion dieser beiden Begriffsgruppen haben jedoch gezeigt, daß es nützlich ist, sie getrennt von den Begriffen der Probenahme zu halten. Eine getrennte Norm über Begriffe der technischen Proben befindet sich in Vorbereitung.

Internationale Patentklassifikation
G 01 M

DK 658.562 : 519.2 : 620.1 : 001.4   August 1988

Begriffe der Qualitätssicherung und Statistik
Begriffe der Qualitätsprüfungsarten

DIN
55 350
Teil 17

Concepts in quality and statistics; concepts relating to quality inspection and test   Ersatz für Ausgabe 07.87

Die in dieser Norm enthaltenen fremdsprachlichen Benennungen (in der Reihenfolge englisch, französisch) sind nicht Bestandteil dieser Norm. Sie sollen das Übersetzen erleichtern.

1 Anwendungsbereich und Zweck

Diese Norm dient wie alle Folgeteile von DIN 55 350 dazu, Benennungen und Definitionen der in der Qualitätssicherung und Statistik verwendeten Begriffe zu vereinheitlichen.

Die Folgeteile von DIN 55 350 sollen nach Möglichkeit alle an der Norm interessierten Anwendungsbereiche berücksichtigen. Sie dürfen deshalb ihre Definitionen nicht so eng fassen, daß sie nur für spezielle Bereiche gelten (Technik, Landwirtschaft, Medizin u. a.).

Diese Norm enthält allgemeine Begriffe zu Qualitätsprüfungsarten im Hinblick auf ein materielles oder immaterielles Endprodukt (oder eine Kombination daraus) sowie auf eine Tätigkeit oder einen Prozeß. Nicht aufgenommen wurden Begriffe zu Qualitätsprüfungsarten oder anderen Prüfungsarten, die sich beziehen

- auf spezielle Merkmale (z. B. Härteprüfung),
- auf fachspezifische Anwendungen (z. B. Materialprüfung),
- auf Beobachtungsarten, Beobachtungsdauern oder Beobachtungsverfahren (z. B. Prüfung anhand quantitativer oder qualitativer Merkmale, Dauerprüfung, Sichtprüfung),
- auf spezielle Prüfungszwecke, die durch die Benennung selbsterklärend sind (z. B. Zulassungsprüfung, Präventivprüfung, Genehmigungsprüfung, Vergleichsprüfung),
- auf Genauigkeitsklassen oder auf Prüfungsorte (z. B. Laborprüfung),
- auf eine Beurteilung der Wirksamkeit eines Qualitätssicherungssystems oder seiner Elemente (Qualitätsaudit nach DIN 55 350 Teil 11),
- auf spezielle Anlässe (z. B. Sonderprüfung, Pflichtprüfung).

Diese Norm soll dazu dienen, die in den unterschiedlichen Fachgebieten gebräuchlichen Qualitätsprüfungsbegriffe zu systematisieren sowie den Gebrauch von Synonymen zu erkennen und zu reduzieren. Die Benennungsvielfalt soll dadurch allmählich auf die notwendige Begriffsvielfalt zurückgeführt werden. Außerdem soll sich die Schaffung von neuen oder zu überarbeitenden Begriffen und ihren Benennungen für Prüfungsarten in dieses System harmonisch eingliedern (beispielsweise bei Software).

Besonders sei dazu das Ordnungsschema im Abschnitt 2 hingewiesen. Wichtig darin ist die Unterscheidung zwischen einer Tätigkeit bzw. einem Prozeß (z. B. Erbringen einer Dienstleistung, maschineller Arbeitsablauf) und dem Ergebnis einer Tätigkeit bzw. eines Prozesses (z. B. Dienstleistung, materielles Produkt), wobei die Dienstleistung als immaterielles Produkt eingestuft ist (siehe DIN 55 350 Teil 11). Nicht alle in Vorschriften (z. B. § 24 Gewerbeordnung) verwendeten Begriffe für spezielle Prüfungsarten konnten durch diese Norm vollständig abgedeckt werden; zum Teil müssen bestehende oder entstehende Nichtübereinstimmungen in Kauf genommen werden in dem Bestreben, langfristig die notwendige Vereinheitlichung zu erreichen.

Fortsetzung Seite 2 bis 8

Ausschuß Qualitätssicherung und angewandte Statistik (AQS) im DIN Deutsches Institut für Normung e. V.

Seite 2 DIN 55 350 Teil 17

2 Ordnungsschema für Qualitätsprüfungsarten ab Begriff Nr 2.1 dieser Norm

Die Tabelle 1 gibt ein Ordnungsschema für Qualitätsprüfungsarten im Hinblick auf die Einheit materielles oder immaterielles Endprodukt oder eine Kombination daraus wieder, wofür das Modell Qualitätskreis (siehe DIN 55 350 Teil 11) anwendbar ist.

Die Tabelle 2 gibt ein Ordnungsschema für Qualitätsprüfungsarten im Hinblick auf die Einheit Tätigkeit oder Prozeß wieder, wofür das Modell Qualitätskreis nicht anwendbar ist, weil keine Übergabe und Nutzung möglich sind.

Wo Tätigkeiten und/oder Prozesse zu Produkten führen, ist bei der Qualitätsbetrachtung auf die unterschiedlichen Qualitätsforderungen zu achten, die einerseits an die Produkte, andererseits an die Tätigkeiten und/oder Prozesse gestellt sind.

Tabelle 1.

	Qualitätsprüfungsarten bezüglich Qualitätskreis				
	in den Planungsphasen	betreffend Qualifikation	in den Realisierungsphasen	anläßlich Übergabe	in den Nutzungsphasen
Qualitätsprüfungsarten im Hinblick auf die Einheit **materielles Endprodukt, immaterielles Endprodukt**[1]**) oder eine Kombination daraus**	Entwurfsprüfung Musterprüfung[2])	Qualifikationsprüfung Typprüfung Bauartprüfung Musterprüfung[2])	Eingangsprüfung Zwischenprüfung Fertigungsprüfung [2]) Endprüfung	Annahmeprüfung Ablieferungsprüfung Abnahmeprüfung	Produktverhaltensprüfung

[1]) z. B. Dienstleistung, Informationsinhalt von Unterlagen wie etwa DV-Software
[2]) nur im Hinblick auf materielles Endprodukt

Tabelle 2.

	Qualitätsprüfungsarten		
	in den Planungsphasen	betreffend Qualifikation	in den Realisierungsphasen
Qualitätsprüfungsarten im Hinblick auf die Einheit **Tätigkeit oder Prozeß** [3]**)**	Entwurfsprüfung Probeablaufprüfung	Qualifikationsprüfung	Zwischenprüfung Prozeßprüfung (Ablaufprüfung)

[3]) z. B. Erbringen einer Dienstleistung, maschineller Arbeitsablauf oder ein Verfahren

DIN 55 350 Teil 17 Seite 3

3 Begriffe

Zu den Grundbegriffen der Qualitätssicherung, hier insbesondere zu den Begriffen Einheit, Qualitätskreis, Qualitätsforderung, Zuverlässigkeitsforderung, Qualifikation siehe DIN 55 350 Teil 11. Zu den Begriffen der Annahmestichprobenprüfung siehe DIN 55 350 Teil 31.

Die Benennung „Test" synonym zu „Prüfung" wird nicht empfohlen. In der Normung der Qualitätssicherung und Statistik ist die Benennung „Test" dem statistischen Test vorbehalten.

Die in Klammern angegebenen Nummern sind Hinweise auf die Nummern der in dieser Norm enthaltenen Begriffe.

Nr	Benennung	Definition
1 Allgemeine Begriffe		
1.1	Qualitätsprüfung quality inspection inspection de la qualité	Feststellen, inwieweit eine Einheit*) die Qualitätsforderung*) erfüllt. Anmerkung 1: Qualitätsprüfungen werden anhand von Prüfmerkmalen (siehe DIN 55 350 Teil 12, z. Z. Entwurf) durchgeführt. Dabei muß festgelegt sein, auf welche Merkmale (siehe DIN 55 350 Teil 12, z. Z. Entwurf) sich die Qualitätsprüfung bezieht und welche Konkretisierungsstufe der Qualitätsforderung maßgeblich ist. Anmerkung 2: Qualitätsprüfungen können immer und überall stattfinden, z. B. in bezug auf jede Phase des Qualitätskreises*). Anmerkung 3: Die Benennungen „Überprüfung", „Gegenprüfung", „Vorprüfung", „Nachprüfung", „Nachweisprüfung" und „Bestätigungsprüfung" werden häufig synonym zu Qualitätsprüfung, aber auch mit eingeschränkter Bedeutung benutzt. Deshalb sollten diese Benennungen vermieden werden, oder es sollte die für den Anwendungsfall zutreffende Definition festgelegt werden. Anmerkung 4: Obige Definition und Anmerkungen aus DIN 55 350 Teil 11. Anmerkung 5: Die Qualitätsprüfung kann sich beziehen auf die Einheit – materielles Produkt – immaterielles Produkt – Kombination aus materiellem und immateriellem Produkt – Tätigkeit oder Prozeß.
1.1.1	Zuverlässigkeitsprüfung	Feststellen, inwieweit ein Produkt die Zuverlässigkeitsforderung*) erfüllt.
1.1.2	Vollständige Qualitätsprüfung	Qualitätsprüfung (1.1) hinsichtlich aller festgelegten Qualitätsmerkmale*). Anmerkung 1: Siehe Anmerkung 1 zu 1.1. Anmerkung 2: Die Benennung „Vollprüfung" hierfür soll vermieden werden, weil bei ihrer Benutzung Verwechslungen mit der „100%-Prüfung" (1.1.3) leichter möglich sind.
1.1.3	100%-Prüfung 100% inspection contrôle à 100%	Qualitätsprüfung (1.1) an allen Einheiten*) eines Prüfloses (siehe DIN 55 350 Teil 31). Anmerkung 1: Eine 100%-Prüfung, bei der sämtliche gefundenen fehlerhaften Einheiten aussortiert werden, bezeichnet man als Sortierprüfung, während eine 100%-Prüfung, bei der die Einheiten entsprechend den Ermittlungsergebnissen zur weiteren Verwendung in Klassen eingeordnet werden, Klassierprüfung genannt werden sollte (Klassierung siehe DIN 55 350 Teil 23). Anmerkung 2: Verschiedentlich auch „Stückprüfung".
1.1.4	Statistische Qualitätsprüfung	Qualitätsprüfung (1.1), bei der statistische Methoden angewendet werden.

*) Definition für diesen Begriff siehe DIN 55 350 Teil 11

Seite 4 DIN 55 350 Teil 17

Nr	Benennung	Definition
1.1.5	Auswahlprüfung	Qualitätsprüfung (1.1) an Zufallsstichproben (siehe DIN 55 350 Teil 14) mit Entnahmehäufigkeiten und Stichprobenumfängen, die wesentlich bestimmt sind durch die Kenntnis der bisher ermittelten Qualität*) sowie der Ungleichmäßigkeiten und Fehlerrisiken bei der Realisierung der Einheit*). Anmerkung: Entnahmehäufigkeiten und Stichprobenumfänge können sich an genormte Verfahren oder Stichprobensysteme anlehnen.
1.1.6	Wiederkehrende Prüfung	Qualitätsprüfung (1.1) nach für die Wiederkehr vorgegebenen Regeln in einer Folge von vorgesehenen Qualitätsprüfungen an derselben Einheit*). Anmerkung: Auch „Regelprüfung", insbesondere im Fall der wiederkehrenden Qualifikationsprüfung (3.1).
1.1.7	Wiederholungsprüfung	Qualitätsprüfung (1.1) nach unerwünschtem Ergebnis der vorausgegangenen in einer Folge von zugelassenen Qualitätsprüfungen an einer Einheit*) gleicher Art oder an einer nachgebesserten Einheit.
1.1.8	Erstprüfung	Erste in einer Folge von vorgesehenen oder zugelassenen Qualitätsprüfungen (1.1). Anmerkung 1: Erstprüfungen gibt es demnach nur, sofern wiederkehrende Prüfung (1.1.6) vorgesehen oder Wiederholungsprüfung (1.1.7) zugelassen ist. Anmerkung 2: Von der Erstprüfung ist die Erstmusterprüfung (Qualitätsprüfung eines Erstmusters nach DIN 55 350 Teil 15) zu unterscheiden.
1.1.9	Selbstprüfung operator inspection inspection par l'operateur	Teil der zur Qualitätslenkung*) erforderlichen Qualitätsprüfung (1.1), der vom Bearbeiter selbst ausgeführt wird. Anmerkung 1: Die Selbstprüfung ist zu unterscheiden vom „Teil der Qualitätslenkung, der vom Bearbeiter selbst ausgeführt wird" (operator control). Anmerkung 2: Die Selbstprüfung ist zu unterscheiden von der Eigenprüfung und der Fremdprüfung, wobei diese beiden Begriffe aussagen, ob Qualitätsprüfungen durch den Hersteller oder durch eine andere Stelle ausgeführt werden.

2 Begriffe zu Qualitätsprüfungsarten in den Planungsphasen von Einheiten

2.1	Entwurfsprüfung design review revue de conception	Qualitätsprüfung (1.1) an einem Entwurf.
2.2	Musterprüfung	Qualitätsprüfung (1.1) an einem Muster. Anmerkung 1: Begriffe zu Mustern siehe DIN 55 350 Teil 15. Anmerkung 2: Die jeweiligen Ziele und Randbedingungen von Musterprüfungen ergeben sich aus den Definitionen der betreffenden Muster (z. B. Entwicklungsmuster, Einbaumuster) in DIN 55 350 Teil 15. Musterprüfungen werden vielfach auch im Rahmen von Erprobungen (z. B. hinsichtlich Funktion) durchgeführt. Anmerkung 3: Musterprüfungen dienen vielfach dem Zweck der Qualifikation*), werden jedoch auch als Qualitätsprüfung (1.1) zur Qualitätslenkung*) angewendet.

*) Definition für diesen Begriff siehe DIN 55 350 Teil 11

Nr	Benennung	Definition
2.3	Probeablaufprüfung	Qualitätsprüfung (1.1) an einem probeweise durchgeführten Prozeß oder an einer probeweise durchgeführten Tätigkeit anhand der Merkmale des Prozesses bzw. der Tätigkeit selbst. Anmerkung: Probeablaufprüfungen werden vielfach im Rahmen von Erprobungen durchgeführt.

3 Begriffe zu Qualitätsprüfungsarten bezüglich der Qualifikation von Einheiten*)

Nr	Benennung	Definition
3.1	Qualifikationsprüfung	Feststellen, ob Qualifikation*) vorliegt. Anmerkung 1: Qualifikation ist nach DIN 55 350 Teil 11 die nachgewiesene Erfüllung der Qualitätsforderung*). Anmerkung 2: Die Qualifikationsprüfung kann sich beziehen auf die Einheit*) – materielles Produkt – immaterielles Produkt – Kombination aus materiellem und immateriellem Produkt. – Tätigkeit oder Prozeß Anmerkung 3: Es muß festgelegt sein, auf welche Qualitätsmerkmale*) sich eine Qualifikationsprüfung bezieht. Anmerkung 4: Sofern wiederkehrende Qualifikationsprüfungen (Anmerkung zu 1.1.6) erforderlich sind, werden hierfür Durchführungsregeln festgelegt. Anmerkung 5: Auch „Eignungsprüfung" oder „Approbationsprüfung".
3.1.1	Typprüfung	Qualifikationsprüfung (3.1) an einem Produkt. Anmerkung 1: Die Typprüfung schließt im Gegensatz zur Bauartprüfung (3.1.2) eine Entwurfsprüfung (2.1) nicht ein. Anmerkung 2: Eine erneute Typprüfung kann erforderlich werden, wenn sich ohne Änderung der Qualitätsforderung*) die Herstellung des Produkts ändert. Anmerkung 3: Vielfach wird die Typprüfung als Musterprüfung (2.2) durchgeführt. Anmerkung 4: Bei unvermeidbar erheblich streuenden Werten von Qualitätsmerkmalen*) kann es zweckmäßig sein, die Typprüfung an mehreren Einheiten*) durchzuführen.
3.1.2	Bauartprüfung	Qualifikationsprüfung (3.1) im Hinblick auf ein materielles Endprodukt, bestehend aus Entwurfsprüfung (2.1) und Typprüfung (3.1.1).

4 Begriffe zu Qualitätsprüfungsarten in den Realisierungsphasen von Einheiten*)

Nr	Benennung	Definition
4.1	Eingangsprüfung receiving inspection contrôle de réception	Annahmeprüfung (5.1) an einem zugelieferten Produkt. Anmerkung: Die Eingangsprüfung wird durch den Abnehmer selbst oder durch eine beauftragte Stelle durchgeführt.
4.2	Zwischenprüfung	Qualitätsprüfung (1.1) während der Realisierung einer Einheit*). Anmerkung: Es gibt Zwischenprüfungen unter Beteiligung des Abnehmers oder seines Beauftragten.
4.2.1	Fertigungsprüfung	Zwischenprüfung (4.2) an einem in der Fertigung befindlichen materiellen Produkt. Anmerkung: Die Realisierung hat hier die spezielle Benennung „Fertigung".

*) Definition für diesen Begriff siehe DIN 55 350 Teil 11

Nr	Benennung	Definition
4.2.2	Prozeßprüfung	Qualitätsprüfung (1.1) an einem Prozeß bzw. an einer Tätigkeit anhand der Merkmale des Prozesses bzw. der Tätigkeit selbst. Anmerkung 1: Prozeßprüfungen dienen unter anderem der Verfahrensüberwachung. Anmerkung 2: Auch „Ablaufprüfung".
4.3	Endprüfung final inspection contrôle finale	Letzte der Qualitätsprüfungen (1.1) vor Übergabe der Einheit*) an den Abnehmer. Anmerkung: Abnehmer ist im allgemeinen der im Geschäftsverkehr belieferte Vertragspartner. Im unternehmensinternen Lieferverkehr gilt Entsprechendes.

5 Begriffe zu Qualitätsprüfungsarten anläßlich der Übergabe von Produkten

5.1	Annahmeprüfung	Qualitätsprüfung (1.1) zur Feststellung, ob ein Produkt wie bereitgestellt oder geliefert annehmbar ist. Anmerkung 1: Die Zuständigkeit für Annahmeprüfungen ist in der Anmerkung zu 4.1, in Anmerkung 2 zu 5.1.1 und Anmerkung 2 zu 5.1.2 behandelt. Anmerkung 2: Werden Annahmeprüfungen anhand von Stichproben durchgeführt, handelt es sich um „Annahmestichprobenprüfungen" (siehe DIN 55 350 Teil 31). Anmerkung 3: Die Annahmeprüfung kann mit der Endprüfung (4.3) zusammenfallen.
5.1.1	Ablieferungsprüfung	Annahmeprüfung (5.1) vor Ablieferung des Produkts. Anmerkung 1: Auch innerhalb derselben Organisation können Ablieferungsprüfungen vorkommen. Anmerkung 2: Wenn nichts anderes vereinbart ist, ist derjenige für die Ablieferungsprüfung zuständig, der für die Erfüllung der Qualitätsforderung*) verantwortlich ist. Anmerkung 3: Die Ablieferungsprüfung kann mit der Endprüfung (4.3) zusammenfallen.
5.1.2	Abnahmeprüfung	Annahmeprüfung (5.1) auf Veranlassung und unter Beteiligung des Abnehmers oder seines Beauftragten. Anmerkung 1: Die Abnahmeprüfung ist zu unterscheiden von der „Abnahme" im Sinne BGB § 640 und § 433, Absatz II. Die Abnahmeprüfung steht stets im sachlichen, jedoch nicht notwendigerweise in einem unmittelbaren zeitlichen Zusammenhang mit der Abnahme. Anmerkung 2: Die Abnahmeprüfung kann durch den Empfänger der Leistung selbst, durch den Lieferanten im Beisein des Empfängers oder eines von ihm Beauftragten oder durch einen von ihm beauftragten Dritten durchgeführt werden, z.B. durch einen Sachverständigen. Anmerkung 3: Die Abnahmeprüfung kann sowohl beim Lieferanten als auch beim Abnehmer als auch bei einer neutralen Stelle als auch teilweise hier und dort erfolgen. Anmerkung 4: Für die Abnahmeprüfung, die stets vor dem Gefahrübergang gemäß BGB § 446 und § 447 erfolgt, wird vielfach vereinbart, daß der Abnehmer die Abnahmeprüfung in Verbindung mit der Endprüfung (4.3) durchführt oder mindestens an dieser teilnimmt.

*) Definition für diesen Begriff siehe DIN 55 350 Teil 11

Nr	Benennung	Definition
6	**Begriffe zu Qualitätsprüfungsarten in den Nutzungsphasen von Produkten**	
6.1	Produktverhaltensprüfung	Qualitätsprüfung (1.1) zur Gewinnung von Kenntnissen über das Produktverhalten nach Übergabe an den Abnehmer. Anmerkung 1: Diese Prüfung kann sich auf materielle oder immaterielle Produkte beziehen. Sie kann z. B. durch den Abnehmer oder aufgrund einer Vereinbarung mit dem Abnehmer durch den Lieferanten oder durch Dritte durchgeführt werden. Anmerkung 2: Das Produktverhalten kann im Rahmen der Produktnutzung zeitabhängig von Interesse sein oder zeitunabhängig, beispielsweise in seiner Auswirkung auf den Anwender oder auf die Umwelt. Maßstab für diese Qualitätsprüfung brauchen nicht die Produktspezifikationen zu sein, sondern können die Anwendungserfordernisse sein, eingeschlossen übergeordnete Gesichtspunkte wie beispielsweise die technische oder die rechtliche Entwicklung. Anmerkung 3: Hierzu gehören auch Zuverlässigkeitsprüfungen (1.1.1) nach Übergabe an den Abnehmer. Anmerkung 4: Im Rahmen der Instandhaltung heißt eine Produktverhaltensprüfung „Inspektion" (siehe DIN 31 051). Andere Benennungen wie „Feldprüfung", „Einsatzprüfung", „Betriebsverhaltensprüfung" synonym für Produktverhaltensprüfung werden nicht empfohlen.

Zitierte Normen

DIN 31 051	Instandhaltung; Begriffe und Maßnahmen
DIN 55 350 Teil 11	Begriffe der Qualitätssicherung und Statistik; Grundbegriffe der Qualitätssicherung
DIN 55 350 Teil 12	(z. Z. Entwurf) Begriffe der Qualitätssicherung und Statistik; Merkmalsbezogene Begriffe
DIN 55 350 Teil 14	Begriffe der Qualitätssicherung und Statistik; Begriffe der Probenahme
DIN 55 350 Teil 15	Begriffe der Qualitätssicherung und Statistik; Begriffe zu Mustern
DIN 55 350 Teil 23	Begriffe der Qualitätssicherung und Statistik; Begriffe der Statistik; Beschreibende Statistik
DIN 55 350 Teil 31	Begriffe der Qualitätssicherung und Statistik; Begriffe der Annahmestichprobenprüfung

Weitere Normen

DIN 55 350 Teil 13	Begriffe der Qualitätssicherung und Statistik; Begriffe zur Genauigkeit von Ermittlungsverfahren und Ermittlungsergebnissen
DIN 55 350 Teil 16	(z. Z. Entwurf) Begriffe der Qualitätssicherung und Statistik; Begriffe der Qualitätssicherung; Begriffe zu Qualitätssicherungssystemen
DIN 55 350 Teil 18	Begriffe der Qualitätssicherung und Statistik; Begriffe zu Bescheinigungen über die Ergebnisse von Qualitätsprüfungen; Qualitätsprüf-Zertifikate
DIN 55 350 Teil 21	Begriffe der Qualitätssicherung und Statistik; Begriffe der Statistik; Zufallsgrößen und Wahrscheinlichkeitsverteilungen
DIN 55 350 Teil 22	Begriffe der Qualitätssicherung und Statistik; Begriffe der Statistik; Spezielle Wahrscheinlichkeitsverteilungen
DIN 55 350 Teil 24	Begriffe der Qualitätssicherung und Statistik; Begriffe der Statistik; Schließende Statistik

Frühere Ausgaben

DIN 55 350 Teil 17: 07.87

Änderungen

Gegenüber der Ausgabe Juli 1987 wurden folgende Berichtigungen vorgenommen:
Beim Begriff 1.1.5 (Auswahlprüfung) wurde die fehlende erste Zeile der Definition eingefügt.

Stichwortverzeichnis

(Benennungen in deutscher Sprache)

Dieses Verzeichnis enthält auch Benennungen, die in Anmerkungen vorkommen, und zwar auch dann, wenn sie dort als nicht empfehlenswert bezeichnet werden.

A
Ablaufprüfung 4.2.2
Ablieferungsprüfung 5.1.1
Abnahme 5.1.2
Abnahmeprüfung 5.1.2
Annahmeprüfung 5.1
Annahmestichprobenprüfung 5.1
Approbationsprüfung 3.1
Auswahlprüfung 1.1.5

B
Bauartprüfung 3.1.2
Bestätigungsprüfung 1.1
Betriebsverhaltensprüfung 6.1

D
Dauerprüfung siehe Abschnitt 1

E
Eigenprüfung 1.1.9
Eignungsprüfung 3.1
Eingangsprüfung 4.1
Einsatzprüfung 6.1
Endprüfung 4.3
Entwurfsprüfung 2.1
Erprobung 2.2, 2.3
Erstmusterprüfung 1.1.8
Erstprüfung 1.1.8

F
Feldprüfung 6.1
Fertigungsprüfung 4.2.1
Fremdprüfung 1.1.9

G
Gegenprüfung 1.1
Genehmigungsprüfung siehe Abschnitt 1

H
Härteprüfung siehe Abschnitt 1
100%-Prüfung 1.1.3

I
Inspektion 6.1

K
Klassierprüfung 1.1.3

L
Laborprüfung siehe Abschnitt 1

M
Materialprüfung siehe Abschnitt 1
Musterprüfung 2.2

N
Nachprüfung 1.1
Nachweisprüfung 1.1

P
Pflichtprüfung siehe Abschnitt 1
Präventivprüfung siehe Abschnitt 1
Probeablaufprüfung 2.3
Produktverhaltensprüfung 6.1
Prozeßprüfung 4.2.2
Prüfung siehe Abschnitt 3

Q
Qualifikationsprüfung 3.1
Qualitätsprüfung 1.1

R
Regelprüfung 1.1.6

S
Selbstprüfung 1.1.9
Sichtprüfung siehe Abschnitt 1
Sonderprüfung siehe Abschnitt 1
Sortierprüfung 1.1.3
Statistische Qualitätsprüfung 1.1.4
Stückprüfung 1.1.3

T
Test siehe Abschnitt 3
Typprüfung 3.1.1

U
Überprüfung 1.1

V
Vergleichsprüfung siehe Abschnitt 1
Vollprüfung 1.1.2
Vollständige Qualitätsprüfung 1.1.2
Vorprüfung 1.1

W
Wiederholungsprüfung 1.1.7
Wiederkehrende Prüfung 1.1.6
wiederkehrende Qualifikationsprüfung 3.1

Z
Zulassungsprüfung siehe Abschnitt 1
Zuverlässigkeitsprüfung 1.1.1, 6.1
Zwischenprüfung 4.2

Internationale Patentklassifikation

G 07 C 3/14

DK 658.562:519.2:620.1:001.4   Juli 1987

Begriffe der Qualitätssicherung und Statistik
Begriffe zu Bescheinigungen
über die Ergebnisse von Qualitätsprüfungen
Qualitätsprüf-Zertifikate

**DIN
55 350**
Teil 18

Concepts in quality and statistics; concepts relating to certificates on results of quality inspections; quality inspection certificates

1 Anwendungsbereich und Zweck

Diese Norm dient wie alle Teile von DIN 55 350 dazu, Benennungen und Definitionen der in der Qualitätssicherung und Statistik verwendeten Begriffe zu vereinheitlichen.

Die Teile von DIN 55 350 sollen nach Möglichkeit alle an der Normung interessierten Anwendungsbereiche berücksichtigen. Sie dürfen deshalb ihre Definitionen nicht so eng fassen, daß sie nur für spezielle Bereiche gelten (Technik, Landwirtschaft, Medizin u. a.).

Diese Norm gilt für Begriffe zu Bescheinigungen im Zusammenhang mit der Lieferung von materiellen oder immateriellen Produkten, mit denen die Ergebnisse von Qualitätsprüfungen bestätigt werden. Qualitätsprüf-Zertifikate sind spezielle Qualitätsnachweise.

Die Vereinbarung von Bescheinigungen über die Ergebnisse von Qualitätsprüfungen an einem Produkt ist unabhängig von einer Vereinbarung über einen Qualitätssicherungs-Nachweis.

Weiterhin ist ein Qualitätsprüf-Zertifikat nach dieser Norm nicht gleichbedeutend mit einem die Qualifikation*) einer Einheit*) betreffenden Zertifikat z. B. nach ISO/IEC Guide 2.

Zweck dieser Norm ist es, die Begriffe zu den Qualitätsprüf-Zertifikaten unter Berücksichtigung der Prüfbeauftragten zu vereinheitlichen. Festlegungen über die Prüfverantwortlichkeit sowie über Art, Form und anwendungsspezifischen Inhalt von Qualitätsprüf-Zertifikaten sind nicht Gegenstand dieser Norm. Sie sind jeweils den entsprechenden Regelwerken bzw. vertraglichen Vereinbarungen vorbehalten.

Qualitätsprüf-Zertifikate entbinden den weiterverarbeitenden Abnehmer der Produkte nicht von seiner Qualitätsverantwortung (siehe [1]).

Diese Norm betrifft nicht Qualitätsprüf-Zertifikate durch einen Produkthändler. Sind im Sonderfall hierüber Vereinbarungen zu treffen, so sollen sie auf der sinngemäßen Anwendung dieser Norm beruhen.

2 Bezeichnung

Bezeichnung eines Qualitätsprüf-Zertifikates nach Nr 4.1.2:

Qualitätsprüf-Zertifikat DIN 55 350 – 18 – 4.1.2

Anmerkung: Neben dieser Norm-Bezeichnung darf dieses Qualitätsprüf-Zertifikat auch wie folgt benannt werden:

„**Herstellerzertifikat M nach DIN 55 350 Teil 18**"

---

*) Siehe DIN 55 350 Teil 11

Fortsetzung Seite 2 bis 5

Ausschuß Qualitätssicherung und angewandte Statistik (AQS) im DIN Deutsches Institut für Normung e. V.

Seite 2 DIN 55 350 Teil 18

3 Begriffe

Die in Klammern angegebenen Nummern sind Hinweise auf die Nummern der in dieser Norm enthaltenen Begriffe.

Nr	Benennung	Definition
1	Qualitätsprüf-Zertifikat	Bescheinigung über das Ergebnis einer Qualitätsprüfung*), das gegenüber dem Abnehmer oder Auftraggeber als Nachweis über die Qualität*) eines Produkts dient. Anmerkung 1: Ein Qualitätsprüf-Zertifikat enthält Angaben über – Aussteller des Qualitätsprüf-Zertifikats/Datum – Hersteller/Auftragnehmer (Lieferer), – Abnehmer/Auftraggeber/Besteller/Betreiber, – Auftrags-/Bestell-Nummer, – Liefergegenstand, Stückzahl usw., – Qualitätsforderung*) (z. B. techn. Lieferbedingungen), – Prüfspezifikationen*) – Art des Qualitätsprüf-Zertifikats, z. B. „Herstellerzertifikat M nach DIN 55 350 Teil 18", – gegebenenfalls spezielle Qualitätsmerkmale (3.1), – Prüfergebnisse (3.2). und gegebenenfalls weitere Angaben und Vereinbarungen. Anmerkung 2: Auch die Bescheinigungen über Materialprüfungen nach DIN 50 049 sind Qualitätsprüf-Zertifikate (siehe Erläuterungen).
2	Prüfbeauftragter	Zur Beurteilung der Prüfergebnisse (3.2, 3.3) Befähigter, der die Erfüllung der Qualitätsforderung*) im Hinblick auf die speziellen Qualitätsmerkmale (3.1) feststellt und bestätigt. Anmerkung 1: Die genannte Befähigung schließt ein, daß der Prüfbeauftragte die Verfahren und Ergebnisse der Qualitätsprüfungen*) im Hinblick auf die Qualitätsforderung*) und die Prüfspezifikationen*) in bezug auf die speziellen Qualitätsmerkmale (3.1) beurteilen kann. Anmerkung 2: Prüfbeauftrager kann sein – ein Hersteller-Prüfbeauftragter (2.1) – ein Abnehmer-Prüfbeauftragter (2.2) – ein durch vertragliche oder gesetzliche Regelungen vorgesehener Sachverständiger.
2.1	Hersteller-Prüfbeauftragter	Von der Unternehmensleitung des Herstellers benannter, in ihrem Auftrag handelnder und in seinen Qualitätsfeststellungen unabhängiger Prüfbeauftragter. Anmerkung 1: Hersteller-Prüfbeauftragter kann auch der Unternehmer selbst oder der Prüfende selbst sein, aber auch ein Angehöriger einer externen Stelle. Anmerkung 2: In größeren Unternehmen kann der Hersteller-Prüfbeauftragte auch von einer Führungsstelle im Qualitätswesen*) benannt sein.
2.2	Abnehmer-Prüfbeauftragter	Vom Abnehmer oder Auftraggeber benannter und in seinem Auftrag handelnder Prüfbeauftragter. Anmerkung: Der Abnehmer-Prüfbeauftragte ist ein Mitarbeiter des Abnehmers/Auftraggebers oder einer externen Stelle, jedoch nicht des Herstellers.
3 Hilfsbegriffe zu Grundlagen der Qualitätsprüf-Zertifikate		
3.1	Spezielle Qualitätsmerkmale	Im Sinne dieser Norm diejenigen Qualitätsmerkmale*) der Qualitätsforderung, zu denen das Qualitätsprüf-Zertifikat quantitative und/oder qualitative Merkmalswerte enthalten soll. Anmerkung: Siehe Erläuterungen

*) Siehe Seite 1

DIN 55 350 Teil 18 Seite 3

Nr	Benennung	Definition
3.2	Nichtauftragsbezogenes Prüfergebnis	Im Sinne dieser Norm Prüfergebnis, erzielt an Produkten, die unter gleichen Bedingungen entstanden sind wie die Produkte, die zum Auftrag gehören. Anmerkung: Ein auf dieser Grundlage ausgestelltes Qualitätsprüf-Zertifikat heißt Herstellerzertifikat (4.1).
3.3	Auftragsbezogenes Prüfergebnis	Im Sinne dieser Norm Prüfergebnis, erzielt an Produkten, die zum Auftrag gehören. Anmerkung 1: Im Fall einer zerstörenden Prüfung gilt das Prüfergebnis auch dann noch als auftragsbezogen, wenn die Prüfung an Material erfolgt, das unter denselben Bedingungen hergestellt wurde. Anmerkung 2: Ein auf dieser Grundlage ausgestelltes Qualitätsprüf-Zertifikat heißt Herstellerprüfzertifikat (4.2) oder Abnahmeprüfzertifikat (4.3).

4 Begriffe zu Arten von Qualitätsprüf-Zertifikaten

4.1	Herstellerzertifikat	Qualitätsprüf-Zertifikat (1) anhand eines nichtauftragsbezogenen Prüfergebnisses (3.2), ausgestellt vom Hersteller-Prüfbeauftragten (2.1).
4.1.1	Herstellerzertifikat O	Herstellerzertifikat <u>o</u>hne Angabe von festgestellten Merkmalswerten.
4.1.2	Herstellerzertifikat M	Hertellerzertifikat <u>m</u>it Angabe von festgestellten Merkmalswerten zu den speziellen Qualitätsmerkmalen (3.1).
4.2	Herstellerprüfzertifikat	Qualitätsprüf-Zertifikat (1) anhand eines auftragsbezogenen Prüfergebnisses (3.3), ausgestellt vom Hersteller-Prüfbeauftragten (2.1).
4.2.1	Herstellerprüfzertifikat O	Herstellerprüfzertifikat <u>o</u>hne Angabe von festgestellten Merkmalswerten.
4.2.2	Herstellerprüfzertifikat M	Herstellerprüfzertifikat <u>m</u>it Angabe von festgestellten Merkmalswerten zu den speziellen Qualitätsmerkmalen (3.1).
4.3	Abnahmeprüfzertifikat	Qualitätsprüf-Zertifikat (1) anhand eines auftragsbezogenen Prüfergebnisses (3.3), ausgestellt von einem Prüfbeauftragten (2), der vom Hersteller unabhängig ist.
4.3.1	Abnahmeprüfzertifikat O	Abnahmeprüfzertifikat <u>o</u>hne Angabe von festgestellten Merkmalswerten, wobei der Prüfbeauftragte ein Abnehmer-Prüfbeauftragter (2.2) ist.
4.3.2	Abnahmeprüfzertifikat OS	Abnahmeprüfzertifikat <u>o</u>hne Angabe von festgestellten Merkmalswerten, wobei der Prüfbeauftragte ein <u>S</u>achverständiger (siehe Anmerkung 2 zu 2) ist.
4.3.3	Abnahmeprüfzertifikat M	Abnahmeprüfzertifikat <u>m</u>it Angabe von festgestellten Merkmalswerten zu den speziellen Qualitätsmerkmalen (3.1), wobei der Prüfbeauftragte ein Abnehmer-Prüfbeauftragter (2.2) ist.
4.3.4	Abnahmeprüfzertifikat MS	Abnahmeprüfzertifikat <u>m</u>it Angabe von festgestellten Merkmalswerten zu den speziellen Qualitätsmerkmalen (3.1), wobei der Prüfbeauftragte ein <u>S</u>achverständiger (siehe Anmerkung 2 zu 2) ist.

*) Siehe Seite 1

4 Übersicht über Qualitätsprüf-Zertifikate und ihre Normbezeichnung

Qualitätsprüf-Zertifikat		Grundlage des Qualitätsprüf-Zertifikats	Angabe festgestellter Merkmalswerte	Prüfbeauftragter (2)			Normbezeichnung
				Hertsteller-Prüfbeauftragter (2.1)	Abnehmer-Prüfbeauftragter (2.2)	Sachverständiger**)	
Herstellerzertifikat... nach DIN 55350 Teil 18	O	nichtauftragsbezogene Prüfergebnisse (3.2)	nein	×			Qualitätsprüf-Zertifikat DIN 55350-18-4.1.1
	M		ja	×			Qualitätsprüf-Zertifikat DIN 55350-18-4.1.2
Herstellerprüf-Zertifikat... nach DIN 55350 Teil 18	O		nein	×			Qualitätsprüf-Zertifikat DIN 55350-18-4.2.1
	M		ja	×			Qualitätsprüf-Zertifikat DIN 55350-18-4.2.2
Abnahmeprüfzertifikat.. nach DIN 55350 Teil 18	O	auftragsbezogene Prüfergebnisse (3.3)	nein		×		Qualitätsprüf-Zertifikat DIN 55350-18-4.3.1
	OS		nein			×	Qualitätsprüf-Zertifikat DIN 55350-18-4.3.2
	M		ja		×		Qualitätsprüf-Zertifikat DIN 55350-18-4.3.3
	MS		ja			×	Qualitätsprüf-Zertifikat DIN 55350-18-4.3.4

**) Siehe Abschnitt 3, Anmerkung 2 zu Nr 2

Zitierte Normen und andere Unterlagen

DIN 50 049   Bescheinigungen über Materialprüfungen
DIN 55 350 Teil 11   Begriffe der Qualitätssicherung und Statistik; Grundbegriffe der Qualitätssicherung
ISO/IEC Guide 2   General terms and their definitions concerning standardization and related activities
[1]   E. Sattler: „Werkstatteste" und Produkthaftung, DIN-Mitteilungen 63. 1984, Nr 10, S. 556 und 557

Weitere Normen

DIN 55 350 Teil 12   (z. Z. Entwurf) Begriffe der Qualitätssicherung und Statistik; Merkmalsbezogene Begriffe
DIN 55 350 Teil 13   Begriffe der Qualitätssicherung und Statistik; Begriffe der Genauigkeit von Ermittlungsverfahren und Ermittlungsergebnissen
DIN 55 350 Teil 14   Begriffe der Qualitätssicherung und Statistik; Begriffe der Probenahme
DIN 55 350 Teil 15   Begriffe der Qualitätssicherung und Statistik; Begriffe zu Mustern
DIN 55 350 Teil 16   (z. Z. Entwurf) Begriffe der Qualitätssicherung und Statistik; Begriffe der Qualitätssicherung; Begriffe zu Qualitätssicherungssystemen
DIN 55 350 Teil 17   Begriffe der Qualitätssicherung und Statistik; Bergriffe der Qualitätsprüfungsarten
DIN 55 350 Teil 21   Begriffe der Qualitätssicherung und Statistik; Begriffe der Statistik; Zufallsgrößen und Wahrscheinlichkeitsverteilungen
DIN 55 350 Teil 22   Begriffe der Qualitätssicherung und Statistik; Begriffe der Statistik; Spezielle Wahrscheinlichkeitsverteilungen
DIN 55 350 Teil 23   Begriffe der Qualitätssicherung und Statistik; Begriffe der Statistik; Beschreibende Statistik
DIN 55 350 Teil 24   Begriffe der Qualitätssicherung und Statistik; Begriffe der Statistik; Schließende Statistik
DIN 55 350 Teil 31   Begriffe der Qualitätssicherung und Statistik; Begriffe der Annahmestichprobenprüfung

Erläuterungen

Im Rahmen der Qualitätssicherung haben Qualitätsprüf-Zertifikate eine zunehmende Bedeutung. Qualitätsprüf-Zertifikate kommen in allen Branchen vor. Sie können sich auf materielle und immaterielle Produkte beziehen. Die analoge Anwendung auf Tätigkeiten ist möglich.

Erst in den letzten Jahren hat die übergeordnete Begriffsnormung für das Gesamtgebiet der Qualitätssicherung (Qualitätslehre) wesentliche Grundbegriffe zur Verfügung gestellt. In der vorliegenden Norm soll die Anwendung dieser Begriffe auf Qualitätsprüf-Zertifikate auf beliebigem Gebiet geklärt werden.

Für ein spezielles Fachgebiet besteht für Qualitätsprüf-Zertifikate bereits eine Norm, nämlich DIN 50 049 „Bescheinigungen über Materialprüfungen". Sie entstand lange vor Schaffung der Grundnormen für Begriffe der Qualitätssicherung. Ihr Spezialgebiet waren zunächst Werkstoffprüfungen. Mit der Ausgabe Juli 1982 wurde die Norm auf Materialprüfungen erweitert. Heute liegt sie in der Ausgabe August 1986 vor. In ihr betont, daß diese Bescheinigungen „zum Nachweis der Qualität" dienen. Diese Norm wurde und wird wegen des großen Bedarfs an Qualitätsprüf-Zertifikaten mangels normativer Festlegungen dazu auf anderen Gebieten im In- und Ausland weit über ihren Anwendungsbereich hinaus angewendet. Entsprechend groß ist ihr Anerkennungs- und Bekanntheitsgrad.

Im Interesse möglichst weitgehender Vereinheitlichung ist es nicht vertretbar, wegen des großen Bedarfs entsprechende Normen zu Bescheinigungen über die betreffenden Prüfungen für jedes Fachgebiet getrennt zu schaffen. Außerdem müßte dazu auf diesen Gebieten ein Zustand herbeigeführt werden, der sich bei der Werkstoff- bzw. Materialprüfungen in vielen Jahren entwickelt hat, nämlich eine intensivere Wechselbeziehung zwischen DIN 50 049 und Liefernormen. Sie besteht darin, daß letztere Normen vielfach die technischen Lieferbedingungen enthalten, über die eine Bescheinigung nach DIN 50 049 vereinbart werden kann. Die vorliegende Norm berücksichtigt, daß diese Voraussetzung auf anderen Gebieten nicht besteht.

Diese Gründe ließen es dem Ausschuß Qualitätssicherung und angewandte Statistik (AQS) im Einvernehmen mit dem Normenausschuß Materialprüfung (NMP) geraten erscheinen, im Rahmen der Normenreihe DIN 55 350 für alle Arten von Produkten auch eine Norm über Begriffe zu Qualitätsprüf-Zertifikaten zu erstellen. Diese wurde so abgefaßt, daß die Anwendung der bewährten und bekannten DIN 50 049 in keiner Weise beeinträchtigt wird. Eine sachlich vollständige Zuordnung einzelner Bescheinigungen nach DIN 55 350 Teil 18 zu einzelnen Bescheinigungen nach DIN 50 049 ist allerdings nicht möglich. Deshalb wurde Wert darauf gelegt, unterschiedliche Benennungen für die Bescheinigungen nach beiden Normen festzulegen. Die Unterschiede sind im einzelnen den Normentexten zu entnehmen.

Zur Vermeidung von Schwierigkeiten legt der AQS lediglich eine Begriffsnorm über Qualitätsprüf-Zertifikate vor. Deshalb gibt es in der vorliegenden Norm auch keine Festlegungen über Verantwortlichkeiten oder über die Qualifikation der beizuziehenden Prüfbeauftragten. Das bleibt vertraglichen oder gesetzlichen Regelungen vorbehalten.

Was aber geklärt werden mußte, sind einige Grundbegriffe zu Qualitätsprüf-Zertifikaten. An einem Beispiel sei dies erläutert:

Bei der Vereinbarung eines Qualitätsprüf-Zertifikats muß die Möglichkeit bestehen, die Qualitätsforderung an das Produkt zu unterteilen. Es muß also klargestellt werden, daß sich das Qualitätsprüf-Zertifikat entweder auf die ganze Qualitätsforderung an das Produkt beziehen kann oder auf zu vereinbarende Einzelforderungen im Rahmen der Qualitätsforderung. Ein solcher Teil der Qualitätsforderung heißt „spezielle Qualitätsmerkmale" (vgl. Nr 2 und Nr 3.1). Die Auswahl der speziellen Qualitätsmerkmale wird in erster Linie nach technischen Gesichtspunkten zu treffen sein. Selbstverständlich sind aber auch hier – wie überall sonst – Kostengesichtspunkte zu berücksichtigen.

Im Hinblick auf den Benennungsbestandteil „Abnahmeprüf..." sei auf die Definition des Begriffes „Abnahmeprüfung" nach DIN 55 350 Teil 17 verwiesen („Annahmeprüfung auf Veranlassung und unter Beteiligung des Abnehmers oder seines Beauftragten"). Dort findet man auch eine Anmerkung zum Zusammenhang zwischen „Abnahmeprüfung" und „Abnahme".

Stichwortverzeichnis

(Benennung in deutscher Sprache)

Dieses Verzeichnis enthält auch Benennungen, die in Anmerkungen vorkommen.

A
Abnahmeprüfzertifikat   3.3, 4.3, Abschnitt 4
Abnahmeprüfzertifikat M   4.3.3
Abnahmeprüfzertifikat MS   4.3.4
Abnahmeprüfzertifikat O   4.3.1
Abnahmeprüfzertifikat OS   4.3.2
Abnehmer-Prüfbeauftragter   2.2
Auftragsbezogenes Prüfergebnis   3.3

B
Bescheinigung   1

H
Hersteller-Prüfbeauftragter   2.1
Herstellerprüfzertifikat   3.3, 4.2
Herstellerprüfzertifikat M   4.2.2
Herstellerprüfzertifikat O   4.2.1

Herstellerzertifikat   3.2, 4.1
Herstellerzertifikat M   4.1.2
Herstellerzertifikat O   4.1.1, Abschnitt 4

N
Nichtauftragsbezogenes Prüfergebnis   3.2

P
Prüfbeauftragter   2
Prüfergebnis   3.2, 3.3

Q
Qualitätsmerkmale, spezielle   3.1
Qualitätsprüf-Zertifikat   1

S
Sachverständiger   2
spezielle Qualitätsmerkmale   3.1

Internationale Patenklassifikation

G 07 C 3/14

DK 658.562 : 31 : 519.2 : 001.4   Mai 1982

Begriffe der Qualitätssicherung und Statistik	DIN
Begriffe der Statistik	
Zufallsgrößen und Wahrscheinlichkeitsverteilungen	55 350
	Teil 21

Concepts of quality assurance and statistics; concepts of statistics; random variables and probability distributions

Für die Richtigkeit der fremdsprachigen Benennungen kann das DIN trotz aufgewendeter Sorgfalt keine Gewähr übernehmen.

1 Zweck und Anwendungsbereich

Diese Norm dient wie alle Teile von DIN 55350 dazu, Benennungen und Definitionen der in der Qualitätssicherung und Statistik verwendeten Begriffe zu vereinheitlichen.

Die Teile von DIN 55350 sollen nach Möglichkeit alle an der Normung interessierten Anwendungsbereiche berücksichtigen. Sie dürfen deshalb ihre Definitionen nicht so eng fassen, daß sie nur für spezielle Bereiche gelten (Technik, Landwirtschaft, Medizin u.a.).

Die internationale Terminologie wurde berücksichtigt, insbesondere die von der International Organization for Standardization (ISO) herausgegebene Internationale Norm ISO 3534 „Statistics – Vocabulary and Symbols" und das von der European Organization for Quality Control (EOQC) herausgegebene „Glossary of Terms, used in Quality Control".

Die Normen DIN 55350 Teil 21 bis Teil 24 behandeln die Begriffe der Statistik aus der Sicht der praktischen Anwendung, wobei auf eine strenge mathematische Darstellungsweise im allgemeinen verzichtet wird. In mathematischer Strenge werden die Begriffe und Zeichen der Statistik in DIN 13303 Teil 1 und Teil 2*) genormt, und zwar im Teil 1 die Begriffe der Wahrscheinlichkeitstheorie einschließlich der gemeinsamen Grundbegriffe der mathematischen und der beschreibenden Statistik, im Teil 2*) die Begriffe und Zeichen der mathematischen Statistik.

2 Begriffe

Die in Klammern angegebenen Nummern sind Hinweise auf die Nummern der in dieser Norm enthaltenen Begriffe.

---

*) Z.Z. Entwurf

Fortsetzung Seite 2 bis 9

Ausschuß Qualitätssicherung und angewandte Statistik (AQS) im DIN Deutsches Institut für Normung e.V.
Normenausschuß Einheiten und Formelgrößen (AEF) im DIN

Nr	Benennung	Definition
1	**Begriffe zu Zufallsgrößen**	
1.1	Zufallsvariable random variable, variate variable aléatoire	Hier Grundbegriff mit der Bedeutung: Der Wert einer Zufallsvariablen, z.B. ein Merkmalswert, wird bei der einmaligen Durchführung eines Versuchs ermittelt. Anmerkung 1: Mathematische Definition siehe DIN 13303 Teil 1. Anmerkung 2: Je nach Art des Versuchs (Experiment, Beobachtung) sind die möglichen Werte der Zufallsvariablen ein einzelner Wert einer Größe (beim Messen), eine Zahl (beim Zählen), eine Ausprägung (bei der Bestimmung eines qualitativen Merkmals) usw. oder auch Paare, Tripel, Quadrupel, n-Tupel solcher Werte. Anmerkung 3: Eine Zufallsvariable, die nur abzählbar viele (endlich viele oder abzählbar unendlich viele) Werte annehmen kann, heißt „diskrete Zufallsvariable". Eine Zufallsvariable, die überabzählbar viele Werte annehmen kann, heißt „kontinuierliche Zufallsvariable". Ist die Verteilungsfunktion (2.4) einer kontinuierlichen Zufallsvariablen absolut stetig, so heißt die Zufallsvariable „stetige Zufallsvariable".
1.2	Zufallsgröße	Zufallsvariable, deren Werte Werte einer Größe sind. Anmerkung: Die Benennung „Größe" wird hier als Synonym für „quantitatives Merkmal" (siehe DIN 55350 Teil 12) verstanden. Sie schließt also neben dem Begriff der „physikalischen Größe" im Sinne von DIN 1313 einschließlich der Anzahl beispielsweise auch den Geldwert ein.
1.3	Zufallsvektor random vector vecteur aléatoire	Vektor, dessen Komponenten Zufallsgrößen sind. Anmerkung 1: Der Zufallsvektor mit den k Komponenten $X_1, X_2, \ldots, X_k$ heißt diskret, wenn alle Zufallsgrößen $X_1, X_2, \ldots, X_k$ diskrete Zufallsgrößen sind; er heißt stetig, wenn alle Zufallsgrößen $X_1, X_2, \ldots, X_k$ stetige Zufallsgrößen sind. Anmerkung 2: Sind nicht alle Komponenten Zufallsgrößen, so spricht man von einem n-Tupel (Paar, Tripel, ...) von Zufallsvariablen.
1.4	Funktion von Zufallsgrößen [1]) function of variates fonction des variables aléatoires	Zuordnungsanweisung f, die jedem Wertetupel $(x_1, x_2, \ldots, x_k)$ der k Zufallsgrößen $X_1, X_2, \ldots, X_k$ einen Wert y einer Zufallsgröße Y zuordnet. Anmerkung 1: Man schreibt $Y = f(X_1, X_2, \ldots, X_k)$. Anmerkung 2: Die Funktion einer einzigen Zufallsgröße ($k = 1$) wird oft als transformierte Zufallsgröße bezeichnet. Es gibt lineare Transformationen ($Y = aX + b$) und nichtlineare Transformationen (z.B. $Y = aX^2$).
1.4.1	Zentrierte Zufallsgröße centred variate variable aléatoire centrée	Zufallsgröße mit dem Erwartungswert (3.1) Null. Anmerkung 1: Hat eine Zufallsgröße X den Erwartungswert μ, so entsteht die zugehörige zentrierte Zufallsgröße Y durch die lineare Transformation $Y = X - \mu$. Anmerkung 2: Zentrierte Zufallsgrößen heißen in der Technik „Unsymmetriegrößen", wenn ihre Werte die Abweichungen von einer geforderten Symmetrie sind. Anmerkung 3: Falls ein Erwartungswert nicht existiert, werden Zufallsgrößen auch an anderen Lageparametern zentriert, z.B. spricht man von einer an einem Median zentrierten Zufallsgröße.
1.4.2	Standardisierte Zufallsgröße standardized variate variable aléatoire réduite	Zufallsgröße mit dem Erwartungswert (3.1) Null und der Standardabweichung (4.2) Eins. Anmerkung 1: Hat eine Zufallsgröße X den Erwartungswert μ und die Standardabweichung σ, so entsteht die zugehörige standardisierte Zufallsgröße Y durch die lineare Transformation $Y = (X - \mu)/\sigma$. Anmerkung 2: Die Verteilung der standardisierten Zufallsgröße heißt „standardisierte Verteilung". Anmerkung 3: Der Begriff „standardisierte Zufallsgröße" kann verallgemeinert werden im Sinne einer „reduzierten Zufallsgröße". Diese ist definiert durch eine lineare Transformation $(X - a)/b$ mit einem Bezugswert a und einer Maßstabskonstanten b.

[1]) Gilt entsprechend auch für Zufallsvariable.

Nr	Benennung	Definition
2	**Begriffe zu Wahrscheinlichkeitsverteilungen** [2])	
2.1	Wahrscheinlichkeitsverteilung probability distribution distribution des probabilités	Eine Funktion, welche die Wahrscheinlichkeit angibt, mit der eine Zufallsvariable Werte in gegebenen Bereichen annimmt. Anmerkung 1: Die Wahrscheinlichkeit für den Gesamtbereich der Werte der Zufallsvariablen hat den Wert Eins. Anmerkung 2: Wahrscheinlichkeitsverteilungen können auf verschiedene Weise dargestellt werden (2.4, 2.6, 2.7); siehe auch DIN 13303 Teil 1. Anmerkung 3: Handelt es sich bei der Zufallsvariablen um eine einzelne Zufallsgröße, dann spricht man von einer eindimensionalen oder univariaten Wahrscheinlichkeitsverteilung. Handelt es sich um einen Zufallsvektor mit zwei Komponenten, spricht man von einer zweidimensionalen oder bivariaten Wahrscheinlichkeitsverteilung, bei mehr als zwei Komponenten von einer mehrdimensionalen oder multivariaten Wahrscheinlichkeitsverteilung.
2.2	Randverteilung [1])[3]) marginal distribution distribution marginale	Wahrscheinlichkeitsverteilung (2.1) einer Teilmenge von $k_1 < k$ Zufallsgrößen zu einer Wahrscheinlichkeitsverteilung von k Zufallsgrößen. Anmerkung 1: Beispielsweise gibt es bei einer Verteilung von 3 Zufallsgrößen X, Y und Z drei Randverteilungen von zwei Zufallsgrößen, nämlich die von (X, Y), (X, Z) und (Y, Z), sowie drei Randverteilungen einer Zufallsgröße, nämlich die von X, Y und Z. Anmerkung 2: Bei einer eindimensionalen Randverteilung wird der Erwartungswert als „Randerwartungswert", die Varianz als „Randvarianz" bezeichnet.
2.3	Bedingte Verteilung [1])[3]) conditional distribution distribution conditionelle	Wahrscheinlichkeitsverteilung (2.1) einer Teilmenge von $k_1 < k$ Zufallsgrößen zu einer Wahrscheinlichkeitsverteilung von k Zufallsgrößen bei gegebenen Werten der anderen $k - k_1$ Zufallsgrößen. Anmerkung 1: Beispielsweise gibt es bei einer Verteilung von zwei Zufallsgrößen X und Y bedingte Verteilungen von X und bedingte Verteilungen von Y. Eine durch $Y = y$ bedingte Verteilung von X wird bezeichnet als „Verteilung von X unter der Bedingung $Y = y$", eine durch $X = x$ bedingte Verteilung von Y als „Verteilung von Y unter der Bedingung $X = x$". Anmerkung 2: Bei einer eindimensionalen bedingten Verteilung werden der Erwartungswert als „bedingter Erwartungswert" und die Varianz als „bedingte Varianz" bezeichnet. Anmerkung 3: Weitergehende Definitionen siehe DIN 13303 Teil 1.
2.4	Verteilungsfunktion[1]) distribution function fonction de répartition	Funktion, welche für jedes x die Wahrscheinlichkeit angibt, daß die Zufallsgröße X kleiner oder gleich x ist. Anmerkung: Bezeichnung der Verteilungsfunktion: $F(x)$, $G(x)$.
2.5	Quantil quantile quantile	Wert, für den die Verteilungsfunktion (2.4) einen vorgegebenen Wert p annimmt oder bei dem sie von einem Wert unter p auf einen Wert über p springt. Anmerkung 1: Es kann vorkommen, daß die Verteilungsfunktion überall im Bereich zwischen zwei Werten den Wert p annimmt. In diesem Fall kann irgendein Wert x in diesem Bereich als Quantil betrachtet werden. Anmerkung 2: Der Median ist das Quantil für $p = 0,5$. Anmerkung 3: Die Quartile sind die Quantile für $p = 0,25$ und $p = 0,75$. Zusammen mit dem Median unterteilen sie eine Verteilung in 4 gleiche Anteile. Anmerkung 4: Perzentile sind Quantile, bei denen $100 \cdot p$ eine ganze Zahl ist. Anmerkung 5: Quantile werden auch zur Abgrenzung von Zufallsstreubereichen verwendet. Anmerkung 6: Ein Quantil zum vorgegebenen Wert p wird auch als „p-Quantil" bezeichnet. Anmerkung 7: Früher auch „Fraktil".

[1]) Siehe Seite 2
[2]) Falls Verwechslungsgefahr besteht, ist der Begriffsbenennung dieser Norm die Benennung der Zufallsgröße hinzuzufügen (Beispiel siehe Fußnote 3).
[3]) Zu dieser Begriffsbenennung existiert eine entsprechende Begriffsbenennung in DIN 55350 Teil 23 über die Begriffe der beschreibenden Statistik. Bei Verwechslungsgefahr ist der Begriffsbenennung dieser Norm „der Wahrscheinlichkeitsverteilung" oder „theoretisch" hinzuzufügen. Beispielsweise heißt es dann „Varianz der Wahrscheinlichkeitsverteilung des Durchmessers" oder „theoretische Varianz des Durchmessers" (siehe Erläuterungen).

Nr	Benennung	Definition
2.6	Wahrscheinlichkeitsdichte probability density densité de probabilité	Erste Ableitung der Verteilungsfunktion (2.4), falls sie existiert. Anmerkung 1: Bezeichnung der Wahrscheinlichkeitsdichte: $f(x)$, $g(x)$ $$f(x) = \frac{dF(x)}{dx}$$ Anmerkung 2: Die Bezeichnung der graphischen Darstellung einer Wahrscheinlichkeitsdichte als „Wahrscheinlichkeitsverteilung" wird nicht empfohlen.
2.7	Wahrscheinlichkeitsfunktion [1]) probability function fonction de probabilité	Funktion, die jedem Wert, den eine diskrete Zufallsgröße annehmen kann, eine Wahrscheinlichkeit zuordnet. Anmerkung: Die graphische Darstellung der Wahrscheinlichkeitsfunktion ist ein Stabdiagramm.
2.8	Parameter parameter parametre	Größe zur Kennzeichnung einer Wahrscheinlichkeitsverteilung (2.1).
2.8.1	Scharparameter	Größe in der Formel der Verteilungsfunktion (2.4), der Wahrscheinlichkeitsdichte (2.6) oder der Wahrscheinlichkeitsfunktion (2.7). Anmerkung: Ein Scharparameter kann gleichzeitig Funktionalparameter (2.8.2) sein.
2.8.2	Funktionalparameter	Größe, die eine bestimmte Eigenschaft einer Wahrscheinlichkeitsverteilung (2.1) charakterisiert. Anmerkung 1: Insbesondere gibt es Lageparameter (3), Streuungsparameter (4), Formparameter (5) und Parameter des Zusammenhangs von Zufallsgrößen (7.2, 7.3). Anmerkung 2: Ein Funktionalparameter kann gleichzeitig Scharparameter (2.8.1) sein.

3 Lageparameter [2])

Nr	Benennung	Definition
3.1	Erwartungswert expectation espérance mathématique	a) Für eine diskrete Zufallsgröße X, die die Werte x_i mit den Wahrscheinlichkeiten p_i annimmt, ist der Erwartungswert durch $$E(X) = \sum x_i \cdot p_i$$ definiert, wobei die Summierung über alle x_i zu erstrecken ist, die von X angenommen werden können. b) Für eine stetige Zufallsgröße X mit der Wahrscheinlichkeitsdichte $f(x)$ ist der Erwartungswert durch $$E(X) = \int xf(x)\,dx$$ definiert, wobei die Integration über den Gesamtbereich der Werte von X zu erstrecken ist. Anmerkung 1: Anstelle der Bezeichnung $E(X)$ wird auch μ benutzt. Anmerkung 2: Früher auch „Mittelwert (der Grundgesamtheit)".
3.2	Median [3]) median mediane	Das Quantil (2.5) für $p = 0,5$. Anmerkung: Früher auch „Zentralwert".
3.3	Modalwert [3]) mode mode	Wert(e) einer Zufallsgröße, der (die) beim Maximum der Wahrscheinlichkeitsdichte einer stetigen Zufallsgröße oder beim Maximum der Wahrscheinlichkeitsfunktion einer diskreten Zufallsgröße liegt (liegen). Anmerkung 1: Tritt nur ein einziger Modalwert in der Wahrscheinlichkeitsverteilung auf, spricht man von einer „unimodalen" („eingipfligen") Verteilung, andernfalls von einer „multimodalen" („mehrgipfligen") Verteilung. „Bimodal" („zweigipflig") heißt die Wahrscheinlichkeitsverteilung, falls sie zwei Modalwerte besitzt. Anmerkung 2: Den Modalwert einer unimodalen Verteilung bezeichnet man auch als „häufigster Wert".

[1]) Siehe Seite 2
[2]) und [3]) siehe Seite 3

DIN 55350 Teil 21 Seite 5

Nr	Benennung	Definition
4	**Streuungsparameter** [2])	
4.1	Varianz [3]) variance variance	Erwartungswert (3.1) des Quadrats der zentrierten Zufallsgröße (1.4.1). Anmerkung 1: Bezeichnung der Varianz: $V(X)$, $\mathrm{Var}(X)$ oder σ^2. Anmerkung 2: a) Für eine diskrete Zufallsgröße X, die die Werte x_i mit den Wahrscheinlichkeiten p_i annimmt und den Erwartungswert μ hat, gilt $$V(X) = E\,[(X - \mu)^2] = \sum (x_i - \mu)^2\, p_i,$$ wobei die Summierung über alle x_i zu erstrecken ist, die von X angenommen werden können. b) Für eine stetige Zufallsgröße X mit der Wahrscheinlichkeitsdichte $f(x)$ und dem Erwartungswert μ gilt $$V(X) = E\,[(X - \mu)^2] = \int (x - \mu)^2\, f(x)\, \mathrm{d}x,$$ wobei die Integration über den Gesamtbereich der Werte von X zu erstrecken ist.
4.2	Standardabweichung [3]) standard deviation écart-type	Positive Quadratwurzel aus der Varianz. Anmerkung: Die Standardabweichung ist das gebräuchlichste Maß für die Streuung einer Verteilung.
4.3	Variationskoeffizient [3]) coefficient of variation coefficient de variation	Verhältnis der Standardabweichung zum Betrag des Erwartungswertes (3.1). Anmerkung 1: Der Variationskoeffizient wird häufig in Prozent ausgedrückt. Anmerkung 2: Ist der Erwartungswert Null, dann ist die Angabe eines Variationskoeffizienten sinnlos. Anmerkung 3: Der Variationskoeffizient wird auch „relative Standardabweichung" genannt. Mit dieser Benennung entfällt allerdings die Möglichkeit, die auf andere Bezugsgrößen, beispielsweise die auf einen vorgegebenen Wert oder Bereich bezogene Standardabweichung ebenfalls als „relative Standardabweichung" zu bezeichnen.
5	**Formparameter** [2])	
5.1	Schiefe [3]) skewness dissymétrie	Erwartungswert (3.1) der dritten Potenz der standardisierten Zufallsgröße (1.4.2): $$E\left[\left(\frac{X - \mu}{\sigma}\right)^3\right]$$
5.2	Kurtosis [3]) kurtosis curtosis	Erwartungswert (3.1) der vierten Potenz der standardisierten Zufallsgröße (1.4.2): $$E\left[\left(\frac{X - \mu}{\sigma}\right)^4\right]$$ Anmerkung: Die Wölbung einer vorliegenden Verteilung wird durch Vergleich ihrer Kurtosis mit der Kurtosis einer Normalverteilung beurteilt. Die Kurtosis der Normalverteilung hat den Zahlenwert 3.
5.3	Exzeß [3]) excess excès	Kurtosis (5.2) minus drei.
6	**Momente** [2])	
6.1	Moment [3]) [4]) der Ordnung q moment of order q moment d'ordre q	Erwartungswert (3.1) der q-ten Potenz der Zufallsgröße X: $E(X^q)$ Anmerkung: Das Moment der Ordnung 1 ist der Erwartungswert (3.1).

[2]) und [3]) siehe Seite 3
[4]) Werden in den Definitionen der Momente die Zufallsgrößen X, Y, $(X - a)$, $(Y - b)$, $[X - E(X)]$, $[Y - E(Y)]$ durch ihre Beträge $|X|$, $|Y|$, $|X - a|$, $|Y - b|$, $|X - E(X)|$, $|Y - E(Y)|$ ersetzt, dann sind dadurch die entsprechenden Betragsmomente (in der mathematischen Statistik auch „absolute Momente" genannt) definiert. Das Betragsmoment ist im allgemeinen vom Absolutwert des entsprechenden Momentes verschieden.

Nr	Benennung	Definition
6.2	Moment [3]) [4]) der Ordnung q bezüglich a moment of order q about an origin a moment d'ordre q par rapport à une origine a	Erwartungswert (3.1) der q-ten Potenz der Zufallsgröße $(X - a)$: $E[(X - a)^q]$.
6.3	Zentrales Moment [3]) [4]) der Ordnung q central moment of order q moment centré d'ordre q	Erwartungswert (3.1) der q-ten Potenz der zentrierten Zufallsgröße (1.4.1): $E[(X - \mu)^q]$. Anmerkung: Das zentrale Moment der Ordnung 2 ist die Varianz (4.1).
6.4	Moment [3]) [4]) der Ordnungen q_1 und q_2 joint moment of orders q_1 and q_2 moment d'ordres q_1 et q_2	Erwartungswert (3.1) des Produkts aus der q_1-ten Potenz der einen Zufallsgröße X und der q_2-ten Potenz der anderen Zufallsgröße Y: $E[X^{q_1} Y^{q_2}]$. Anmerkung: Das Moment der Ordnungen 1 und 0 ist der Erwartungswert der Randverteilung von X, das Moment der Ordnungen 0 und 1 der Erwartungswert der Randverteilung von Y.
6.5	Moment [3]) [4]) der Ordnungen q_1 und q_2 bezüglich a, b joint moment of orders q_1 and q_2 about an origin a, b moment d'ordres q_1 et q_2 par rapport à une origine a, b	Erwartungswert (3.1) des Produkts aus der q_1-ten Potenz der Zufallsgröße $(X - a)$ und der q_2-ten Potenz der Zufallsgröße $(Y - b)$: $E[(X - a)^{q_1} \cdot (Y - b)^{q_2}]$
6.6	Zentrales Moment [3]) [4]) der Ordnungen q_1 und q_2 joint central moment of orders q_1 and q_2 moment centré d'ordres q_1 et q_2	Erwartungswert (3.1) des Produkts aus der q_1-ten Potenz der zentrierten Zufallsgröße $[X - E(X)]$ mit der q_2-ten Potenz der zentrierten Zufallsgröße $[Y - E(Y)]$: $E([X - E(X)]^{q_1} \cdot [Y - E(Y)]^{q_2})$ Anmerkung: Das zentrale Moment der Ordnungen 2 und 0 ist die Varianz der Randverteilung von X, das zentrale Moment der Ordnungen 0 und 2 die Varianz der Randverteilung von Y. Das zentrale Moment der Ordnungen 1 und 1 ist die Kovarianz (7.2).

7 Begriffe der Korrelation und Regression [2])

7.1	Korrelation [1]) [3]) correlation corrélation	Allgemeine Bezeichnung für den stochastischen Zusammenhang zwischen zwei oder mehreren Zufallsgrößen. Anmerkung: Im engeren Sinn wird mit „Korrelation" der lineare stochastische Zusammenhang bezeichnet.
7.2	Kovarianz [3]) covariance covariance	Zentrales Moment der Ordnungen 1 und 1 (6.6) der beiden Zufallsgrößen X und Y $E([X - E(X)] \cdot [Y - E(Y)])$.
7.3	Korrelationskoeffizient [3]) coefficient of corrélation coefficient de corrélation	Quotient aus der Kovarianz (7.2) zweier Zufallsgrößen und dem Produkt ihrer Standardabweichungen. Anmerkung 1: Bezeichnung des Korrelationskoeffizienten: ϱ. Anmerkung 2: Der Korrelationskoeffizient ist ein Maß für den linearen stochastischen Zusammenhang zweier Zufallsgrößen. Es gilt $-1 \leq \varrho \leq 1$. Für $\varrho = \pm 1$ besteht zwischen den Zufallsgrößen X und Y der lineare Zusammenhang $Y = aX + b$ mit $a < 0$ für $\varrho = -1$ und $a > 0$ für $\varrho = 1$. Falls X und Y unabhängig sind (vgl. DIN 13303 Teil 1), gilt $\varrho = 0$; die Umkehrung gilt nicht. Falls $\varrho = 0$ ist, bezeichnet man X und Y als unkorreliert.
7.4	Regressionsfunktion regression equation équitation de regression	Funktion, die – den Erwartungswert (3.1) einer Zufallsgröße in Abhängigkeit vom Wert einer anderen oder den Werten mehrerer nichtzufälliger Größen oder – den bedingten Erwartungswert (2.3, Anmerkung 2) einer Zufallsgröße in Abhängigkeit vom Wert einer anderen oder von Werten mehrerer anderer Zufallsgrößen bestimmt.

[1]) Siehe Seite 2   [2]) Siehe Seite 3   [3]) Siehe Seite 3   [4]) Siehe Seite 5

Nr	Benennung	Definition
7.4.1	Regressionskurve [3]) regression curve courbe de régression	Kurve, die — den Erwartungswert (3.1) einer Zufallsgröße Y in Abhängigkeit von den Werten x einer nichtzufälligen Größe oder — den bedingten Erwartungswert (2.3, Anmerkung 2) einer Zufallsgröße Y in Abhängigkeit von den Werten x einer Zufallsgröße X darstellt. Anmerkung: Wenn die Regressionskurve eine Gerade ist, spricht man von „linearer Regression". In diesem Fall ist der „lineare Regressionskoeffizient von Y bezüglich x" der Koeffizient von x (Steigung) in der Gleichung der Regressionsgeraden.
7.4.2	Regressionsfläche [3]) regression surface surface de régression	Fläche, die — den Erwartungswert (3.1) einer Zufallsgröße Z in Abhängigkeit von den Werten x und y von zwei nichtzufälligen Größen oder — den bedingten Erwartungswert (2.3, Anmerkung 2) einer Zufallsgröße Z in Abhängigkeit von den Werten x und y von zwei Zufallsgrößen X und Y darstellt. Anmerkung 1: Wenn die Regressionsfläche eine Ebene ist, spricht man von „linearer Regression". In diesem Fall ist der „partielle Regressionskoeffizient von Z bezüglich x" der Koeffizient von x in der Gleichung der Regressionsebene. Entsprechendes gilt für Z bezüglich y. Anmerkung 2: Die Definition kann auf mehr als drei Zufallsgrößen ausgedehnt werden.

[3]) Siehe Seite 3

Zitierte Normen und andere Unterlagen

DIN 1313 Physikalische Größen und Gleichungen; Begriffe, Schreibweisen
DIN 13303 Teil 1 Stochastik; Wahrscheinlichkeitstheorie; Gemeinsame Grundbegriffe der mathematischen und der beschreibenden Statistik; Begriffe und Zeichen
DIN 13303 Teil 2 (z. Z. Entwurf) Stochastik; Mathematische Statistik; Begriffe und Zeichen
DIN 55350 Teil 11 Begriffe der Qualitätssicherung und Statistik; Begriffe der Qualitätssicherung; Grundbegriffe
DIN 55350 Teil 12 Begriffe der Qualitätssicherung und Statistik; Begriffe der Qualitätssicherung; Merkmalsbezogene Begriffe
DIN 55350 Teil 13 Begriffe der Qualitätssicherung und Statistik; Begriffe der Qualitätssicherung; Genauigkeitsbegriffe
DIN 55350 Teil 14 (z. Z. Entwurf) Begriffe der Qualitätssicherung und Statistik; Begriffe der Qualitätssicherung; Begriffe der Probenahme
DIN 55350 Teil 22 Begriffe der Qualitätssicherung und Statistik; Begriffe der Statistik; Spezielle Wahrscheinlichkeitsverteilungen
DIN 55350 Teil 23 Begriffe der Qualitätssicherung und Statistik; Begriffe der Statistik; Beschreibende Statistik
DIN 55350 Teil 24 Begriffe der Qualitätssicherung und Statistik; Begriffe der Statistik; Schließende Statistik
ISO 3534 Statistics — Vocabulary and Symbols
Glossary of Terms, used in Quality Control, European Organization for Quality Control — EOQC
(Bezugsnachweis: Deutsche Gesellschaft für Qualität, Kurhessenstraße 95, 6000 Frankfurt 50)

Seite 8 DIN 55 350 Teil 21

Erläuterungen

Die folgenden Begriffsbenennungen werden sowohl in der vorliegenden Norm als auch in DIN 55350 Teil 23 benutzt:

Benennung	DIN 55350 Teil 21 Nr	DIN 55350 Teil 23 Nr
Randverteilung	2.2	2.14
bedingte Verteilung	2.3	2.15
Median	3.2	4.3
Modalwert	3.3	4.5
Varianz	4.1	5.3
Standardabweichung	4.2	5.4
Variationskoeffizient	4.3	5.5
Schiefe	5.1	6.1
Kurtosis	5.2	6.2
Moment der Ordnung q	6.1	7.1
Moment der Ordnung q bezüglich a	6.2	7.2
Zentrales Moment der Ordnung q	6.3	7.3
Moment der Ordnungen q_1 und q_2	6.4	7.4
Moment der Ordnungen q_1 und q_2 bezüglich a, b	6.5	7.5
Zentrales Moment der Ordnungen q_1 und q_2	6.6	7.6
Korrelation	7.1	(8)
Kovarianz	7.2	8.1
Korrelationskoeffizient	7.3	8.2
Regressionskurve	7.4.1	8.3
Regressionsfläche	7.4.2	8.4

Wie in entsprechenden Fußnoten ausgeführt, ist, wenn Verwechslungsgefahr besteht, ein Zusatz anzubringen:

— Im Fall der Begriffe zu Zufallsgrößen und Wahrscheinlichkeiten (DIN 55350 Teil 21) ist der jeweiligen Begriffsbenennung der Zusatz „der Wahrscheinlichkeitsverteilung" oder „theoretisch" hinzuzufügen, z.B. „Varianz der Wahrscheinlichkeitsverteilung des Durchmessers" oder „theoretische Varianz des Durchmessers".

— Im Fall der Begriffe der beschreibenden Statistik (DIN 55350 Teil 23) ist der jeweiligen Begriffsbenennung der Zusatz „Stichprobe" oder „empirisch" hinzuzufügen, z.B. „Varianz der Stichprobe des Durchmessers" oder „empirische Varianz des Durchmessers".

Stichwortverzeichnis (Begriffe in deutscher Sprache)

Dieses Verzeichnis enthält auch Benennungen, die in Anmerkungen vorkommen.

A
absolutes Moment   Fußnote 3

B
bedingte Varianz   2.3
bedingte Verteilung   2.3
bedingter Erwartungswert   2.3
Betragsmoment   Fußnote 3
bimodale Wahrscheinlichkeitsverteilung   3.3
bivariate Wahrscheinlichkeitsverteilung   2.1

D
diskrete Zufallsvariable   1.1
diskreter Zufallsvektor   1.3

E
eindimensionale Wahrscheinlichkeitsverteilung   2.1
eingipflige Wahrscheinlichkeitsverteilung   3.3
Erwartungswert der Randverteilung   2.2, 6.4
Erwartungswert   3.1, 6.1
Exzeß   5.3

F
Formparameter   5, 2.8.2
Fraktil   2.5
Funktionalparameter   2.8.2
Funktion von Zufallsgrößen   1.4

H
häufigster Wert   3.3

K
kontinuierliche Zufallsvariable   1.1
Korrelation   7.1
Korrelationskoeffizient   7.3
Kovarianz   7.2, 6.6
Kurtosis   5.2

L
Lageparameter   3, 2.8.2
lineare Regression   7.4.1
linearer Regressionskoeffizient von Y bezüglich x 7.4.1
lineare Transformation   1.4

M
Median   3.2, 2.5
mehrdimensionale Wahrscheinlichkeitsverteilung   2.1
mehrgipflige Wahrscheinlichkeitsverteilung 3.3
Mittelwert (der Grundgesamtheit)   3.1
Modalwert   3.3
Momente   6
Moment der Ordnung q 6.1
Moment der Ordnung q bezüglich a 6.2
Moment der Ordnungen q_1 und q_2 6.4
Moment der Ordnungen q_1 und q_2 bezüglich a, b 6.5
multimodale Wahrscheinlichkeitsverteilung   3.3
multivariate Wahrscheinlichkeitsverteilung   2.1

N
n-Tupel   1.1, 1.3
nichtlineare Transformation   1.4

P
p-Quantil   2.5
Paar   1.1, 1.3
Parameter   2.8

partieller Regressionskoeffizient von Z bezüglich x 7.4.2
Perzentil   2.5

Q
Quadrupel   1.1, 1.3
Quantil   2.5
Quartil   2.5

R
Randerwartungswert   2.2
Randvarianz   2.2
Randverteilung   2.2
reduzierte Zufallsgröße   1.4.2
Regression   7
Regressionsfläche   7.4.2
Regressionsfunktion   7.4
Regressionskurve   7.4.1
relative Standardabweichung   4.3

S
Scharparameter   2.8.1, 2.8.2
Schiefe   5.1
Stabdiagramm   2.7
Standardabweichung   4.2
standardisierte Verteilung   1.4.2
standardisierte Zufallsgröße   1.4.2
stetige Zufallsvariable   1.1
stetiger Zufallsvektor   1.3
Streuung   4.2
Streuungsparameter   4, 2.8.2

T
theoretisch . . .,   Fußnote 3
theoretische Varianz   Fußnote 3
transformierte Zufallsgröße   1.4
Tripel   1.1, 1.3
Tupel   1.1, 1.3

U
unimodale Wahrscheinlichkeitsverteilung   3.3
univariate Wahrscheinlichkeitsverteilung   2.1
Unsymmetriegröße   1.4.1

V
Varianz   4.1, 6.3
Varianz der Randverteilung   6.6
Variationskoeffizient   4.3
Verteilungsfunktion   2.4

W
Wahrscheinlichkeitsdichte   2.6
Wahrscheinlichkeitsfunktion   2.7
Wahrscheinlichkeitsverteilung   2.1, 2.6, Fußnote 3
Wölbung   5.3

Z
zentrales Moment der Ordnung q 6.3
zentrales Moment der Ordnungen q_1 und q_2 6.6
Zentralwert   3.2
zentrierte Zufallsgröße   1.4.1
Zufallsgröße   1.2
Zufallsvariable   1.1
Zufallsvektor   1.3
zweidimensionale Wahrscheinlichkeitsverteilung   2.1
zweigipflige Wahrscheinlichkeitsverteilung   3.3

DK 658.562 : 519.2 : 001.4   Februar 1987

Begriffe der Qualitätssicherung und Statistik
Begriffe der Statistik
Spezielle Wahrscheinlichkeitsverteilungen

DIN 55 350
Teil 22

Concepts of quality assurance and statistics; concepts of statistics; special probability distributions

Ersatz für Ausgabe 05.82

Für die Richtigkeit der fremdsprachigen Benennungen kann das DIN trotz aufgewendeter Sorgfalt keine Gewähr übernehmen.

1 Zweck und Anwendungsbereich

Diese Norm dient wie alle Teile von DIN 55350 dazu, Benennungen und Definitionen der in der Qualitätssicherung und Statistik verwendeten Begriffe zu vereinheitlichen.

Die Teile von DIN 55350 sollen nach Möglichkeit alle an der Normung interessierten Anwendungsbereiche berücksichtigen. Sie dürfen deshalb ihre Definitionen nicht so eng fassen, daß sie nur für spezielle Bereiche gelten (Technik, Landwirtschaft, Medizin u. a.). Die internationale Terminologie wurde berücksichtigt, insbesondere die von der International Organization for Standardization (ISO) herausgegebene Internationale Norm ISO 3534 „Statistics – Vocabulary and Symbols" und das von der European Organization for Quality Control (EOQC) herausgegebene „Glossary of Terms, used in Quality Control".

Die Normen DIN 55350 Teil 21 bis Teil 24 behandeln die Begriffe der Statistik aus der Sicht der praktischen Anwendung, wobei auf eine strenge mathematische Darstellungsweise im allgemeinen verzichtet wird. In mathematischer Strenge werden die Begriffe und Zeichen der Statistik in DIN 13303 Teil 1 und Teil 2 genormt, und zwar im Teil 1 die Begriffe der Wahrscheinlichkeitstheorie einschließlich der gemeinsamen Grundbegriffe der mathematischen und der beschreibenden Statistik, im Teil 2 die Begriffe und Zeichen der mathematischen Statistik.

2 Begriffe

Die in Klammern angegebenen Nummern sind Hinweise auf die Nummern der in dieser Norm enthaltenen Begriffe.

Zu den benutzten Grundbegriffen siehe auch DIN 55350 Teil 21.

---

*) Z. Z. Entwurf

Fortsetzung Seite 2 bis 8

Ausschuß Qualitätssicherung und angewandte Statistik (AQS) im DIN Deutsches Institut für Normung e. V.
Normenausschuß Einheiten und Formelgrößen (AEF) im DIN

Nr	Benennung	Definition
1	**Eindimensionale stetige Wahrscheinlichkeitsverteilungen**	
1.1	Normalverteilung normal distribution distribution normale	Wahrscheinlichkeitsverteilung einer stetigen Zufallsgröße X mit der Wahrscheinlichkeitsdichte $$g(x) = g(x; \mu, \sigma^2)$$ $$= \frac{1}{\sigma\sqrt{2\pi}} \exp\left[-\frac{1}{2}\left(\frac{x-\mu}{\sigma}\right)^2\right]; \quad -\infty < x < \infty.$$ Parameter: $\mu, \sigma > 0$. Anmerkung 1: μ ist der Erwartungswert und σ die Standardabweichung der Normalverteilung. Anmerkung 2: Auch „Gauß-Verteilung".
1.1.1	Standardisierte Normalverteilung standardized normal distribution distribution normale réduite	Wahrscheinlichkeitsverteilung einer stetigen Zufallsgröße U mit der Wahrscheinlichkeitsdichte $$\varphi(u) = \frac{1}{\sqrt{2\pi}} \exp\left(-\frac{u^2}{2}\right); \quad -\infty < u < \infty.$$ Anmerkung 1: Die standardisiert normalverteilte Zufallsgröße zu einer normalverteilten Zufallsgröße X mit den Parametern μ und σ ist $$U = \frac{X-\mu}{\sigma}.$$ Anmerkung 2: Die Verteilungsfunktion der standardisierten Normalverteilung wird mit $\Phi(u)$ bezeichnet.
1.2	χ^2-Verteilung[2]) (Chiquadrat-Verteilung) chi-squared distribution distribution de χ^2	Wahrscheinlichkeitsverteilung der Summe der Quadrate von f unabhängigen[1]) standardisiert normalverteilten Zufallsgrößen mit der Wahrscheinlichkeitsdichte $$g(\chi^2) = g(\chi^2; f) = K(f)\, (\chi^2)^{\frac{f}{2}-1} \exp\left(-\frac{\chi^2}{2}\right); \quad \chi^2 \geq 0$$ mit $K(f) = \dfrac{1}{2^{f/2}\, \Gamma(f/2)}$ Parameter: $f = 1, 2, 3, \ldots$ Anmerkung 1: Die Anzahl f dieser Zufallsgrößen ist die Zahl der Freiheitsgrade der χ^2-verteilten Zufallsgröße. $$\chi^2 = \chi_f^2 = \sum_{i=1}^{f} U_i^2.$$ Anmerkung 2: Γ ist die vollständige Gammafunktion (1.7). Anmerkung 3: Die Zufallsgröße $\chi^2/2$ ist gammaverteilt (1.7) mit dem Parameter $m = f/2$. Anmerkung 4: Für $f=1$ ergibt sich die Verteilung des Quadrats einer standardisiert normalverteilten Zufallsgröße (1.1.1).
1.3	t-Verteilung[2]) t-distribution distribution de t	Wahrscheinlichkeitsverteilung des Quotienten zweier unabhängiger[1]) Zufallsgrößen, wobei die Zählergröße eine standardisiert normalverteilte Zufallsgröße und die Nennergröße die positive Wurzel aus dem Quotienten einer χ^2-verteilten Zufallsgröße und ihrer Zahl f von Freiheitsgraden ist, mit der Wahrscheinlichkeitsdichte $$g(t) = g(t; f) = K(f)\, \frac{1}{(1+t^2/f)^{(f+1)/2}}; \quad -\infty < t < \infty$$ mit $K(f) = \dfrac{1}{\sqrt{\pi f}}\, \dfrac{\Gamma[(f+1)/2]}{\Gamma(f/2)}$ Parameter: $f = 1, 2, 3, \ldots$

[1]) Für den Begriff der stochastischen Unabhängigkeit von Zufallsvariablen siehe DIN 13303 Teil 1, Ausgabe Mai 1982, Nr 4.1.2.2.

[2]) Die in Nr 1.2, 1.3 und 1.4 definierten Verteilungen werden zentrale Verteilungen genannt im Gegensatz zu den entsprechenden nichtzentralen Verteilungen, siehe DIN 13303 Teil 1, Ausgabe Mai 1982, Nr 2.4.4, 2.4.6 und 2.4.8.

DIN 55350 Teil 22 Seite 3

Nr	Benennung	Definition
1.3	(Fortsetzung)	**Anmerkung 1:** Die Zahl der Freiheitsgrade von χ^2 ist die Zahl f der Freiheitsgrade der t-verteilten Zufallsgröße. $$t = t_f = \frac{U}{\sqrt{\chi^2/f}}$$ **Anmerkung 2:** Γ ist die vollständige Gammafunktion (1.7). **Anmerkung 3:** Auch „Student-Verteilung". **Anmerkung 4:** Für $f \to \infty$ geht die t-Verteilung in die standardisierte Normalverteilung (1.1.1) über.
1.4	F-Verteilung [2]) F-distribution distribution de F	Wahrscheinlichkeitsverteilung des Quotienten zweier unabhängiger [1]) χ^2-verteilter Zufallsgrößen, von denen jede durch ihre Zahl von Freiheitsgraden dividiert ist, mit der Wahrscheinlichkeitsdichte $$g(F) = g(F; f_1, f_2)$$ $$= K(f_1, f_2) \frac{F^{\frac{f_1-2}{2}}}{(f_1 \cdot F + f_2)^{\frac{f_1+f_2}{2}}}; \quad F \geq 0$$ mit $\quad K(f_1, f_2) = \dfrac{\Gamma\left(\dfrac{f_1+f_2}{2}\right)}{\Gamma\left(\dfrac{f_1}{2}\right) \Gamma\left(\dfrac{f_2}{2}\right)} f_1^{f_1/2} f_2^{f_2/2}$ Parameter: $f_1 = 1, 2, 3, \ldots$; $f_2 = 1, 2, 3, \ldots$ **Anmerkung 1:** Die Zahlen der Freiheitsgrade der χ^2-verteilten Zufallsgröße des Zählers f_1 und des Nenners f_2 sind, in dieser Reihenfolge, die Zahlen der Freiheitsgrade der F-verteilten Zufallsgröße $$F = F_{f_1, f_2} = \frac{\chi_1^2/f_1}{\chi_2^2/f_2}.$$ **Anmerkung 2:** Γ ist die vollständige Gammafunktion (1.7). **Anmerkung 3:** Auch „Fisher-Verteilung". **Anmerkung 4:** Für $f_1 = 1$, $f_2 = f$ ist die F-Verteilung die Verteilung des Quadrats einer t-verteilten Zufallsgröße (1.3). Für $f_1 = f$, $f_2 \to \infty$ geht die F-Verteilung in die Verteilung von χ^2/f (vgl. 1.2) über.
1.5	Lognormalverteilung log-normal distribution distribution log-normale	Wahrscheinlichkeitsverteilung einer stetigen Zufallsgröße X, die Werte zwischen a und ∞ annehmen kann, mit der Wahrscheinlichkeitsdichte $$g(x) = g(x; a, \mu, \sigma^2)$$ $$= \frac{1}{(x-a)\sigma\sqrt{2\pi}} \exp\left[-\frac{1}{2}\left(\frac{\ln(x-a)-\mu}{\sigma}\right)^2\right]; \quad x \geq a$$ Parameter: $a, \mu, \sigma > 0$. **Anmerkung 1:** Auch „logarithmische Normalverteilung". **Anmerkung 2:** μ und σ sind Erwartungswert und Standardabweichung von $\ln(X-a)$. **Anmerkung 3:** Die Zufallsgröße $\ln(X-a)$ ist normalverteilt (1.1). **Anmerkung 4:** Anstelle von $\ln = \log_e$ wird oft $\lg = \log_{10}$ benutzt. Dann ist $$g(x) = \frac{0{,}4343}{(x-a)\sigma\sqrt{2\pi}} \exp\left[-\frac{1}{2}\left(\frac{\lg(x-a)-\mu}{\sigma}\right)^2\right],$$ wobei μ und σ Erwartungswert und Standardabweichung von $\lg(X-a)$ sind.

[1]) Siehe Seite 2
[2]) Siehe Seite 2

Nr	Benennung	Definition
1.6	Exponentialverteilung exponential distribution distribution exponentielle	Wahrscheinlichkeitsverteilung einer stetigen Zufallsgröße X, die Werte zwischen 0 und ∞ annehmen kann, mit der Wahrscheinlichkeitsdichte $g(x) = g(x; \lambda) = \lambda e^{-\lambda x}$; $x \geq 0$. Parameter: $\lambda > 0$. Anmerkung: Die Wahrscheinlichkeitsverteilung kann verallgemeinert werden, indem $g(x)$ durch $\frac{1}{b} g((x-a)/b)$ (mit $x \geq a$ und $b > 0$) ersetzt wird.
1.7	Gammaverteilung gamma distribution distribution gamma	Wahrscheinlichkeitsverteilung einer stetigen Zufallsgröße X, die Werte zwischen 0 und ∞ annehmen kann, mit der Wahrscheinlichkeitsdichte $g(x) = g(x; m) = \dfrac{e^{-x} x^{m-1}}{\Gamma(m)}$; $x \geq 0$. Parameter: $m > 0$. Anmerkung 1: $\Gamma(m) = \int_0^\infty e^{-x} x^{m-1} dx$ ist die vollständige Gammafunktion. Wenn $m > 0$ ganzzahlig ist, gilt $\Gamma(m) = (m-1)!$ Anmerkung 2: m ist ein Formparameter. Anmerkung 3: Für $m = 1$ wird die Gammaverteilung zur Exponentialverteilung (1.6) mit $\lambda = 1$. Anmerkung 4: Ist m ganzzahlig, dann heißt die Verteilung auch Erlang-Verteilung der Ordnung m. Anmerkung 5: Für $m \to \infty$ geht die Gammaverteilung in die Normalverteilung (1.1) über. Anmerkung 6: Ist X gammaverteilt mit $m = \frac{1}{2}, 1, \frac{3}{2}, \ldots$, dann folgt $2X$ der χ^2-Verteilung mit $f = 2m$ Freiheitsgraden. Anmerkung 7: Die Wahrscheinlichkeitsverteilung kann verallgemeinert werden, indem $g(x)$ durch $\frac{1}{b} g((x-a)/b)$ (mit $x \geq a$ und $b > 0$) ersetzt wird.
1.8	Betaverteilung beta distribution distribution beta	Wahrscheinlichkeitsverteilung einer stetigen Zufallsgröße X, die Werte zwischen 0 und 1 annehmen kann, mit der Wahrscheinlichkeitsdichte $g(x) = g(x; m_1, m_2)$ $= \dfrac{\Gamma(m_1 + m_2)}{\Gamma(m_1)\, \Gamma(m_2)} \cdot x^{m_1 - 1} \cdot (1-x)^{m_2 - 1}$; $0 \leq x \leq 1$ Parameter: $m_1 > 0$, $m_2 > 0$. Anmerkung 1: Γ ist die vollständige Gammafunktion (1.7). Anmerkung 2: m_1 und m_2 sind Formparameter. Anmerkung 3: Für $m_1 = m_2 = 1$ wird die Betaverteilung zur Gleichverteilung (1.8.1). Anmerkung 4: Ist X betaverteilt mit $a = \frac{1}{2}, 1, \frac{3}{2}, \ldots; b = \frac{1}{2}, 1, \frac{3}{2}, \ldots$, dann folgt $\dfrac{X}{1-X} \cdot \dfrac{b}{a}$ der F-Verteilung mit $f_1 = 2a$ und $f_2 = 2b$ Freiheitsgraden. Anmerkung 5: Die Wahrscheinlichkeitsverteilung kann verallgemeinert werden, indem $g(x)$ durch $\dfrac{1}{b-a} g((x-a)/(b-a))$ (mit $a \leq x \leq b$) ersetzt wird.
1.8.1	Gleichverteilung uniform distribution distribution uniforme	Wahrscheinlichkeitsverteilung einer stetigen Zufallsgröße X, die Werte zwischen 0 und 1 annehmen kann, mit der Wahrscheinlichkeitsdichte $g(x) = 1$; $0 \leq x \leq 1$. Anmerkung 1: Auch „Rechteckverteilung". Anmerkung 2: Siehe Anmerkung 5 zu 1.8.

Nr	Benennung	Definition
1.9	Gumbel-Verteilung, Extremwertverteilung vom Typ I Gumbel distribution, type I extreme value distribution distribution de Gumbel, distribution des valeurs extrêmes du type I	Wahrscheinlichkeitsverteilung einer stetigen Zufallsgröße X mit der Verteilungsfunktion $$G(x) = G(x; a, b) = \exp(-e^{-y})$$ und der Wahrscheinlichkeitsdichte $$g(x) = g(x; a, b) = \frac{1}{b} e^{-y} \exp(-e^{-y}); \quad -\infty < x < \infty,$$ wobei $y = (x - a)/b$ Parameter: $a, b > 0$. Anmerkung 1: Ist X Gumbel-verteilt, dann ist e^{-X} Weibull-verteilt (1.11). Anmerkung 2: Die Benennung „Doppelte Exponentialverteilung" soll nicht verwendet werden.
1.10	Fréchet-Verteilung, Extremwertverteilung vom Typ II Fréchet distribution, type II extreme value distribution distribution de Fréchet, distribution des valeurs extrêmes du type II	Wahrscheinlichkeitsverteilung einer stetigen Zufallsgröße X mit der Verteilungsfunktion $$G(x) = G(x; a, b, k) = \exp(-y^{-k})$$ und der Wahrscheinlichkeitsdichte $$g(x) = g(x; a, b, k) = \frac{k}{b} y^{-k-1} \exp(-y^{-k}); \quad x \geq a,$$ wobei $y = (x - a)/b$ Parameter: $a, b > 0, k > 0$. Anmerkung: k ist ein Formparameter.
1.11	Weibull-Verteilung, Extremwertverteilung vom Typ III Weibull distribution, type III extreme value distribution distribution de Weibull, distribution des valeurs extrêmes du type III	Wahrscheinlichkeitsverteilung einer stetigen Zufallsgröße X mit der Verteilungsfunktion $$G(x) = G(x; a, b, k) = 1 - \exp(-y^k)$$ und der Wahrscheinlichkeitsdichte $$g(x) = g(x; a, b, k) = \frac{k}{b} y^{k-1} \exp(-y^k); \quad x \geq a,$$ wobei $y = (x - a)/b$ Parameter: $a, b > 0, k > 0$. Anmerkung 1: k ist ein Formparameter. Anmerkung 2: Für $k = 1$ wird die Weibull-Verteilung zur Exponentialverteilung (1.6). Anmerkung 3: Für $k = 2$ ergibt sich die Rayleigh-Verteilung. Anmerkung 4: Ist X Weibull-verteilt, dann ist $-\ln(X - a)$ Gumbel-verteilt (1.9).

2 Eindimensionale diskrete Wahrscheinlichkeitsverteilungen

2.1	Binomialverteilung binomial distribution distribution binomiale	Wahrscheinlichkeitsverteilung einer diskreten Zufallsgröße X, welche die Werte $x = 0, 1, 2, \ldots, n$ mit den Wahrscheinlichkeiten $$P(X = x) = P(X = x; n, p) = \binom{n}{x} p^x (1-p)^{n-x}$$ mit $\binom{n}{x} = \frac{n!}{x!(n-x)!}$ annimmt. Parameter: $0 < p < 1; n = 1, 2, 3, \ldots$ Anmerkung 1: Bei Anwendung in der Stichprobentheorie ist n der Stichprobenumfang, p der Anteil der Merkmalträger in der Grundgesamtheit und x die Anzahl der Merkmalträger in der Stichprobe. Anmerkung 2: Für $n \to \infty$ geht die Binomialverteilung in die Normalverteilung (1.1) über. Näherungsweise gilt für $np(1-p) > 9$ $$P(X \leq x) = G(x) \approx \Phi\left(\frac{x + 0{,}5 - np}{\sqrt{np(1-p)}}\right),$$ wobei Φ die Verteilungsfunktion der standardisierten Normalverteilung (1.1.1) ist. Anmerkung 3: Für $n \to \infty, p \to 0, np = \text{konst.} = \mu$ geht die Binomialverteilung in die Poisson-Verteilung (2.3) mit dem Parameter μ über.

Nr	Benennung	Definition
2.2	Negative Binomialverteilung negative binomial distribution distribution binomiale négative	Wahrscheinlichkeitsverteilung einer diskreten Zufallsgröße X, welche die Werte $x = 0, 1, 2, \ldots$ mit den Wahrscheinlichkeiten $$P(X = x) = P(X = x; c, p)$$ $$= \frac{c(c+1)\ldots(c+x-1)}{x!} p^c (1-p)^x$$ annimmt. Parameter: $c > 0$, $0 < p < 1$. Anmerkung 1: Die Benennung „negative Binomialverteilung" hat den Grund, daß sich die aufeinanderfolgenden Wahrscheinlichkeiten für $x = 0, 1, 2, \ldots$ durch Entwicklung des Binoms $$1 = p^c [1-(1-p)]^{-c}$$ mit negativem Exponenten $-c$ nach positiven ganzzahligen Potenzen von $1-p$ ergeben. Anmerkung 2: Ist c ganzzahlig, dann heißt die Verteilung auch Pascal-Verteilung, für $c = 1$ geometrische Verteilung. Anmerkung 3: Für $c \to \infty$, $p \to 1$, $c(1-p)/p = \text{konst.} = \mu$ geht die negative Binomialverteilung in die Poisson-Verteilung (2.3) mit dem Parameter μ über.
2.3	Poisson-Verteilung Poisson distribution distribution de Poisson	Wahrscheinlichkeitsverteilung einer diskreten Zufallsgröße X, welche die Werte $x = 0, 1, 2, \ldots$ mit den Wahrscheinlichkeiten $$P(X = x) = P(X = x; \mu) = \frac{\mu^x}{x!} e^{-\mu}$$ annimmt. Parameter: $\mu > 0$. Anmerkung 1: Erwartungswert und Varianz der Poisson-Verteilung sind beide gleich μ. Anmerkung 2: Für $\mu \to \infty$ geht die Poisson-Verteilung in die Normalverteilung (1.1) über. Näherungsweise gilt für $\mu > 9$. $$P(X \leq x) = G(x) \approx \Phi\left(\frac{x + 0.5 - \mu}{\sqrt{\mu}}\right),$$ wobei Φ die Verteilungsfunktion der standardisierten Normalverteilung (1.1.1) ist.
2.4	Hypergeometrische Verteilung hypergeometric distribution distribution hypergéométrique	Wahrscheinlichkeitsverteilung einer diskreten Zufallsgröße X, welche die Werte $x = 0, 1, 2, \ldots$ unter der Voraussetzung, daß drei gegebene ganze Zahlen N, n und d, die positiv oder Null sein können, in allen Feldern der folgenden Tabelle positive ganze Zahlen oder Null ergeben, | N | d | $N-d$ | |---|---|---| | n | x | $n-x$ | | $N-n$ | $d-x$ | $N-n-d+x$ | mit den Wahrscheinlichkeiten $$P(X = x) = P(X = x; N, n, d) = \frac{\binom{d}{x}\binom{N-d}{n-x}}{\binom{N}{n}}$$ $$= \frac{n!(N-n)!\,d!(N-d)!}{N!\,x!\,(n-x)!\,(d-x)!\,(N-n-d+x)!}$$ annimmt. Parameter: N, n, d. Anmerkung 1: Bei Anwendung in der Stichprobentheorie ist N der Umfang der Grundgesamtheit, n der Stichprobenumfang, d die Anzahl der Merkmalträger in der Grundgesamtheit und x die Anzahl der Merkmalträger in der Stichprobe. Anmerkung 2: Für $N \to \infty$, $d \to \infty$, $d/N = \text{konst.} = p$ geht die hypergeometrische Verteilung in die Binomialverteilung (2.1) mit den Parametern n und p über. Näherungsweise sind die Wahrscheinlichkeitsfunktionen $g(x) = P(X = x)$ der beiden Verteilungen gleich, wenn $n/N < 0{,}1$ ist.

DIN 55350 Teil 22 Seite 7

Nr	Benennung	Definition

3 Mehrdimensionale stetige Wahrscheinlichkeitsverteilungen

3.1 Zweidimensionale Normalverteilung
bivariate normal distribution
distribution normale à deux variables

Wahrscheinlichkeitsverteilung zweier stetiger Zufallsgrößen X und Y mit der Wahrscheinlichkeitsdichte

$g(x, y) = g(x, y; \mu_X, \mu_Y, \sigma_X, \sigma_Y, \varrho)$

$$= \frac{1}{2\pi \sigma_X \sigma_Y \sqrt{1-\varrho^2}} \exp\left\{-\frac{1}{2(1-\varrho^2)}\left[\left(\frac{x-\mu_X}{\sigma_X}\right)^2 - 2\varrho\left(\frac{x-\mu_X}{\sigma_X}\right)\left(\frac{y-\mu_Y}{\sigma_Y}\right) + \left(\frac{y-\mu_Y}{\sigma_Y}\right)^2\right]\right\};$$

$-\infty < x < \infty; \quad -\infty < y < \infty$

Parameter: $\mu_X, \mu_Y, \sigma_X > 0, \sigma_Y > 0, -1 \leq \varrho \leq 1$.

Anmerkung 1: μ_X und μ_Y sind die Erwartungswerte und σ_X und σ_Y die Standardabweichungen der Randverteilungen von X und Y, die Normalverteilungen sind; ϱ ist der Korrelationskoeffizient von X und Y.

Anmerkung 2: Eine Erweiterung auf mehr als zwei Zufallsgrößen ist möglich, siehe dazu DIN 13 303 Teil 1, Ausgabe Mai 1982, Nr 2.4.9.

Anmerkung 3: Auch „bivariate Normalverteilung".

3.1.1 Standardisierte zweidimensionale Normalverteilung
standardised bivariate normal distribution
distribution normale reduite à deux variables

Wahrscheinlichkeitsverteilung eines Paares von standardisiert normalverteilten Zufallsgrößen U und V mit der Wahrscheinlichkeitsdichte

$g(u,v) = g(u, v; \varrho)$

$$= \frac{1}{2\pi\sqrt{1-\varrho^2}} \exp\left[-\frac{1}{2(1-\varrho^2)}(u^2 - 2\varrho uv + v^2)\right]$$

$-\infty < u < \infty; \quad -\infty < v < \infty$

Parameter: $-1 \leq \varrho \leq 1$.

Anmerkung 1: Die standardisierten Zufallsgrößen zu den normalverteilten Zufallsgrößen (X, Y) mit den Parametern (μ_X, σ_X) und (μ_Y, σ_Y) sind

$$U = \frac{X - \mu_X}{\sigma_X} \quad \text{und} \quad V = \frac{Y - \mu_Y}{\sigma_Y}$$

Anmerkung 2: ϱ ist der Korrelationskoeffizient von X und Y und gleichermaßen der Korrelationskoeffizient von U und V.

Anmerkung 3: Eine Erweiterung auf mehr als zwei Zufallsgrößen ist möglich, siehe dazu DIN 13 303 Teil 1, Ausgabe Mai 1982, Nr 2.4.9.

4 Mehrdimensionale diskrete Wahrscheinlichkeitsverteilungen

4.1 Multinomialverteilung
multinomial distribution
distribution multinomiale

Wahrscheinlichkeitsverteilung von k diskreten Zufallsgrößen $X_1, X_2, \ldots, X_k$, welche die ganzzahligen Werte $x_1, x_2, \ldots, x_k$, die jeweils zwischen Null und n liegen, unter der Bedingung $x_1 + x_2 + \ldots + x_k = n$ mit der Wahrscheinlichkeit

$P(X_1 = x_1, X_2 = x_2, \ldots, X_k = x_k)$

$= P(X_1 = x_1, X_2 = x_2, \ldots, X_k = x_k; n, p_1, p_2, \ldots, p_k)$

$$= \frac{n!}{x_1! x_2! \ldots x_k!} p_1^{x_1} p_2^{x_2} \ldots p_k^{x_k}$$

annehmen.

Parameter: $n, p_i \geq 0$ $(i = 1, 2, \ldots, k)$; $\sum_{i=1}^{k} p_i = 1$.

Anmerkung: Für $k = 2$ ergibt sich wegen $x_1 + x_2 = n$ und $p_1 + p_2 = 1$ mit den Bezeichnungen $X_1 = X, X_2 = n - X, x_1 = x, x_2 = n - x, p_1 = p, p_2 = 1 - p$

$$P(X = x) = \frac{n!}{x!(n-x)!} p^x (1-p)^{n-x},$$

also die Binomialverteilung (2.1).

Stichwortverzeichnis (Begriffe in deutscher Sprache)

Dieses Verzeichnis enthält auch Benennungen, die in Anmerkungen vorkommen.

Betaverteilung 1.8
Binomialverteilung 2.1
bivariate Normalverteilung 3.1

Chiquadratverteilung (χ^2-Verteilung) 1.2

diskrete Wahrscheinlichkeitsverteilung 2, 4
doppelte Exponentialverteilung 1.9

eindimensionale diskrete Wahrscheinlichkeitsverteilung 2
eindimensionale stetige Wahrscheinlichkeitsverteilung 1
Erlang-Verteilung 1.7
Exponentialverteilung 1.6
Extremwertverteilung vom Typ I 1.9
Extremwertverteilung vom Typ II 1.10
Extremwertverteilung vom Typ III 1.11

Fisher-Verteilung 1.4
Fréchet-Verteilung 1.10
Freiheitsgrad 1.2, 1.3, 1.4
F-Verteilung 1.4

Gammaverteilung 1.7
geometrische Verteilung 2.2
Gleichverteilung 1.8.1
Gumbel-Verteilung 1.9
Gauß-Verteilung 1.1
hypergeometrische Verteilung 2.4

logarithmische Normalverteilung 1.5
Lognormalverteilung 1.5

mehrdimensionale diskrete Wahrscheinlichkeitsverteilung 4
mehrdimensionale stetige Wahrscheinlichkeitsverteilung 3
Multinomialverteilung 4.1

negative Binomialverteilung 2.2
nichtzentrale Verteilung Fußnote 2
Normalverteilung 1.1

Pascal-Verteilung 2.2
Poisson-Verteilung 2.3

Rayleigh-Verteilung 1.11
Rechteckverteilung 1.8.1

standardisierte zweidimensionale Normalverteilung 3.1.1
standardisierte Normalverteilung 1.1.1
stetige Wahrscheinlichkeitsverteilung 1, 3
stochastische Unabhängigkeit Fußnote 1
Student-Verteilung 1.3

t-Verteilung 1.3

Weibull-Verteilung 1.11

zentrale Verteilung Fußnote 2
zweidimensionale Normalverteilung 3.1

Zitierte Normen und andere Unterlagen

DIN 13303 Teil 1 Stochastik; Wahrscheinlichkeitstheorie; Gemeinsame Grundbegriffe der mathematischen und der beschreibenden Statistik; Begriffe und Zeichen
DIN 13303 Teil 2 Stochastik; Mathematische Statistik; Begriffe und Zeichen
DIN 55350 Teil 11 Begriffe der Qualitätssicherung und Statistik; Grundbegriffe der Qualitätssicherung
DIN 55350 Teil 12 (z. Z. Entwurf) Begriffe der Qualitätssicherung und Statistik; Merkmalsbezogene Begriffe
DIN 55350 Teil 13 (z. Z. Entwurf) Begriffe der Qualitätssicherung und Statistik; Begriffe der Genauigkeit von Ermittlungsergebnissen
DIN 55350 Teil 14 Begriffe der Qualitätssicherung und Statistik; Begriffe der Qualitätssicherung; Begriffe der Probenahme
DIN 55350 Teil 21 Begriffe der Qualitätssicherung und Statistik; Begriffe der Statistik; Zufallsgrößen und Wahrscheinlichkeitsverteilungen
DIN 55350 Teil 23 Begriffe der Qualitätssicherung und Statistik; Begriffe der Statistik; Beschreibende Statistik
DIN 55350 Teil 24 Begriffe der Qualitätssicherung und Statistik; Begriffe der Statistik; Schließende Statistik
ISO 3534 Statistics — Vocabulary and Symbols
Glossary of Terms, used in Quality Control, European Organization for Quality Control — EOQC
(Bezugsnachweis: Deutsche Gesellschaft für Qualität, Kurhessenstraße 95, 6000 Frankfurt 50)

Frühere Ausgaben

DIN 55350 Teil 22: 05.82

Änderungen

Gegenüber der Ausgabe Mai 1982 wurden folgende Änderungen vorgenommen:
Druckfehler in den Formeln zu Nr 3.1 und Nr 3.1.1 berichtigt.

Internationale Patentklassifikation

G 06 F 15/46
G 07 C 3/14

DK 658.562 : 31 : 519.2 : 001.4   April 1983

Begriffe der Qualitätssicherung und Statistik	DIN
Begriffe der Statistik Beschreibende Statistik	55 350 Teil 23

Concepts of quality assurance and statistics; concepts of statistics; descriptive statistics   Ersatz für Ausgabe 11.82

Für die Richtigkeit der fremdsprachlichen Benennungen kann das DIN trotz aufgewendeter Sorgfalt keine Gewähr übernehmen.

1 Zweck und Anwendungsbereich

Diese Norm dient wie alle Teile von DIN 55350 dazu, Benennungen und Definitionen der in der Qualitätssicherung und Statistik verwendeten Begriffe zu vereinheitlichen.

Die Teile von DIN 55350 sollen nach Möglichkeit alle an der Normung interessierten Anwendungsbereiche berücksichtigen. Sie dürfen deshalb ihre Definitionen nicht so eng fassen, daß sie nur für spezielle Bereiche gelten (Technik, Landwirtschaft, Medizin u. a.). Die internationale Terminologie wurde berücksichtigt, insbesondere die von der International Organization for Standardization (ISO) herausgegebene Internationale Norm ISO 3534 „Statistics – Vocabulary and Symbols" und das von der European Organization for Quality Control (EOQC) herausgegebene „Glossary of Terms, used in Quality Control".

Die Normen DIN 55350 Teil 21 bis Teil 24 behandeln die Begriffe der Statistik aus der Sicht der praktischen Anwendung, wobei auf eine strenge mathematische Darstellungsweise im allgemeinen verzichtet wird. Ergänzend dienen die Normen DIN 13303 Teil 1 und Teil 2 dazu, die Begriffe und Zeichen der Statistik in mathematischer Strenge zu normen, und zwar im Teil 1 die Begriffe der Wahrscheinlichkeitstheorie einschließlich der gemeinsamen Grundbegriffe der mathematischen und der beschreibenden Statistik, im Teil 2*) die Begriffe und Zeichen der mathematischen Statistik.

2 Begriffe

Die in Klammern angegebenen Nummern sind Hinweise auf die Nummern der in dieser Norm enthaltenen Begriffe.

Im folgenden wird davon ausgegangen, daß n Beobachtungswerte $x_1, x_2, \ldots, x_n$ eines Merkmals X oder n beobachtete Wertepaare $(x_1, y_1), (x_2, y_2), \ldots, (x_n, y_n)$ zweier Merkmale X und Y oder n beobachtete Wertetripel $(x_1, y_1, z_1), (x_2, y_2, z_2), \ldots, (x_n, y_n, z_n)$ dreier Merkmale X, Y und Z usw. vorliegen.

Fortsetzung Seite 2 bis 10

Ausschuß Qualitätssicherung und angewandte Statistik (AQS) im DIN Deutsches Institut für Normung e.V.
Normenausschuß Einheiten und Formelgrößen (AEF) im DIN

Seite 2 DIN 55350 Teil 23

Nr	Benennung	Definition
1	**Klassenbildung, Klassierung**	
1.1	Klassenbildung classification classification	Aufteilung des Wertebereiches eines Merkmals in Teilbereiche (Klassen), die einander ausschließen und den Wertebereich vollständig ausfüllen. Anmerkung 1: Auch „Klassifizierung". Anmerkung 2: Bei quantitativen Merkmalen (DIN 55350 Teil 12) werden in der Regel nur Intervalle als Teilbereiche (Klassen) verwendet. Anmerkung 3: Kann sinngemäß auf mehrere Merkmale erweitert werden.
1.2	Klasse class classe	Bei einer Klassenbildung (1.1) entstehender Teilbereich.
1.3	Klassengrenze class limit limit de classe	Wert der oberen oder der unteren Grenze einer Klasse eines quantitativen Merkmals. Anmerkung: Es ist festzulegen, welche der beiden Klassengrenzen als noch zu der Klasse gehörend anzusehen ist.
1.4	Klassenmitte class midpoint centre de classe	Arithmetischer Mittelwert (4.1) der Klassengrenzen einer Klasse.
1.5	Klassenbreite class width intervalle de classe	Obere Klassengrenze minus untere Klassengrenze. Anmerkung: Auch „Klassenweite".
1.6	Klassierung grouping classement	Einordnung von Beobachtungswerten (DIN 55350 Teil 12) in die Klassen.
2	**Häufigkeit, Häufigkeitsverteilung**	
2.1	Absolute Häufigkeit absolute frequency éffectif	Anzahl der Beobachtungswerte (DIN 55350 Teil 12), die gleich einem vorgegebenen Wert sind oder zu einer Menge von vorgegebenen Werten gehören. Anmerkung 1: Die Menge der vorgegebenen Werte kann beispielsweise eine Klasse (1.2) sein. Anmerkung 2: Bei Klassierung (1.6) auch „Besetzungszahl".
2.2	Absolute Häufigkeitssumme cumulative absolute frequency éffectif cumulée	Anzahl der Beobachtungswerte, die einen vorgegebenen Wert nicht überschreiten. Anmerkung 1: Auch „kumulierte absolute Häufigkeit". Anmerkung 2: Ist der vorgegebene Wert eine Klassengrenze (1.3), auch „Summierte Besetzungszahl".
2.3	Relative Häufigkeit relative frequency fréquence	Absolute Häufigkeit (2.1) dividiert durch die Gesamtzahl der Beobachtungswerte. Anmerkung: Wenn Verwechslung mit der absoluten Häufigkeit ausgeschlossen ist, kurz auch „Häufigkeit".
2.4	Relative Häufigkeitssumme cumulative relative frequency fréquence cumulée	Absolute Häufigkeitssumme (2.2) dividiert durch die Gesamtzahl der Beobachtungswerte. Anmerkung 1: Auch „kumulierte relative Häufigkeit". Anmerkung 2: Wenn Verwechslung mit der absoluten Häufigkeitssumme ausgeschlossen ist, oft auch „Häufigkeitssumme" oder „kumulierte Häufigkeit".
2.5	Häufigkeitsdichte frequency density fréquence densité	Absolute oder relative Häufigkeit dividiert durch die Klassenbreite (1.5). Anmerkung: Korrekt: „mittlere Häufigkeitsdichte".
2.6	Häufigkeitsdichtefunktion frequency density function fonction de fréquence densité	Funktion, die jedem Merkmalswert die Häufigkeitsdichte (2.5) der Klasse zuordnet, zu der er gehört.

DIN 55350 Teil 23 Seite 3

Nr	Benennung	Definition
2.7	Empirische Verteilungsfunktion empirical distribution function fonction de distribution empirique	Funktion, die jedem Merkmalswert die relative Häufigkeit (2.3) von Beobachtungswerten zuordnet, die kleiner oder gleich diesem Merkmalswert sind. Anmerkung 1: Die empirische Verteilungsfunktion ordnet jedem Merkmalswert die relative Häufigkeitssumme (2.4) zu. Anmerkung 2: Früher auch „Häufigkeitssummenverteilung".
2.8	Häufigkeitsverteilung frequency distribution distribution de fréquence	Allgemeine Bezeichnung für den Zusammenhang zwischen den Beobachtungswerten und den absoluten oder relativen Häufigkeiten bzw. Häufigkeitssummen ihres Auftretens. Anmerkung 1: Die Häufigkeitsverteilung für ein, zwei oder mehrere Merkmale heißt eindimensionale oder univariate, zweidimensionale oder bivariate oder mehrdimensionale oder multivariate Häufigkeitsverteilung. Anmerkung 2: Siehe Anmerkung zu 4.5.
2.9	Histogramm histogram histogramme	Graphische Darstellung der Häufigkeitsdichtefunktion (2.6). Anmerkung: Im Histogramm sind die Flächen der Rechtecke, die über den Klassen errichtet werden, proportional sowohl den absoluten als auch den relativen Häufigkeiten.
2.10	Stabdiagramm bar diagram diagramme en bâtons	Graphische Darstellung der Häufigkeitsverteilung (2.8) eines diskreten Merkmals, bei der die Länge von senkrechten Strecken, die über den Merkmalswerten errichtet werden, proportional sowohl den absoluten als auch den relativen Häufigkeiten sind.
2.11	Häufigkeitssummenkurve cumulative frequency curve courbe des fréquences cumulées	Graphische Darstellung der empirischen Verteilungsfunktion (2.7).
2.11.1	Häufigkeitssummenpolygon cumulative frequency polygon polygone des fréquences cumulées	Häufigkeitssummenkurve (2.11) klassierter (1.6) Beobachtungswerte. Anmerkung: Das Häufigkeitssummenpolygon ist demnach der Polygonzug, der entsteht, indem für jede Klasse ein Punkt mit der oberen Klassengrenze als Abszisse und der zugeordneten Häufigkeitssumme als Ordinate gezeichnet wird und die benachbarten Punkte durch Strecken verbunden werden.
2.11.2	Häufigkeitssummentreppe	Häufigkeitssummenkurve (2.11) nichtklassierter Beobachtungswerte. Anmerkung: Es ergibt sich eine treppenartige Darstellung.
2.12	Zweiwegtafel two-way table tableau à double entrée	Numerische Darstellung der Häufigkeitsverteilung von zwei Merkmalen bei Klassenbildung (1.1) oder von zwei diskreten Merkmalen. Anmerkung: Ordnet man den k Klassenmitten x_i; $i = 1, \ldots, k$ des Merkmals X die Zeilen und den l Klassenmitten y_j; $j = 1, \ldots, l$ des Merkmals Y die Spalten der Zweiwegtafel zu, dann bezeichnet n_{ij} die Anzahl der beobachteten Wertepaare in der Klasse mit den Klassenmitten x_i und y_j und es gilt $\sum_{i=1}^{k} \sum_{j=1}^{l} n_{ij} = n$. Bei diskreten Merkmalen X und Y treten an die Stelle der Klassenmitten die Merkmalswerte. | X \ Y	y_1	y_2	$\ldots$	y_j	$\ldots$	y_l
---	---	---	---	---	---	---
x_1	n_{11}	$n_{12}\ldots$		$n_{1j}\ldots$		n_{1l}
x_2	n_{21}	$n_{22}\ldots$		$n_{2j}\ldots$		n_{2l}
$\cdot$	$\cdot$	$\cdot$		$\cdot$		$\cdot$
x_i	n_{i1}	$n_{i2}\ldots$		$n_{ij}\ldots$		n_{il}
$\cdot$	$\cdot$	$\cdot$		$\cdot$		$\cdot$
x_k	n_{k1}	$n_{k2}\ldots$		$n_{kj}\ldots$		n_{kl}	
2.13	Kontingenztafel contingency table tableau de contingence	Zweiwegtafel (2.12) im Fall zweier qualitativer Merkmale (DIN 55350 Teil 12). Anmerkung: Die Benennung Kontingenztafel gilt auch bei mehr als zwei qualitativen Merkmalen.

Seite 4   DIN 55350 Teil 23

Nr	Benennung	Definition
2.14	Randverteilung [1] marginal distribution distribution marginale	Häufigkeitsverteilung (2.8) einer Teilmenge von $k_1 < k$ Merkmalen zu einer (mehrdimensionalen) Häufigkeitsverteilung von k Merkmalen. Anmerkung: Beispielsweise gibt es bei einer zweidimensionalen Häufigkeitsverteilung ($k = 2$) von zwei Merkmalen X und Y die (eindimensionale) Randverteilung von X und die (eindimensionale) Randverteilung von Y. Bei einer dreidimensionalen Häufigkeitsverteilung ($k = 3$) von drei Merkmalen X, Y und Z gibt es drei zweidimensionale Randverteilungen ($k_1 = 2$), nämlich die von (X, Y), (X, Z) und (Y, Z) und drei eindimensionale Randverteilungen ($k_1 = 1$), nämlich die von X, Y und Z.
2.15	Bedingte Verteilung [1] conditional distribution distribution conditionelle	Häufigkeitsverteilung (2.8) einer Teilmenge von $k_1 < k$ Merkmalen zu einer (mehrdimensionalen) Häufigkeitsverteilung von k Merkmalen bei gegebenen Werten der anderen $k - k_1$ Merkmale. Anmerkung 1: Beispielsweise gibt es bei einer zweidimensionalen Häufigkeitsverteilung ($k = 2$) von zwei Merkmalen X und Y (eindimensionale) bedingte Häufigkeitsverteilungen von X und (eindimensionale) bedingte Häufigkeitsverteilungen von Y. Eine durch $Y = y$ bedingte Häufigkeitsverteilung von X wird bezeichnet als „Häufigkeitsverteilung von X unter der Bedingung $Y = y$", eine durch $X = x$ bedingte Häufigkeitsverteilung von Y als „Häufigkeitsverteilung von Y unter der Bedingung $X = x$". Bei einer dreidimensionalen Häufigkeitsverteilung ($k = 3$) von drei Merkmalen X, Y und Z gibt es zweidimensionale bedingte Häufigkeitsverteilungen ($k_1 = 2$), nämlich von (X, Y) unter der Bedingung $Z = z$, von (X, Z) unter der Bedingung $Y = y$ und von (Y, Z) unter der Bedingung $X = x$, und eindimensionale Häufigkeitsverteilungen ($k_1 = 1$), nämlich von X unter der Bedingung $(Y = y, Z = z)$, von Y unter der Bedingung $(X = x, Z = z)$ und von Z unter der Bedingung $(X = x, Y = y)$. Anmerkung 2: Ein bedingender Wert kann auch ein Wert sein, der eine Klasse kennzeichnet.

3 Kenngrößen, Kennwerte und transformierte Beobachtungswerte einer Häufigkeitsverteilung

3.1	Kenngröße statistic statistique	Funktion der Beobachtungswerte, die eine Eigenschaft der Häufigkeitsverteilung (2.8) charakterisiert. Anmerkung 1: Insbesondere gibt es Kenngrößen der Lage, der Streuung und der Form von eindimensionalen Häufigkeitsverteilungen und des Zusammenhangs zwischen den Merkmalen mehrdimensionaler Häufigkeitsverteilungen. Anmerkung 2: Eine Kenngröße kann gleichzeitig Schätzfunktion und damit der Kennwert (3.1.1) Schätzwert (DIN 55350 Teil 24) für den entsprechenden Parameter der Wahrscheinlichkeitsverteilung (DIN 55350 Teil 21) sein.
3.1.1	Kennwert	Wert der Kenngröße (3.1). Anmerkung: Entsprechend Anmerkung 1 von 3.1 gibt es Kennwerte der Lage (4), der Streuung (5) und der Form (6) von eindimensionalen Häufigkeitsverteilungen und des Zusammenhangs zwischen den Merkmalen mehrdimensionaler Häufigkeitsverteilungen.
3.2	Ranggröße order statistic statistique d'ordre	Kenngröße (3.1), deren Funktionswerte die Rangwerte (3.2.1) sind. Anmerkung 1: Ein Beispiel für eine Ranggröße ist der Median (4.3). Anmerkung 2: In DIN 13303 Teil 1 wird die Ranggröße Ordnungsstatistik genannt.
3.2.1	Rangwert	Wert einer Ranggröße (3.2) für eine vorgegebene Rangzahl 3.2.2).
3.2.2	Rangzahl rank rang	Nummer eines Beobachtungswertes in der nach aufsteigendem Zahlenwert geordneten Folge von Beobachtungswerten. Anmerkung: In Sonderfällen können die Beobachtungswerte auch nach absteigendem Zahlenwert geordnet werden.
3.3	Zentrierter Beobachtungswert	Beobachtungswert minus arithmetischer Mittelwert (4.1).
3.4	Standardisierter Beobachtungswert	Zentrierter Beobachtungswert (3.3) dividiert durch die Standardabweichung (5.4).

[1] Zu dieser Begriffsbenennung existiert eine entsprechende Begriffsbenennung in DIN 55350 Teil 21 über die Begriffe zu Zufallsgrößen und Wahrscheinlichkeitsverteilungen. Wenn Verwechslungsgefahr besteht, ist der Begriffsbenennung dieser Norm der Zusatz „Stichprobe" oder „empirisch" hinzuzufügen. Beispielsweise heißt es dann „Varianz der Stichprobe des Durchmessers" oder „empirische Varianz des Durchmessers" (siehe Erläuterungen).

Nr	Benennung	Definition
4	**Kennwerte der Lage einer Häufigkeitsverteilung**	
4.1	Arithmetischer Mittelwert arithmetic mean moyenne arithmétique	Summe der Beobachtungswerte dividiert durch Anzahl der Beobachtungswerte: $$\bar{x} = \frac{1}{n} \sum_{i=1}^{n} x_i$$ Anmerkung 1: Wenn kein Mißverständnis möglich, auch „Mittelwert". Früher auch „Durchschnitt". Anmerkung 2: Der arithmetische Mittelwert ist das Moment der Ordnung $q = 1$ (7.1).
4.2	Gewichteter Mittelwert (arithmetic) weighted average moyenne (arithmétique) pondérée	Summe der Produkte aus Beobachtungswerten und ihrem Gewicht dividiert durch die Summe der Gewichte, wobei das Gewicht eine jeweils dem Beobachtungswert zugeordnete nicht negative Zahl ist: $$\frac{\sum_{i=1}^{n} g_i x_i}{\sum_{i=1}^{n} g_i}$$ wobei $g_i \geq 0$ das dem Beobachtungswert x_i zugeordnete Gewicht ist. Anmerkung: Früher auch „gewichteter Durchschnitt".
4.3	Median [1] median médiane	Unter den n nach aufsteigendem oder absteigendem Zahlenwert geordneten und mit „1" bis „n" numerierten Beobachtungswerten bei ungeradem n der Beobachtungswert mit der Rangzahl $(n + 1)/2$, bei geradem n ein Wert zwischen den Beobachtungswerten mit den Rangzahlen $n/2$ und $(n/2) + 1$. Anmerkung 1: Bei geradem n wird der Median üblicherweise als arithmetischer Mittelwert (4.1) der beiden Beobachtungswerte mit den Rangzahlen (3.2.2) $n/2$ und $(n/2) + 1$ definiert, falls dieser Wert Merkmalswert ist. Anmerkung 2: Früher auch „Zentralwert".
4.4	Geometrischer Mittelwert geometric mean moyenne géométrique	n-te Wurzel aus dem Produkt von n positiven Beobachtungswerten: $$\sqrt[n]{x_1 \cdot x_2 \cdot \ldots \cdot x_n}$$
4.5	Modalwert [1] mode mode	Merkmalswert, zu dem ein Maximum der absoluten (2.1) oder relativen Häufigkeit (2.3) oder der Häufigkeitsdichte (2.5) gehört. Anmerkung: Tritt nur ein einziger Modalwert in der Häufigkeitsverteilung auf, spricht man von einer „unimodalen" („eingipfligen") Verteilung, andernfalls von einer „multimodalen" („mehrgipfligen") Verteilung. „Bimodal" („zweigipflig") heißt die Häufigkeitsverteilung, falls sie zwei Modalwerte besitzt.
4.5.1	Häufigster Wert	Modalwert einer unimodalen Häufigkeitsverteilung.
4.6	Spannenmitte mid-range milieu de l'étendue	Arithmetischer Mittelwert (4.1) aus größtem und kleinstem Beobachtungswert.
5	**Kennwerte der Streuung einer Häufigkeitsverteilung**	
5.1	Spannweite range étendue	Größter minus kleinster Beobachtungswert.
5.2	Mittlerer Abweichungsbetrag mean deviation écart moyen	Arithmetischer Mittelwert (4.1) der Beträge der Abweichungen (DIN 55350 Teil 12) der Beobachtungswerte von einem Bezugswert. Anmerkung 1: Im allgemeinen wird als Bezugswert der arithmetische Mittelwert (4.1) der Beobachtungswerte gewählt, obwohl die mittlere Abweichung dann ihr Minimum annimmt, wenn der Median Bezugswert ist. Anmerkung 2: Der mittlere Abweichungsbetrag ist das Betragsmoment der Ordnung $q = 1$ bezüglich a (7.2) mit $a =$ Bezugswert [2]. Anmerkung 3: Früher mißverständlich „Mittlere Abweichung".

[1] Siehe Seite 4   [2] Siehe Seite 6

Seite 6 DIN 55350 Teil 23

Nr	Benennung	Definition
5.3	Varianz[1] variance variance	Summe der quadrierten Abweichungen der Beobachtungswerte von ihrem arithmetischen Mittelwert (4.1) dividiert durch die um 1 verminderte Anzahl der Beobachtungswerte: $$s^2 = \frac{1}{n-1} \sum_{i=1}^{n} (x_i - \bar{x})^2$$ Anmerkung 1: Falls ein Rechengerät zur Verfügung steht, das mindestens die doppelte Stellenzahl aufweist wie die der Beobachtungswerte, wird für die numerische Berechnung folgende Formel empfohlen: $$s^2 = \frac{1}{n-1} \left[\sum_{i=1}^{n} x_i^2 - \frac{1}{n} \left(\sum_{i=1}^{n} x_i \right)^2 \right]$$ Anderenfalls ersetze man in der Formel x_i durch $x_i - a$, wobei a so gewählt wird, daß die Differenzen $x_i - a$ möglichst wenige Stellen aufweisen (siehe DIN 55302 Teil 1). Anmerkung 2: Die Varianz ist zu unterscheiden vom zentralen Moment der Ordnung $q = 2$ (7.3).
5.4	Standardabweichung[1] standard deviation écart-type	Positive Quadratwurzel aus der Varianz (5.3): $$s = \sqrt{s^2}$$
5.5	Variationskoeffizient[1] coefficient of variation coéfficient de variation	Standardabweichung (5.4) dividiert durch den Betrag des arithmetischen Mittelwerts (4.1): $$v = \frac{s}{|\bar{x}|}$$ Anmerkung 1: Der Variationskoeffizient wird häufig in Prozent angegeben. Anmerkung 2: Die Benennung „relative Standardabweichung" sollte vermieden werden.

6 Kennwerte der Form einer Häufigkeitsverteilung

6.1	Schiefe[1] skewness dissymétrie	Arithmetischer Mittelwert (4.1) der dritten Potenz der standardisierten Beobachtungswerte (3.4): $$\frac{1}{n} \sum_{i=1}^{n} \left(\frac{x_i - \bar{x}}{s} \right)^3$$
6.2	Kurtosis[1] kurtosis curtosis	Arithmetischer Mittelwert (4.1) der vierten Potenz der standardisierten Beobachtungswerte (3.4): $$\frac{1}{n} \sum_{i=1}^{n} \left(\frac{x_i - \bar{x}}{s} \right)^4$$
6.3	Exzeß[1] excess excès	Kurtosis (6.2) minus drei.

7 Momente von Häufigkeitsverteilungen

7.1	Moment[1][2] der Ordnung q moment of order q about zero moment d'ordre q par rapport à zero	Arithmetischer Mittelwert (4.1) der q-ten Potenz der Beobachtungswerte bei einer eindimensionalen Häufigkeitsverteilung (2.8): $$\frac{1}{n} \sum_{i=1}^{n} x_i^q$$ Anmerkung: Das Moment der Ordnung $q = 1$ ist der arithmetische Mittelwert (4.1).
7.2	Moment[1][2] der Ordnung q bezüglich a moment of order q about a moment d'ordre q par rapport à l'origine a	Arithmetischer Mittelwert (4.1) der q-ten Potenz der Abweichungen der Beobachtungswerte vom Bezugswert a bei einer eindimensionalen Häufigkeitsverteilung (2.8): $$\frac{1}{n} \sum_{i=1}^{n} (x_i - a)^q$$

[1] Siehe Seite 4
[2] Werden in den Definitionen der Momente die Beobachtungswerte x_i, y_j bzw. die Abweichungen $(x_i - a)$, $(x_i - \bar{x})$, $(y_j - b)$, $(y_j - \bar{y})$ durch ihre Beträge $|x_i|$, $|y_j|$, $|x_i - a|$, $|x_i - \bar{x}|$, $|y_j - b|$, $|y_j - \bar{y}|$ ersetzt, dann sind dadurch die entsprechenden Betragsmomente (in der mathematischen Statistik auch „absolute Momente" genannt) definiert. Das Betragsmoment ist im allgemeinen vom Betrag des entsprechenden Moments (7.1 bis 7.6) verschieden.

DIN 55350 Teil 23 Seite 7

Nr	Benennung	Definition
7.3	Zentrales Moment [1])[2]) der Ordnung q centred moment of order q moment centré d'ordre q	Arithmetischer Mittelwert (4.1) der q-ten Potenz der zentrierten Beobachtungswerte (3.3) bei einer eindimensionalen Häufigkeitsverteilung (2.8): $$\frac{1}{n} \sum_{i=1}^{n} (x_i - \bar{x})^q$$ Anmerkung: Das zentrale Moment der Ordnung $q = 1$ ist Null. Das zentrale Moment der Ordnung $q = 2$ ist die Varianz (5.3) der Beobachtungswerte multipliziert mit dem Faktor $(n - 1)/n$.
7.4	Moment [1])[2]) der Ordnungen q_1 und q_2 joint moment of orders q_1 and q_2 moment d'ordres q_1 et q_2	Arithmetischer Mittelwert (4.1) der Produkte der q_1-ten Potenz der Beobachtungswerte des einen Merkmals mit der q_2-ten Potenz der Beobachtungswerte des anderen Merkmals bei einer zweidimensionalen Häufigkeitsverteilung (2.8): $$\frac{1}{n} \sum_{i=1}^{n} x_i^{q_1} y_i^{q_2}$$ Anmerkung: Das Moment der Ordnungen $q_1 = 1$ und $q_2 = 0$ ist der arithmetische Mittelwert der Randverteilung (2.14) des Merkmals X, das Moment der Ordnungen $q_1 = 0$ und $q_2 = 1$ der arithmetische Mittelwert der Randverteilung des Merkmals Y.
7.5	Moment [1])[2]) der Ordnungen q_1 und q_2 bezüglich a, b joint moment of orders q_1 and q_2 about a, b moment d'ordres q_1 et q_2 par rapport à l'origine a, b	Arithmetischer Mittelwert (4.1) der Produkte der q_1-ten Potenz der Abweichungen der Beobachtungswerte des einen Merkmals vom Bezugswert a mit der q_2-ten Potenz der Abweichungen der Beobachtungswerte des anderen Merkmals vom Bezugswert b bei einer zweidimensionalen Häufigkeitsverteilung (2.8): $$\frac{1}{n} \sum_{i=1}^{n} (x_i - a)^{q_1} (y_i - b)^{q_2}$$
7.6	Zentrales Moment [1])[2]) der Ordnungen q_1 und q_2 joint centred moment of orders q_1 and q_2 moment centré d'ordres q_1 et q_2	Arithmetischer Mittelwert (4.1) der Produkte der q_1-ten Potenz der zentrierten Beobachtungswerte (3.3) des einen Merkmals und der q_2-ten Potenz der zentrierten Beobachtungswerte des anderen Merkmals bei einer zweidimensionalen Häufigkeitsverteilung (2.8): $$\frac{1}{n} \sum_{i=1}^{n} (x_i - \bar{x})^{q_1} (y_i - \bar{y})^{q_2}$$ Anmerkung: Das zentrale Moment der Ordnungen $q_1 = 2$ und $q_2 = 0$ ist die Varianz (5.3) der Randverteilung (2.14) des Merkmals X multipliziert mit dem Faktor $(n - 1)/n$. Das zentrale Moment der Ordnungen $q_1 = 0$ und $q_2 = 2$ ist die Varianz der Randverteilung des Merkmals Y multipliziert mit dem Faktor $(n - 1)/n$. Das zentrale Moment der Ordnungen $q_1 = 1$ und $q_2 = 1$ ist die Kovarianz (8.1) multipliziert mit dem Faktor $(n - 1)/n$.

8 Begriffe zur Korrelation und Regression

8.1	Kovarianz [1]) covariance covariance	Zentrales Moment der Ordnungen $q_1 = 1$ und $q_2 = 1$ (7.6) der beiden Merkmale bei einer zweidimensionalen Häufigkeitsverteilung (2.8) multipliziert mit dem Faktor $n/(n - 1)$: $$s_{xy} = \frac{1}{n-1} \sum_{i=1}^{n} (x_i - \bar{x})(y_i - \bar{y})$$ $\bar{x}$ Mittelwert des Merkmals X $\bar{y}$ Mittelwert des Merkmals Y
8.2	Korrelationskoeffizient [1]) coefficient of correlation coéfficient de corrélation	Kovarianz (8.1) dividiert durch das Produkt der Standardabweichungen (5.4) beider Merkmale: $$r = \frac{s_{xy}}{s_x \, s_y} = \frac{\sum_{i=1}^{n} (x_i - \bar{x})(y_i - \bar{y})}{\sqrt{\sum_{i=1}^{n} (x_i - \bar{x})^2 \sum_{i=1}^{n} (y_i - \bar{y})^2}}$$ $\bar{x}$ Mittelwert des Merkmals X $\bar{y}$ Mittelwert des Merkmals Y s_x Standardabweichung des Merkmals X s_y Standardabweichung des Merkmals Y s_{xy} Kovarianz (8.1) der Merkmale X und Y Anmerkung: Der Korrelationskoeffizient ist ein Maß für den linearen Zusammenhang zwischen den beiden Merkmalen bei einer zweidimensionalen Häufigkeitsverteilung. Sein Wert liegt zwischen -1 und $+1$. Ist er einer dieser Grenzen gleich, dann besteht eine lineare Beziehung $Y = aX + b$ zwischen den beiden Merkmalen.

[1]) Siehe Seite 4   [2]) Siehe Seite 6

Nr	Benennung	Definition
8.3	Regressionskurve [1]) regression curve courbe de régression	Im Falle von zwei Merkmalen X und Y die Kurve, die zu jedem Wert x des Merkmals X einen mittleren Wert $y(x)$ des Merkmals Y angibt. Anmerkung: Die Regression wird als linear bezeichnet, wenn die Regressionskurve durch eine Gerade angenähert werden kann. In diesem Fall ist der „lineare Regressionskoeffizient von Y bezüglich x" der Koeffizient von x (Steigung) in der Gleichung $y = y(x)$ der Regressionsgeraden, welche die empirische Regressionskurve annähert.
8.4	Regressionsfläche [1]) regression surface surface de régression	Im Falle von drei Merkmalen X, Y, Z die Fläche, die zu jedem Wertepaar (x, y) der Merkmale X, Y einen mittleren Wert $z(x, y)$ des Merkmals Z angibt. Anmerkung 1: Die Regression wird als linear bezeichnet, wenn die Regressionsfläche durch eine Ebene angenähert werden kann. In diesem Fall ist der „partielle Regressionskoeffizient von Z bezüglich x" der Koeffizient von x in der Gleichung der Regressionsebene, welche die empirische Regressionsfläche annähert; sinngemäß für y. Anmerkung 2: Die Definition kann auf mehr als drei Merkmale ausgedehnt werden.

[1]) Siehe Seite 4

Zitierte Normen und andere Unterlagen

DIN 13303 Teil 1	Stochastik; Wahrscheinlichkeitstheorie; Gemeinsame Grundbegriffe der mathematischen und der beschreibenden Statistik; Begriffe und Zeichen
DIN 13303 Teil 2	Stochastik; Mathematische Statistik; Begriffe und Zeichen
DIN 55302 Teil 1	Statistische Auswertungsverfahren, Häufigkeitsverteilung, Mittelwert und Streuung, Grundbegriffe und allgemeine Rechenverfahren
DIN 55350 Teil 11	Begriffe der Qualitätssicherung und Statistik; Begriffe der Qualitätssicherung; Grundbegriffe
DIN 55350 Teil 12	Begriffe der Qualitätssicherung und Statistik; Begriffe der Qualitätssicherung; Merkmalsbezogene Begriffe
DIN 55350 Teil 13	Begriffe der Qualitätssicherung und Statistik; Begriffe der Qualitätssicherung; Genauigkeitsbegriffe
DIN 55350 Teil 14	(z. Z. Entwurf) Begriffe der Qualitätssicherung und Statistik; Begriffe der Qualitätssicherung; Begriffe der Probenahme
DIN 55350 Teil 21	Begriffe der Qualitätssicherung und Statistik; Begriffe der Statistik; Zufallsgrößen und Wahrscheinlichkeitsverteilungen
DIN 55350 Teil 22	Begriffe der Qualitätssicherung und Statistik; Begriffe der Statistik; Spezielle Wahrscheinlichkeitsverteilungen
DIN 55350 Teil 24	Begriffe der Qualitätssicherung und Statistik; Begriffe der Statistik; Schließende Statistik
ISO 3534	Statistics – Vocabulary and Symbols

Glossary of Terms, used in the Management of Quality, European Organization for Quality Control – EOQC
(Bezugsnachweis: Deutsche Gesellschaft für Qualität, Kurhessenstraße 95, 6000 Frankfurt 50)

Frühere Ausgabe

DIN 55350 Teil 23: 11.82

Änderungen

Gegenüber der Ausgabe November 1982 wurden folgende Änderungen vorgenommen:

a) Der Abschnitt 2, zweiter Absatz, wurde ergänzt durch: „oder n beobachtete Wertetripel (x_1, y_1, z_1), (x_2, y_2, z_2), ..., (x_n, y_n, z_n) dreier Merkmale X, Y und Z usw. vorliegen".
b) Der Titel von Abschnitt 8 wurde von „Begriffe zur Korrelation und Regression im Fall von zwei Merkmalen" in „Begriffe zur Korrelation und Regression" geändert.
c) Im Abschnitt 8.2 wurde die Formel korrigiert.
d) Im Abschnitt Erläuterungen wurde in der Tabelle „Exzeß" hinzugefügt.

Erläuterungen

Die folgenden Begriffsbenennungen werden sowohl in DIN 55350 Teil 21, Ausgabe Mai 1982, als auch in der vorliegenden Norm benutzt:

Benennung	DIN 55350 Teil 21 Nr	DIN 55350 Teil 23 Nr
Randverteilung	2.2	2.14
bedingte Verteilung	2.3	2.15
Median	3.2	4.3
Modalwert	3.3	4.5
Varianz	4.1	5.3
Standardabweichung	4.2	5.4
Variationskoeffizient	4.3	5.5
Schiefe	5.1	6.1
Kurtosis	5.2	6.2
Exzeß	5.3	6.3
Moment der Ordnung q	6.1	7.1
Moment der Ordnung q bezüglich a	6.2	7.2
Zentrales Moment der Ordnung q	6.3	7.3
Moment der Ordnungen q_1 und q_2	6.4	7.4
Moment der Ordnungen q_1 und q_2 bezüglich a, b	6.5	7.5
Zentrales Moment der Ordnungen q_1 und q_2	6.6	7.6
Korrelation	7.1	(8)
Kovarianz	7.2	8.1
Korrelationskoeffizient	7.3	8.2
Regressionskurve	7.4.1	8.3
Regressionsfläche	7.4.2	8.4

Wie in den entsprechenden Fußnoten ausgeführt, ist, wenn Verwechslungsgefahr besteht, ein Zusatz anzubringen:
— Im Fall der Begriffe zu Zufallsgrößen und Wahrscheinlichkeiten (DIN 55350 Teil 21) ist der jeweiligen Begriffsbenennung der Zusatz „der Wahrscheinlichkeitsverteilung" oder „theoretisch" hinzuzufügen, z. B. „Varianz der Wahrscheinlichkeitsverteilung des Durchmessers" oder „theoretische Varianz des Durchmessers".

— Im Fall der Begriffe der beschreibenden Statistik (DIN 55350 Teil 23) ist der jeweiligen Begriffsbenennung der Zusatz „Stichprobe" oder „empirisch" hinzuzufügen, z. B. „Varianz der Stichprobe des Durchmessers" oder „empirische Varianz des Durchmessers".

Stichwortverzeichnis (Begriffe in deutscher Sprache)

Dieses Verzeichnis enthält auch Benennungen, die in Anmerkungen vorkommen.

A
absolute Häufigkeit   2.1
absolute Häufigkeitssumme   2.2
absolutes Moment   Fußnote 1
arithmetischer Mittelwert   4.1, 7.4

B
bedingte Verteilung   2.15
Besetzungszahl   2.1
Betragsmoment   Fußnote 1
bimodale Verteilung   4.5
bivariate Häufigkeitsverteilung   2.8

D
Durchschnitt   4.1

E
eindimensionale bedingte Häufigkeitsverteilung   2.15
eindimensionale Häufigkeitsverteilung   2.8
eindimensionale Randverteilung   2.14
eingipflige Verteilung   4.5
empirisch ...   Fußnote 1
empirische Regressionsfläche   8.4
empirische Regressionskurve   8.3
empirische Varianz   Fußnote 1
empirische Verteilungsfunktion   2.7
Exzeß   6.3

G
geometrischer Mittelwert   4.4
gewichteter Durchschnitt   4.2
gewichteter Mittelwert   4.2

H
Häufigkeit 2.3
Häufigkeitsdichte 2.5
Häufigkeitsdichtefunktion 2.6
Häufigkeitssumme 2.4
Häufigkeitssummenkurve 2.11
Häufigkeitssummenpolygon 2.11.1
Häufigkeitssummentreppe 2.11.2
Häufigkeitssummenverteilung 2.7
Häufigkeitsverteilung 2.8
häufigster Wert 4.5.1
Histogramm 2.9

K
Kenngröße 3.1
Kennwert 3.1.1
Kennwert der Form einer Häufigkeitsverteilung 6, 3.1.1
Kennwert der Lagen einer Häufigkeitsverteilung 4, 3.1.1
Kennwert der Streuung einer Häufigkeitsverteilung 5, 3.1.1
Klasse 1.2
Klassenbildung 1.1
Klassenbreite 1.5
Klassengrenze 1.3
Klassenmitte 1.4
Klassenweite 1.5
Klassifizierung 1.1
Klassierung 1.6
Kontingenztafel 2.13
Korrelation 8
Korrelationskoeffizient 8.2
Kovarianz 8.1, 7.6
kumulierte absolute Häufigkeit 2.2
kumulierte Häufigkeit 2.4
kumulierte relative Häufigkeit 2.4
Kurtosis 6.2

L
lineare Regression 8.3, 8.4
linearer Regressionskoeffizient 8.3

M
Median 4.3, 3.2
mehrdimensionale Häufigkeitsverteilung 2.8
mehrgipflige Verteilung 4.5
Mittelwert 4.1
mittlere Abweichung 5.2
mittlerer Abweichungsbetrag 5.2
mittlere Häufigkeitsdichte 2.5
Modalwert 4.5
Moment 7
Moment der Ordnung q 7.1
Moment der Ordnung q bezüglich a 7.2
Moment der Ordnungen q_1 und q_2 7.4
Moment der Ordnungen q_1 und q_2 bezüglich a, b 7.5
multimodale Verteilung 4.5
multivariate Häufigkeitsverteilung 2.8

O
Ordnungsstatistik 3.2

P
partieller Regressionskoeffizient 8.4

R
Randverteilung 2.14
Ranggröße 3.2
Rangwert 3.2.1
Rangzahl 3.2.2
Regression 8
Regressionsebene 8.4
Regressionsfläche 8.4
Regressionsgerade 8.4
Regressionskoeffizient 8.3, 8.4
Regressionskurve 8.3
relative Häufigkeit 2.3
relative Häufigkeitssumme 2.4
relative Standardabweichung 5.5

S
Schätzfunktion 3.1
Schätzwert 3.1
Schiefe 6.1
Spannenmitte 4.6
Spannweite 5.1
Stabdiagramm 2.10
Standardabweichung 5.4
standardisierter Beobachtungswert 3.4
Stichprobe Fußnote 1
summierte Besetzungszahl 2.2

T
transformierter Beobachtungswert 3

U
unimodale Verteilung 4.5
univariate Häufigkeitsverteilung 2.8

V
Varianz 5.3, 7.3, 7.6
Variationskoeffizient 5.5

Z
Zentrales Moment der Ordnung q 7.3
Zentrales Moment der Ordnungen q_1 und q_2 7.6
Zentralwert 4.3
Zentrierter Beobachtungswert 3.3
zweidimensionale Häufigkeitsverteilung 2.8
zweigipflige Verteilung 4.5
Zweiwegtafel 2.12

DK 658.562 : 31 : 519.2 : 001.4   November 1982

Begriffe der Qualitätssicherung und Statistik	DIN
Begriffe der Statistik Schließende Statistik	55 350 Teil 24

Concepts of quality assurance and statistics; concepts of statistics; analytical statistics

Für die Richtigkeit der fremdsprachigen Benennungen kann das DIN trotz aufgewendeter Sorgfalt keine Gewähr übernehmen.

1 Zweck und Anwendungsbereich

Diese Norm dient wie alle Teile von DIN 55350 dazu, Benennungen und Definitionen der in der Qualitätssicherung und Statistik verwendeten Begriffe zu vereinheitlichen.

Die Teile von DIN 55350 sollen nach Möglichkeit alle an der Normung interessierten Anwendungsbereiche berücksichtigen. Sie dürfen deshalb ihre Definitionen nicht so eng fassen, daß sie nur für spezielle Bereiche gelten (Technik, Landwirtschaft, Medizin u. a.). Die internationale Terminologie wurde berücksichtigt, insbesondere die von der International Organization for Standardization (ISO) herausgegebene Internationale Norm ISO 3534 „Statistics — Vocabulary and Symbols" und das von der European Organization for Quality Control (EOQC) herausgegebene „Glossary of Terms, used in Quality Control".

Die Normen DIN 55350 Teil 21 bis Teil 24 behandeln die Begriffe der Statistik aus der Sicht des praktischen Anwendung, wobei auf eine strenge mathematische Darstellungsweise im allgemeinen verzichtet wird. In mathematischer Strenge werden die Begriffe und Zeichen der Statistik in DIN 13303 Teil 1 und Teil 2 genormt, und zwar im Teil 1 die Begriffe der Wahrscheinlichkeitstheorie einschließlich der gemeinsamen Grundbegriffe der mathematischen und der beschreibenden Statistik, im Teil 2 die Begriffe und Zeichen der mathematischen Statistik.

2 Begriffe

Die in Klammern angegebenen Nummern sind Hinweise auf die Nummern der in dieser Norm enthaltenen Begriffe.

Zu den benutzten Grundbegriffen siehe auch DIN 55350 Teil 21.

Zum Begriff der stochastischen Unabhängigkeit von Zufallsvariablen siehe DIN 13303 Teil 1.

Im folgenden wird davon ausgegangen, daß als Stichprobenergebnis

a) n Beobachtungswerte $x_1, x_2, \ldots, x_n$ eines Merkmals X als Realisierungen von n unabhängigen identisch verteilten Zufallsvariablen $X_1, X_2, \ldots, X_n$ vorliegen und Aussagen über die Wahrscheinlichkeitsverteilung der X_i gemacht werden sollen oder

b) n beobachtete Wertepaare $(x_1, y_1), (x_2, y_2), \ldots, (x_n, y_n)$ zweier Merkmale X, Y als Realisierungen von n unabhängigen identisch verteilten Zufallsvektoren $(X_1, Y_1), (X_2, Y_2), \ldots, (X_n, Y_n)$ vorliegen und Aussagen über die Wahrscheinlichkeitsverteilung der (X_i, Y_i) gemacht werden sollen; sinngemäß auch für Wertetripel (x_i, y_i, z_i) usw.

Fortsetzung Seite 2 bis 7

Ausschuß Qualitätssicherung und angewandte Statistik (AQS) im DIN Deutsches Institut für Normung e.V.
Normenausschuß Einheiten und Formelgrößen (AEF) im DIN

Nr	Benennung	Definition
1	**Statistische Schätzung**	
1.1	Schätzung estimation estimation	Verfahren, das angewendet wird, um aus Stichprobenergebnissen Schätzwerte oder Schätzbereiche für die Parameter der Wahrscheinlichkeitsverteilung (siehe DIN 55 350 Teil 21) zu bestimmen, die als Modell für die Grundgesamtheit (siehe DIN 55 350 Teil 14, z. Z. Entwurf) gewählt wurde, aus der die Stichprobe stammt. Anmerkung 1: Im weiteren Sinne spricht man auch von der Schätzung von Wahrscheinlichkeiten und Verteilungsfunktionen. Anmerkung 2: Bei der Punktschätzung ist das Schätzergebnis ein Schätzwert (1.2.1), bei der Bereichsschätzung ein Schätzbereich (2.2, 2.3).
1.2	Schätzfunktion estimator estimateur	Kenngröße (siehe DIN 55 350 Teil 23) zur Schätzung (1.1) eines Parameters einer Wahrscheinlichkeitsverteilung.
1.2.1	Schätzwert estimate valeur estimée	Wert der Schätzfunktion.
1.3	Gesamtschätzabweichung total estimation error erreur totale d'éstimation	Schätzwert minus wahrer Wert des geschätzten Parameters. Anmerkung: Die Gesamtschätzabweichung setzt sich zusammen aus der systematischen Abweichung der Schätzfunktion (1.4) und den zufälligen Abweichungen. Einfluß auf die Gesamtschätzabweichung haben — die Stichprobenabweichung (1.3.1), — die Abweichung durch Runden (siehe DIN 1333 Teil 2), — die Abweichung durch Klassierung (siehe DIN 55 350 Teil 23) der Beobachtungswerte und — andere Abweichungen.
1.3.1	Stichprobenabweichung sampling error erreur d'échantillonage	Anteil der Gesamtschätzabweichung, der auf die Zufälligkeit der Stichprobe zurückzuführen ist.
1.4	Systematische Abweichung der Schätzfunktion bias of estimator biais d'un estimateur	Erwartungswert (siehe DIN 55 350 Teil 21) der Schätzfunktion (1.2) minus wahrer Wert des geschätzten Parameters.
1.4.1	Erwartungstreue Schätzfunktion unbiased estimator estimateur sans biais	Schätzfunktion, deren Erwartungswert (siehe DIN 55 350 Teil 21) gleich dem wahren Wert des geschätzten Parameters ist. Anmerkung: Der arithmetische Mittelwert ist eine erwartungstreue Schätzfunktion für den Erwartungswert der Wahrscheinlichkeitsverteilung, die Stichprobenvarianz (siehe DIN 55 350 Teil 23) eine erwartungstreue Schätzfunktion für deren Varianz. Hingegen ist die Stichprobenstandardabweichung keine erwartungstreue Schätzfunktion für die Standardabweichung der Wahrscheinlichkeitsverteilung.
2	**Schätzbereiche**	
2.1	Vertrauensniveau confidence level niveau de confiance	Mindestwert $1-\alpha$ der Wahrscheinlichkeit, der für die Berechnung eines Vertrauensbereichs (2.2) oder eines statistischen Anteilsbereichs (2.3) vorgegeben ist. Anmerkung: Auch „Konfidenzniveau".
2.2	Vertrauensbereich confidence interval intervalle de confiance	Aus Stichprobenergebnissen berechneter Schätzbereich, der den wahren Wert ϑ des zu schätzenden Parameters auf dem vorgegebenen Vertrauensniveau $1-\alpha$ einschließt. Anmerkung 1: Die Grenzen V_1 und V_2 des Vertrauensbereichs sind Funktionen der Beobachtungswerte der Stichprobe, für die $P(V_1 \leq \vartheta \leq V_2) \geq 1-\alpha$ gilt. Sie sind also Zufallsgrößen und weisen daher im allgemeinen für jede Stichprobe andere Werte auf. Die aus einer längeren Folge von Stichproben errechneten Vertrauensbereiche schließen den wahren Wert ϑ mit einer relativen Häufigkeit ein, die annähernd gleich oder größer als $1-\alpha$ ist. Anmerkung 2: Anzugeben ist, welche Wahrscheinlichkeitsverteilung als Modell vorausgesetzt wurde.

Nr	Benennung	Definition
2.2	(Fortsetzung)	Anmerkung 3: Sind beide Grenzen nach Anmerkung 1 als Zufallsgrößen definiert, dann spricht man von einem „zweiseitig abgegrenzten Vertrauensbereich". Ist eine der Grenzen keine Zufallsgröße, sondern stellt sie den kleinst- oder größtmöglichen endlichen oder unendlichen Wert von ϑ dar, dann spricht man von einem „einseitig abgegrenzten Vertrauensbereich". Anmerkung 4: Auch „Konfidenzbereich" oder „Konfidenzintervall".
2.2.1	Vertrauensgrenze confidence limit limite de confiance	Obere oder untere Grenze des Vertrauensbereichs. Anmerkung: Auch „Konfidenzgrenze".
2.3	Statistischer Anteilsbereich statistical tolerance interval intervalle statistique de dispersion	Aus Stichprobenergebnissen berechneter Schätzbereich, der mindestens einen festgelegten Anteil $1-\gamma$ der Wahrscheinlichkeitsverteilung auf dem vorgegebenen Vertrauensniveau $1-\alpha$ einschließt. Anmerkung 1: Die Grenzen A_1 und A_2 des statistischen Anteilsbereichs sind Funktionen der Beobachtungswerte der Stichprobe. Sie sind also Zufallsgrößen und weisen daher im allgemeinen für jede Stichprobe andere Werte auf. Die aus einer längeren Folge von Stichproben errechneten statistischen Anteilsbereiche schließen mit einer relativen Häufigkeit, die annähernd gleich oder größer als $1-\alpha$ ist, Anteile der Grundgesamtheit ein, die den festgelegten Anteil mindestens erreichen, d. h. die relative Häufigkeit von statistischen Anteilsbereichen, für die $P(A_1 \leq X \leq A_2) \geq 1-\gamma$ gilt, ist annähernd gleich oder größer als $1-\alpha$. Anmerkung 2: Anzugeben ist, welche Wahrscheinlichkeitsverteilung als Modell vorausgesetzt wurde. Anmerkung 3: Sind beide Grenzen nach Anmerkung 1 als Zufallsgrößen definiert, dann spricht man von einem „zweiseitig abgegrenzten statistischen Anteilsbereich". Ist eine der beiden Grenzen keine Zufallsgröße, sondern stellt sie den kleinst- oder größtmöglichen endlichen oder unendlichen Wert der betrachteten Zufallsgröße dar, dann spricht man von einem „einseitig abgegrenzten statistischen Anteilsbereich".
2.3.1	Anteilsgrenze statistical tolerance limit limite statistique de dispersion	Obere oder untere Grenze des statistischen Anteilsbereichs.

3 Testverfahren

Nr	Benennung	Definition
3.1	Nullhypothese null hypothesis hypothèse nulle	Aussage, durch die aus einer Menge von zugelassenen Wahrscheinlichkeitsverteilungen eine Teilmenge ausgewählt wird. Anmerkung 1: Bezeichnung H_0. Anmerkung 2: Die Teilmenge wird möglichst so ausgewählt, daß die Aussage nicht mit der zu prüfenden Vermutung vereinbar ist. Einzelheiten dazu in Anmerkung 1 zu 3.5, Beispiele in Anmerkung 3 zu 3.2. Anmerkung 3: Auch kurz „Hypothese" (siehe Anmerkung 4 zu 3.2).
3.2	Alternativhypothese alternative hypothesis hypothèse alternative	Aussage, durch die aus einer Menge von zugelassenen Wahrscheinlichkeitsverteilungen alle diejenigen ausgewählt werden, die nicht zur Nullhypothese gehören. Anmerkung 1: Bezeichnung H_1. Anmerkung 2: Die Alternativhypothese ist demnach eine Aussage, die der Nullhypothese entgegensteht. Einzelheiten dazu in Anmerkung 1 zu 3.5. Anmerkung 3: Beispiele Beispiel 1: Zugelassen sind alle stetigen Wahrscheinlichkeitsverteilungen, bei denen die Zufallsgröße Werte zwischen $-\infty$ und ∞ annehmen kann. Vermutung: Die wahre Wahrscheinlichkeitsverteilung ist keine Normalverteilung. Nullhypothese: Diese Wahrscheinlichkeitsverteilung ist eine Normalverteilung. Alternativhypothese: Diese Wahrscheinlichkeitsverteilung ist keine Normalverteilung. Beispiel 2: Zugelassen sind alle Normalverteilungen. Vermutung: Der Erwartungswert μ der wahren Normalverteilung ist größer als ein vorgegebener Wert μ_0. Nullhypothese H_0: $\mu \leq \mu_0$ Alternativhypothese H_1: $\mu > \mu_0$ Beispiel 3: Zugelassen sind alle Normalverteilungen mit übereinstimmender bekannter Standardabweichung σ. Vermutung: Die wahre

Nr	Benennung	Definition
3.2	(Fortsetzung)	Normalverteilung hat einen mit einem vorgegebenen Wert μ_0 nicht übereinstimmenden Erwartungswert μ. Nullhypothese H_0: $\mu = \mu_0$ Alternativhypothese H_1: $\mu \neq \mu_0$ Beispiel 4: Zugelassen sind alle zwischen Null und Eins liegenden Anteile p_1 und p_2 fehlerhafter Einheiten in zwei Losen 1 und 2. Vermutung: Die Anteile sind unterschiedlich. Nullhypothese H_0: $p_1 = p_2$ Alternativhypothese H_1: $p_1 \neq p_2$ Anmerkung 4: Auch kurz „Alternative" (siehe Anmerkung 3 zu 3.1). Früher „Gegenhypothese".
3.3	Einfache Hypothese simple hypothesis hypothèse simple	Null- oder Alternativhypothese, wobei die ausgewählte Teilmenge nur aus einer einzigen Wahrscheinlichkeitsverteilung besteht. Anmerkung: Siehe Anmerkung zu 3.4.
3.4	Zusammengesetzte Hypothese composite hypothesis hypothèse composite	Null- oder Alternativhypothese, wobei die Teilmenge aus mehr als einer Wahrscheinlichkeitsverteilung besteht. Anmerkung: In den Beispielen 3 und 4 von Anmerkung 3 zu 3.2 ist die Nullhypothese eine einfache, die Alternativhypothese eine zusammengesetzte Hypothese. In den Beispielen 1 und 2 von Anmerkung 3 zu 3.2 sind sowohl Null- als auch Alternativhypothese zusammengesetzte Hypothesen.
3.5	Statistischer Test statistical test, significance test test statistique, test de signification	Unter definierten Voraussetzungen geltendes Verfahren, um mit Hilfe von Stichprobenergebnissen zu entscheiden, ob die wahre Wahrscheinlichkeitsverteilung zur Nullhypothese oder zur Alternativhypothese gehört. Anmerkung 1: Vor Durchführung eines statistischen Tests wird zunächst unter Berücksichtigung aller Informationen die Menge der zugelassenen Wahrscheinlichkeitsverteilungen festgelegt. Dann werden die Wahrscheinlichkeitsverteilungen, die aufgrund der zu prüfenden Vermutung wahr sein können, als Alternativhypothese ausgewählt. Schließlich wird als Alternative dazu die Nullhypothese formuliert. In vielen Fällen läßt sich die Menge der zugelassenen Wahrscheinlichkeitsverteilungen und demzufolge auch Nullhypothese und Alternativhypothese durch die Angabe der zugehörigen Werte von Parametern festlegen. Liegt beispielsweise eine stetige Zufallsgröße vor, die Werte zwischen $-\infty$ und ∞ annehmen kann, und hat man die Vermutung, daß die wahre Wahrscheinlichkeitsverteilung keine Normalverteilung ist, dann wird man die Hypothesen gemäß Beispiel 1 von Anmerkung 3 zu 3.2 formulieren. Folgt die Zufallsgröße einer Normalverteilung mit bekanntem σ und vermutet man, daß deren Erwartungswert μ von einem vorgegebenen Wert μ_0 abweicht, dann wird man die Hypothesen gemäß Beispiel 3 von Anmerkung 3 zu 3.2 formulieren. Anmerkung 2: Da die Entscheidung mit Hilfe von Stichprobenergebnissen getroffen wird, kann sie fehlerhaft sein; vergleiche 3.11 und 3.12. Anmerkung 3: Wenn die Voraussetzungen für die Anwendung des statistischen Tests nicht erfüllt sind, ergibt sich ein Fehler im Ansatz. Anmerkung 4: Auch „Signifikanztest".
3.6	Prüfgröße test statistic statistique à tester	Kenngrößen (siehe DIN 55350 Teil 23), mit deren Werten entschieden wird, ob die wahre Wahrscheinlichkeitsverteilung zur Nullhypothese gehört oder nicht. Anmerkung: In DIN 13303 Teil 2 „Prüffunktion" genannt. Auch „Testgröße".
3.6.1	Prüfwert test value valeur du statistique à tester	Wert der Prüfgröße. Anmerkung: Auch „Testwert".
3.7	Verteilungsfreier Test distribution free test test non paramétrique	Statistischer Test, bei dem die Verteilungsfunktion der Prüfgröße nicht von den Verteilungsfunktionen aus der Menge der Wahrscheinlichkeitsverteilungen unter der Nullhypothese abhängt. Anmerkung: Auch „Nichtparametrischer Test".
3.8	Verteilungsgebundener Test parametric test test paramétrique	Statistischer Test, bei dem die Verteilungsfunktion der Prüfgröße von einer der Verteilungsfunktionen aus der Menge der Wahrscheinlichkeitsverteilungen unter der Nullhypothese abhängt. Anmerkung: Auch „Parametrischer Test".

Nr	Benennung	Definition
3.9	Kritischer Bereich critical region région critique	Teilmenge von Prüfwerten (der Menge der möglichen Prüfwerte), die zum Verwerfen der Nullhypothese führen.
3.9.1	Kritischer Wert critical value valeur critique	Grenze des kritischen Bereichs. Anmerkung 1: Besteht der kritische Bereich aus der Menge der Prüfwerte, die entweder nur größer sind als der kritische Wert oder nur kleiner sind als der kritische Wert, dann heißt der Test „Einseitiger Test". Besteht der kritische Bereich aus der Menge der Prüfwerte, die kleiner als ein kritischer Wert K_1 oder größer als ein kritischer Wert K_2 sind, dann heißt der Test „Zweiseitiger Test". Ob ein Test einseitig oder zweiseitig ist, hängt von der Alternativhypothese ab. In Beispiel 2 von Anmerkung 3 zu 3.2 ist der Test einseitig, in den Beispielen 3 und 4 von Anmerkung 3 zu 3.2 ist der Test zweiseitig. Im Fall, daß die Prüfgröße positive und negative Werte annehmen kann, ist auf das Vorzeichen des Prüfwertes und des kritischen Wertes zu achten. Anmerkung 2: Früher auch „Schwellenwert".
3.10	Signifikantes Testergebnis significant test result résultat significatif du test	Ergebnis eines statistischen Tests, bei dem der Prüfwert in den kritischen Bereich fällt. Anmerkung: Ist dies der Fall, wird die Nullhypothese verworfen.
3.11	Fehler 1. Art error of the first kind erreur de première espèce	Verwerfen der Nullhypothese, obwohl die wahre Wahrscheinlichkeitsverteilung zur Nullhypothese gehört.
3.11.1	Wahrscheinlichkeit des Fehlers 1. Art type I risk risque de première espèce	Wahrscheinlichkeit, die Nullhypothese zu verwerfen, falls die wahre Wahrscheinlichkeitsverteilung zur Nullhypothese gehört.
3.11.2	Signifikanzniveau significance level niveau de signification	Höchstwert für die Wahrscheinlichkeit des Fehlers 1. Art, der für die Durchführung eines statistischen Tests vorgegeben ist. Anmerkung 1: Bezeichnung α. Anmerkung 2: Bei Annahme-Stichprobenprüfungen wird das Signifikanzniveau „Lieferantenrisiko" genannt.
3.12	Fehler 2. Art error of the second kind erreur de seconde espèce	Nichtverwerfen der Nullhypothese, obwohl die wahre Wahrscheinlichkeitsverteilung zur Alternativhypothese gehört.
3.12.1	Wahrscheinlichkeit des Fehlers 2. Art type II risk risque de seconde espèce	Wahrscheinlichkeit, die Nullhypothese nicht zu verwerfen, falls die wahre Wahrscheinlichkeitsverteilung zur Alternativhypothese gehört. Anmerkung 1: Bezeichnung β. Anmerkung 2: Bei Annahme-Stichprobenprüfungen wird die Wahrscheinlichkeit des Fehlers 2. Art „Abnehmerrisiko" genannt.
3.12.2	Schärfe power puissance	Eins minus Wahrscheinlichkeit des Fehlers 2. Art. Anmerkung 1: Bezeichnung $1-\beta$. Anmerkung 2: Auch „Testschärfe". Anmerkung 3: Früher auch „Macht eines Tests".
3.13	Gütefunktion power function fonction de puissance	Die Wahrscheinlichkeit für das Verwerfen der Nullhypothese als Funktion eines Parameters, sofern sich die zugelassenen Wahrscheinlichkeitsverteilungen durch den Parameter erfassen lassen. Anmerkung 1: In Beispiel 3 von Anmerkung 3 zu 3.2 lassen sich die zugelassenen Wahrscheinlichkeitsverteilungen durch den Parameter μ erfassen. Die Gütefunktion des Tests ist in diesem Fall also die Wahrscheinlichkeit des Verwerfens der Nullhypothese ($H_0: \mu = \mu_0$) als Funktion von μ. Anmerkung 2: Auch „Machtfunktion".
3.13.1	Operationscharakteristik operating characteristic courbe d'efficacité	Eins minus Gütefunktion.

Zitierte Normen und andere Unterlagen

DIN 1333 Teil 2	Zahlenangaben; Runden
DIN 13303 Teil 1	Stochastik; Wahrscheinlichkeitstheorie, Gemeinsame Grundbegriffe der mathematischen und beschreibenden Statistik; Begriffe und Zeichen
DIN 13303 Teil 2	Stochastik; Mathematische Statistik, Begriffe und Zeichen
DIN 55350 Teil 11	Begriffe der Qualitätssicherung und Statistik; Begriffe der Qualitätssicherung; Grundbegriffe
DIN 55350 Teil 12	Begriffe der Qualitätssicherung und Statistik; Begriffe der Qualitätssicherung; Merkmalsbezogene Begriffe
DIN 55350 Teil 13	Begriffe der Qualitätssicherung und Statistik; Begriffe der Qualitätssicherung; Genauigkeitsbegriffe
DIN 55350 Teil 14	(z. Z. Entwurf) Begriffe der Qualitätssicherung und Statistik; Begriffe der Qualitätssicherung; Begriffe der Probenahme
DIN 55350 Teil 21	Begriffe der Qualitätssicherung und Statistik; Begriffe der Statistik; Zufallsgrößen und Wahrscheinlichkeitsverteilungen
DIN 55350 Teil 22	Begriffe der Qualitätssicherung und Statistik; Begriffe der Statistik; Spezielle Wahrscheinlichkeitsverteilungen
DIN 55350 Teil 23	Begriffe der Qualitätssicherung und Statistik; Begriffe der Statistik; Beschreibende Statistik
ISO 3534	Statistics – Vocabulary and Symbols

Glossary of Terms, used in the Management of Quality, European Organization for Quality Control – EOQC
(Bezugsnachweis: Deutsche Gesellschaft für Qualität, Kurhessenstraße 95, 6000 Frankfurt 50)

Stichwortverzeichnis (Begriffe in deutscher Sprache)

Dieses Verzeichnis enthält auch Benennungen, die in Anmerkungen vorkommen, und zwar auch dann, wenn sie dort als nicht empfehlenswert bezeichnet werden.

A
Abnehmerrisiko 3.12.1
Abweichung durch Klassierung 1.3
Abweichung durch Runden 1.3
Abweichungen 1.3
Alternative 3.2
Alternativhypothese 3.2
Anteilsgrenze 2.3.1

B
Bereichsschätzung 1.1

E
Einfache Hypothese 3.3
Einseitig abgegrenzter statistischer Anteilsbereich 2.3
Einseitig abgegrenzter Vertrauensbereich 2.2
Einseitiger Test 3.9.1
Erwartungstreue Schätzfunktion 1.4.1

F
Fehler 1. Art 3.11
Fehler 2. Art 3.12
Fehler im Ansatz 3.5

G
Gegenhypothese 3.2
Gesamtschätzabweichung 1.3
Gütefunktion 3.13

H
Hypothese 3.1

K
Konfidenzbereich 2.2
Konfidenzgrenze 2.2.1
Konfidenzintervall 2.2
Konfidenzniveau 2.1
Kritischer Bereich 3.9
Kritischer Wert 3.9.1

L
Lieferantenrisiko 3.11.2

M
Machtfunktion 3.13

N
Nichtparametrischer Test 3.7
Nullhypothese 3.1

O
Operationscharakteristik 3.13.1

P
Parametrischer Test 3.8
Prüffunktion 3.6
Prüfgröße 3.6
Prüfwert 3.6.1
Punktschätzung 1.1

S
Schärfe 3.12.2
Schätzbereiche 2
Schätzfunktion 1.2
Schätzung 1.1
Schätzung von Wahrscheinlichkeiten und Verteilungsfunktionen 1.1
Schätzwert 1.2.1
Schwellenwert 3.9.1
Signifikantes Testergebnis 3.10
Signifikanzniveau 3.11.2
Signifikanztest 3.5
Statistischer Anteilsbereich 2.3
Statistischer Test 3.5
Statistische Schätzung 1
Stichprobenabweichung 1.3.1
Systematische Abweichung der Schätzfunktion 1.3, 1.4

T
Testgröße 3.6
Testschärfe 3.12.2
Testverfahren 3
Testwert 3.6.1

V
Verteilungsfreier Test 3.7
Verteilungsgebundener Test 3.8
Vertrauensbereich 2.2
Vertrauensgrenze 2.2.1
Vertrauensniveau 2.1

W
Wahrscheinlichkeit des Fehlers 1. Art 3.11.1
Wahrscheinlichkeit des Fehlers 2. Art 3.12.1

Z
Zusammengesetzte Hypothese 3.4
Zweiseitig abgegrenzter statistischer Anteilsbereich 2.3
Zweiseitig abgegrenzter Vertrauensbereich 2.2
Zweiseitiger Test 3.9.1

DK 658.562 : 519.2 : 001.4 Dezember 1985

Begriffe der Qualitätssicherung und Statistik
Begriffe der Annahmestichprobenprüfung

DIN 55 350
Teil 31

Concepts of quality management and statistics; concepts of acceptance sampling inspection

Die in dieser Norm enthaltenen fremdsprachlichen Benennungen (in der Reihenfolge englisch, französisch) sind nicht Bestandteil dieser Norm. Sie sollen das Übersetzen erleichtern.

1 Anwendungsbereich und Zweck

Diese Norm dient wie alle Teile von DIN 55 350 dazu, Benennungen und Definitionen der in der Qualitätssicherung und Statistik verwendeten Begriffe zu vereinheitlichen.

Die Teile von DIN 55 350 sollen nach Möglichkeit alle an der Normung interessierten Anwendungsbereiche berücksichtigen. Sie dürfen deshalb ihre Definitionen nicht so eng fassen, daß sie nur für spezielle Bereiche gelten (Technik, Landwirtschaft, Medizin u. a.). Die internationale Terminologie wurde berücksichtigt, insbesondere die von der International Organization for Standardization (ISO) herausgegebene Internationale Norm ISO 3534 – 1977 „Statistics – Vocabulary and Symbols" und das von der European Organization for Quality Control (EOQC) herausgegebene „Glossary of Terms used in the Management of Quality".

3 Begriffe

Die in Klammern angegebenen Nummern sind Hinweise auf die Nummern der in dieser Norm enthaltenen Begriffe.

Nr	Benennung	Definition
1	**Los** lot lot	Menge eines Produkts, die unter Bedingungen entstanden ist, die als einheitlich angesehen werden. Anmerkung 1: Bei dem Produkt kann es sich beispielsweise um Rohmaterial, um Halbzeug oder um ein Endprodukt handeln. Anmerkung 2: Unter welchen Umständen die Bedingungen als einheitlich angesehen werden können, läßt sich nicht allgemein angeben. Beispielsweise kann ein Wechsel des eingesetzten Materials oder des Werkzeugs oder eine Unterbrechung des Herstellvorgangs zu anderen Bedingungen führen. Anmerkung 3: Das Los umfaßt nicht notwendigerweise die gesamte Menge des Produkts, die unter einheitlichen Bedingungen entstanden ist; diese gesamte Menge wird in manchen Branchen auch „Charge" oder „Partie" genannt.
1.1	**Losumfang** lot size taille de lot	Anzahl der Einheiten (siehe DIN 55 350 Teil 11) im Los.
1.2	**Prüflos** inspection lot lot pour inspection	Los, das als zu beurteilende Gesamtheit einer Qualitätsprüfung (siehe DIN 55 350 Teil 11) unterzogen wird. Anmerkung: Prüflos und Lieferung (E: „consignment"; F: „livraison") können übereinstimmen, können sich aber im Umfang auch unterscheiden, beispielsweise – kann eine Lieferung aus einem oder mehreren Losen oder Teilen davon bestehen, – kann eine Lieferung in mehrere Prüflose unterteilt werden oder – können auch mehrere Lieferungen zu einem Prüflos zusammengefaßt werden, sofern sie unter Bedingungen entstanden sind, die als einheitlich angesehen werden.

Fortsetzung Seite 2 bis 7

Ausschuß Qualitätssicherung und angewandte Statistik (AQS) im DIN Deutsches Institut für Normung e.V.

Nr	Benennung	Definition
2	**Fehler** nonconformance non-conformité	Nichterfüllung vorgegebener Forderungen durch einen Merkmalswert (aus: DIN 55 350 Teil 11/09.80). Anmerkung 1: Eine vorgegebene Forderung für ein quantitatives Merkmal ist z. B. ein Toleranzbereich, der durch Grenzwerte (G_{un}, G_{ob}) definiert ist (siehe DIN 55 350 Teil 12). Liegt der Merkmalswert x außerhalb des Toleranzbereiches, handelt es sich um einen Fehler. Dabei kann der Betrag des Grenzwertabstandes $\|G_{ob} - x\|$ oder $\|x - G_{un}\|$ bedeutsam für die Entscheidung sein, was mit der fehlerhaften Einheit geschehen soll. Die Verwendbarkeit ist durch einen Fehler nicht notwendigerweise beeinträchtigt. Anmerkung 2: Weitere Anmerkungen siehe DIN 55 350 Teil 11.
2.1	**Fehlerklassifizierung** classification of nonconformance classification des non-conformité	Einstufung möglicher Fehler (2) einer Einheit (siehe DIN 55 350 Teil 11) in Fehlerklassen nach einer Bewertung, die an den Fehlerfolgen ausgerichtet ist. Anmerkung: International üblich ist eine Klassifizierung in drei Fehlerklassen nach 2.1.1 bis 2.1.3 (siehe auch DIN 40 080).
2.1.1	**Kritischer Fehler** critical nonconformance non-conformité critique	Fehler (2), von dem anzunehmen oder bekannt ist, daß er voraussichtlich für Personen, die die betreffende Einheit benutzen, instandhalten oder auf sie angewiesen sind, gefährliche oder unsichere Situationen schafft; oder ein Fehler, von dem anzunehmen oder bekannt ist, daß er voraussichtlich die Erfüllung der Funktion einer größeren Anlage, wie z. B. eines Schiffes, eines Flugzeuges, einer Rechenanlage, einer medizinischen Einrichtung oder eines Nachrichtensatelliten, verhindert.
2.1.2	**Hauptfehler** major nonconformance non-conformité principal	Nicht kritischer Fehler (2.1.1), der voraussichtlich zu einem Ausfall (siehe DIN 40 041 Teil 3, z. Z. Entwurf) führt oder die Brauchbarkeit für den vorgesehenen Verwendungszweck wesentlich herabsetzt.
2.1.3	**Nebenfehler** minor nonconformance non-conformité mineur	Fehler (2), der voraussichtlich die Brauchbarkeit für den vorgesehenen Verwendungszweck nicht wesentlich herabsetzt, oder ein Abweichen von den geltenden Festlegungen, das den Gebrauch oder Betrieb der Einheit nur geringfügig beeinflußt.
2.2	**Fehlerhafte Einheit** nonconforming item individu non-conformé	Einheit (siehe DIN 55 350 Teil 11) mit einem oder mit mehreren Fehlern (2). Anmerkung 1: Diese Einheit ist demnach dann fehlerhaft, wenn für diese Einheit vorgegebene Forderungen nicht erfüllt sind. Dabei ist zu beachten, daß ein Fehler in bezug auf die Forderungen für eine Komponente nicht notwendigerweise ein Fehler der übergeordneten Einheit ist. Anmerkung 2: Die Anzahl der festgestellten Fehler kann größer als die Anzahl der untersuchten Einheiten sein. Anmerkung 3: Fehlerhafte Einheiten werden wie folgt klassifiziert: Eine „Einheit mit kritischem Fehler" (E: critical defective; F: défectueux critique) weist einen oder mehrere kritische Fehler auf; sie kann daneben noch Haupt- oder Nebenfehler haben. Eine „Einheit mit Hauptfehlern" (E: major defective; F: défectueux majeur) weist einen oder mehrere Hauptfehler auf; sie kann daneben noch Nebenfehler haben, hat aber keine kritischen Fehler. Eine „Einheit mit Nebenfehlern" (E: minor defective; F: défectueux mineur) weist einen oder mehrere Nebenfehler auf, hat aber weder kritische noch Hauptfehler.
2.2.1	**Anteil fehlerhafter Einheiten** fraction nonconforming proportion de non-conformé	Anzahl fehlerhafter Einheiten dividiert durch die Anzahl aller Einheiten. Anmerkung 1: Durch Multiplikation mit dem Faktor 100 ergibt sich der Anteil fehlerhafter Einheiten in Prozent. Anmerkung 2: Danach ist – der Anteil fehlerhafter Einheiten im Los (1) gleich der Anzahl fehlerhafter Einheiten im Los dividiert durch den Losumfang (1.1), – der Anteil fehlerhafter Einheiten in der Stichprobe (siehe DIN 55 350 Teil 14) gleich der Anzahl fehlerhafter Einheiten in der Stichprobe dividiert durch den Stichprobenumfang (siehe DIN 55 350 Teil 14).

DIN 55 350 Teil 31 Seite 3

Nr	Benennung	Definition
3	**Stichprobensystem** sampling system procedure d'échantillonnage	Zusammenstellung von Stichprobenplänen (3.1) mit Regeln für ihre Anwendung. Anmerkung: Beispielsweise wird durch solche Regeln festgelegt, wann und unter welchen Umständen von normaler Prüfung auf verschärfte Prüfung übergegangen werden muß und umgekehrt.
3.1	**Stichprobenplan** sampling scheme	Zusammenstellung von Stichprobenanweisungen nach übergeordneten Gesichtspunkten, die sich aus dem Stichprobensystem ergeben. Anmerkung 1: Als übergeordneter Gesichtspunkt dient vorwiegend die annehmbare Qualitätsgrenzlage (8.1), aber auch die rückzuweisende Qualitätsgrenzlage (8.2) oder der maximale Durchschlupf (11.1). Die englische Benennung für diese speziellen Fälle heißt „set of sampling plans".
3.1.1	**Stichprobenanweisung** sampling plan plan d'échantillonnage	Anweisung über den Umfang der zu entnehmenden Stichprobe(n) (siehe DIN 55 350 Teil 14) und über die Kriterien für die Feststellung der Annehmbarkeit des Prüfloses (1.2). Anmerkung 1: Als Kriterien dienen beispielsweise Annahme- und Rückweisezahl(en) (4.1 und 5.1). Anmerkung 2: Die Stichprobenanweisung enthält nicht die Anweisung zur Stichprobenentnahme (Begriffe hierzu siehe DIN 55 350 Teil 14).
4	**Annahme** acceptance acceptation	Feststellung, daß die Kriterien für die Annehmbarkeit des Prüfloses (1.2) erfüllt sind. Anmerkung 1: Nach ISO 3534 – 1977 wird die Annahme wie folgt definiert: Einverständnis, ein Los wie angeboten entgegenzunehmen. Anmerkung 2: Vom Begriff „Annahme" in der Qualitätsprüfung ist der juristische Begriff „Abnahme" im Sinne BGB § 640 und § 433, Absatz (2), zu unterscheiden.
4.1	**Annahmezahl** acceptance number critère d'acceptation	In Stichprobenanweisungen (3.1.1) zur Attributprüfung festgelegte höchste Anzahl fehlerhafter Einheiten oder festgelegte höchste Anzahl von Fehlern in den Stichproben, bei denen das Prüflos angenommen wird. Anmerkung: Früher auch „Gutzahl".
4.2	**Annahmewahrscheinlichkeit** probability of acceptance probabilité d'acceptation	Wahrscheinlichkeit, mit der ein Prüflos aufgrund einer Stichprobenanweisung angenommen wird. Anmerkung 1: Kurzbezeichnung P_a. Anmerkung 2: Die Annahmewahrscheinlichkeit hängt von der Qualitätslage (8) des Prüfloses ab.
5	**Rückweisung** rejection rejet	Feststellung, daß Kriterien für die Annehmbarkeit des Prüfloses nicht erfüllt sind. Anmerkung 1: Nach ISO 3534 – 1977 wird die Rückweisung wie folgt definiert: Weigerung, ein Los wie angeboten entgegenzunehmen. Anmerkung 2: Die Entscheidung über die Behandlung rückgewiesener Lose (z. B. Aussortieren, Nacharbeiten, Zurückschicken) kann sich nach besonderen Vereinbarungen richten.
5.1	**Rückweisezahl** rejection number critère de rejet	In Stichprobenanweisungen zur Attributprüfung festgelegte niedrigste Anzahl fehlerhafter Einheiten oder festgelegte niedrigste Anzahl von Fehlern in den Stichproben, bei denen das Prüflos rückgewiesen wird. Anmerkung: Früher auch „Schlechtzahl".
5.2	**Rückweisewahrscheinlichkeit** probability of rejection probabilité de rejet	Wahrscheinlichkeit, mit der ein Prüflos aufgrund einer Stichprobenanweisung rückgewiesen wird. Anmerkung: Die Rückweisewahrscheinlichkeit hängt von der Qualitätslage (8) des Prüfloses ab.

Nr	Benennung	Definition
6	**Annahmestichprobenprüfung** acceptance sampling inspection contrôle de reception par échantillonnage	Qualitätsprüfung (siehe DIN 55 350 Teil 11) anhand einer oder mehrerer Stichproben (siehe DIN 55 350 Teil 14) zur Beurteilung eines Prüfloses (1.2) nach einer Stichprobenanweisung (3.1.1). Anmerkung: Im Gegensatz dazu werden bei einer 100-%-Prüfung alle Einheiten eines Prüfloses geprüft. Diese ist von einer „vollständigen Qualitätsprüfung" zu unterscheiden, bei der eine Qualitätsprüfung hinsichtlich aller festgelegten Qualitätsmerkmale der Einheit erfolgt (siehe DIN 55 350 Teil 17, z. Z. Entwurf).
6.1	**Attributprüfung** inspection by attributes contrôle par attributes	Annahmestichprobenprüfung, bei der anhand der Anzahl der fehlerhaften Einheiten (2.2) oder der Fehler (2) in den einzelnen Stichproben die Annehmbarkeit des Prüfloses (1.2) festgestellt wird.
6.2	**Variablenprüfung** inspection by variables contrôle par mesures	Annahmestichprobenprüfung, bei der anhand der in den Stichproben ermittelten Istwerte (siehe DIN 55 350 Teil 12) eines quantitativen Merkmals (siehe DIN 55 350 Teil 12) die Annehmbarkeit des Prüfloses (1.2) festgestellt wird.
6.3	**Einfach-Stichprobenprüfung** single sampling inspection contrôle sur échantillonnage simple	Annahmestichprobenprüfung anhand einer einzigen Stichprobe.
6.4	**Doppel-Stichprobenprüfung** double sampling inspection contrôle sur échantillonnage double	Annahmestichprobenprüfung anhand von maximal zwei Stichproben. Anmerkung: Je nach dem Ergebnis kann das Prüflos schon aufgrund der ersten Stichprobe oder erst aufgrund der zweiten Stichprobe beurteilt werden.
6.5	**Mehrfach-Stichprobenprüfung** multiple sampling inspection contrôle sur échantillonnage multiple	Annahmestichprobenprüfung anhand von maximal m Stichproben ($m \geq 3$). Anmerkung: Je nach dem Ergebnis kann das Prüflos schon aufgrund der ersten Stichprobe oder erst aufgrund einer weiteren, spätestens aufgrund der m-ten Stichprobe beurteilt werden. Ob im Verlauf dieser Prüfung jeweils eine weitere Stichprobe heranzuziehen ist, hängt vom Ergebnis aller vorhergehenden Stichproben ab.
6.6	**Sequentielle Stichprobenprüfung** sequential sampling inspection contrôle sur échantillonnage progressif	Annahmestichprobenprüfung, bei der es im Verlauf dieser Prüfung von allen vorhergehenden Ergebnissen abhängt, ob jeweils eine weitere Einheit oder Stichprobe heranzuziehen ist. Anmerkung 1: Bei der sequentiellen Stichprobenprüfung ist die Anzahl von Einheiten oder Stichproben nicht vorgegeben, in Sonderfällen kann eine Höchstanzahl vorgegeben sein. Anmerkung 2: Auch „Folge-Stichprobenprüfung".
7	**Operationscharakteristik** operating characteristic curve coube d'effiacité	Für eine Annahmestichprobenprüfung (6) die Annahmewahrscheinlichkeit (4.2) eines Prüfloses (1.2) als Funktion seiner Qualitätslage (8). Anmerkung 1: Kurzbezeichnung OC Anmerkung 2: Zur Beurteilung der Operationscharakteristik wird häufig deren grafische Darstellung verwandt. Bei dieser Beurteilung ist zu beachten, daß sich für die Darstellung von Operationscharakteristiken zahlreiche unterschiedliche Koordinatenteilungen eingeführt haben. Gleiche Operationscharakteristiken führen dabei zu visuell unterschiedlich erscheinenden Kurvenverläufen. Anmerkung 3: Die Benennung „Annahmekennlinie" wird nicht empfohlen. Anmerkung 4: Für die allgemeine Definition der Operationscharakteristik siehe DIN 55 350 Teil 24.
8	**Qualitätslage** quality level niveau de qualité	Anteil fehlerhafter Einheiten (2.2.1) oder Anzahl Fehler (2) je hundert Einheiten im Los (1). Bei quantitativen Merkmalen auch: Angaben über Lage und/oder Streuung der Werte des Qualitätsmerkmals (siehe DIN 55 350 Teil 11) im Los in bezug auf die vorgegebenen Werte.

Nr	Benennung	Definition
8.1	**Annehmbare Qualitätsgrenzlage** acceptable quality level niveau de qualité acceptable	Qualitätslage, der eine vorgegebene große Annahmewahrscheinlichkeit (4.2) zugeordnet ist. Anmerkung 1: Kurzbezeichnung AQL Anmerkung 2: Das aufgrund dieser Qualitätsgrenzlage festgelegte Prüfkriterium geht von der Vorstellung aus, daß der Abnehmer Prüflose (1.2) nur mit einem kleineren Wert der Qualitätslage annehmen möchte. Anmerkung 3: Nur wenn die mittlere Qualitätslage (8.3) unter der AQL liegt, sind die Rückweisewahrscheinlichkeiten (5.2) wirtschaftlich tragbar.
8.2	**Rückzuweisende Qualitätsgrenzlage** limiting quality level niveau de qualité limite	Qualitätslage, der eine vorgegebene kleine Annahmewahrscheinlichkeit (4.2) zugeordnet ist. Anmerkung 1: Kurzbezeichnung LQ oder LQL Englische Bezeichnung auch RQL (rejectable quality level) Anmerkung 2: Das aufgrund dieser rückzuweisenden Qualitätsgrenzlage festgelegte Prüfkriterium geht von der Vorstellung aus, daß der Abnehmer Prüflose (1.2) mit einem größeren Wert der Qualitätslage nicht annehmen möchte.
8.3	**Mittlere Qualitätslage** process average qualité moyenne	Mittelwert der Qualitätslage in einer Serie von Fertigungslosen. Anmerkung: Die mittlere Qualitätslage wird auch als „durchschnittliche Herstellqualität" bezeichnet.
9	**Lieferantenrisiko** producer's risk risque du fournisseur	Rückweisewahrscheinlichkeit (5.2) für ein Los, dessen Qualitätslage (8) gleich der annehmbaren Qualitätsgrenzlage (AQL) (8.1) ist. Anmerkung: Es ist zu unterscheiden zwischen dem zur AQL der betreffenden Stichprobenanweisung (3.1.1) gehörenden Lieferantenrisiko und der zur tatsächlichen Qualitätslage gehörigen Rückweisewahrscheinlichkeit.
10	**Abnehmerrisiko** consumer's risk risque du client	Annahmewahrscheinlichkeit (4.2) für ein Los, dessen Qualitätslage (8) gleich der rückzuweisenden Qualitätsgrenzlage (LQL) (8.2) ist. Anmerkung: Es ist zu unterscheiden zwischen dem zur LQL der betreffenden Stichprobenanweisung (3.1.1) gehörigen Abnehmerrisiko und der Annahmewahrscheinlichkeit, die zu einer von der LQL abweichenden Qualitätslage gehört.
11	**Durchschlupf** average outgoing quality qualité moyenne après côntrole	Der von der Qualitätslage (8) vor der Annahmestichprobenprüfung (6) abhängige Erwartungswert (siehe DIN 55 350 Teil 21) der Qualitätslage nach der Annahmestichprobenprüfung unter der Annahme, daß rückgewiesene Prüflose (1.2) zu 100% geprüft und alle fehlerhaften Einheiten aussortiert wurden. Anmerkung 1: Kurzbezeichnung AOQ Anmerkung 2: Der Wert des Durchschlupfs hängt davon ab, ob die aussortierten fehlerhaften Einheiten (2.2) durch fehlerfreie ersetzt wurden oder nicht. Anmerkung 3: Der Durchschlupf für eine Stichprobenanweisung (3.1.1) ist eine Funktion der Qualitätslage (8) vor der Annahmestichprobenprüfung. Diese Funktion hat ein Maximum.
11.1	**Maximaler Durchschlupf** average outgoing quality limit limite de qualité moyenne après contrôle	Maximum des Durchschlupfes bei einer Stichprobenanweisung (3.1.1). Anmerkung: Kurzbezeichnung AOQL
12	**Mittlerer Stichprobenumfang** average sample number effectif moyen contrôle	Mittlere Anzahl der je Los (1) geprüften Einheiten (siehe DIN 55 350 Teil 11) bis zur Annahme (4) oder Rückweisung (5). Anmerkung 1: Der mittlere Stichprobenumfang (siehe DIN 55 350 Teil 14) bei einer Doppel-, Mehrfach- oder sequentiellen Stichprobenprüfung (6.4 bis 6.6) ist eine Funktion der Qualitätslage (8) der zu prüfenden Lose, während er bei einer Einfach-Stichprobenprüfung (6.3) nicht von der Qualitätslage abhängt. Anmerkung 2: Auch „durchschnittlicher Stichprobenumfang".

Zitierte Normen und andere Unterlagen

DIN 40 041 Teil 3	(z. Z. Entwurf) Zuverlässigkeit in der Elektrotechnik; Begriffe, Zustände und Ereignisse
DIN 40 080	Verfahren und Tabellen für Stichprobenprüfung anhand qualitativer Merkmale (Attributprüfung)
DIN 55 350 Teil 11	Begriffe der Qualitätssicherung und Statistik; Begriffe der Qualitätssicherung; Grundbegriffe
DIN 55 350 Teil 12	Begriffe der Qualitätssicherung und Statistik; Begriffe der Qualitätssicherung; Merkmalsbezogene Begriffe
DIN 55 350 Teil 14	Begriffe der Qualitätssicherung und Statistik; Begriffe der Probenahme
DIN 55 350 Teil 17	(z. Z. Entwurf) Begriffe der Qualitätssicherung und Statistik; Begriffe der Qualitätssicherung; Begriffe der Qualitätsprüfungsarten
DIN 55 350 Teil 21	Begriffe der Qualitätssicherung und Statistik; Begriffe der Statistik; Zufallsgrößen und Wahrscheinlichkeitsverteilungen
DIN 55 350 Teil 24	Begriffe der Qualitätssicherung und Statistik; Begriffe der Statistik; Schließende Statistik
ISO 3534-1977	Statistics - Vocabulary and Symbols
Glossary of Terms used in the Management of Quality, European Organization for Quality Control - EOQC (Bezugsnachweis: Deutsche Gesellschaft für Qualität e.V., Kurhessenstr. 95, 6000 Frankfurt/M. 50)	

Weitere Normen

DIN 55 350 Teil 13	Begriffe der Qualitätssicherung und Statistik; Begriffe der Qualitätssicherung; Genauigkeitsbegriffe
DIN 55 350 Teil 15	(z. Z. Entwurf) Begriffe der Qualitätssicherung und Statistik; Begriffe der Qualitätssicherung; Begriffe zu Mustern
DIN 55 350 Teil 22	Begriffe der Qualitätssicherung und Statistik; Begriffe der Statistik; Spezielle Wahrscheinlichkeitsverteilungen
DIN 55 350 Teil 23	Begriffe der Qualitätssicherung und Statistik; Begriffe der Statistik; Beschreibende Statistik

Erläuterungen

Die Benennungen und Definitionen für die Begriffe Stichprobensystem (3), Stichprobenplan (3.1) und Stichprobenanweisung (3.1.1) müssen noch als vorläufig angesehen werden. Die Ergebnisse der entsprechenden internationalen Begriffsnormung im Rahmen der Überarbeitung von ISO 3534-1977 sind gegebenenfalls später zu berücksichtigen.

Stichwortverzeichnis
(Begriffe in deutscher Sprache)

Dieses Verzeichnis enthält auch Benennungen, die in Anmerkungen vorkommen, und zwar auch dann, wenn sie dort als nicht empfehlenswert bezeichnet werden.

A
Abnahme 4
Abnehmerrisiko 10
Annahme 4
Annahmekennlinie 7
Annahmestichprobenprüfung 6
Annahmewahrscheinlichkeit 4.2
Annahmezahl 4.1
Annehmbare Qualitätsgrenzlage 8.1
Anteil fehlerhafter Einheiten 2.2.1
AOQ 11
AOQL 11.1
AQL 8.1
Attributprüfung 6.1

C
Charge 1

D
Doppel-Stichprobenprüfung 6.4
Durchschlupf 11
Durchschnittliche Herstellqualität 8.3
Durchschnittlicher Stichprobenumfang 12

E
Einfach-Stichprobenprüfung 6.3
Einheit mit Hauptfehlern 2.2
Einheit mit kritischen Fehlern 2.2
Einheit mit Nebenfehlern 2.2

F
Fehler 2
Fehlerhafte Einheit 2.2
Fehlerklassen 2.1
Fehlerklassifizierung 2.1
Folge-Stichprobenprüfung 6.6

G
Gutzahl 4.1

H
Hauptfehler 2.1.2
100-%-Prüfung 6

K
Kritischer Fehler 2.1.1

L
Lieferantenrisiko 9
Lieferung 1.2
Los 1
Losumfang 1.1
LQ 8.2
LQL 8.2

M
Maximaler Durchschlupf 11.1
Mehrfach-Stichprobenprüfung 6.5
Mittlere Qualitätslage 8.3
Mittlerer Stichprobenumfang 12

N
Nebenfehler 2.1.3

O
OC 7
Operationscharakteristik 7

P
Partie 1
Prüflos 1.2

Q
Qualitätslage 8

R
RQL 8.2
Rückweisewahrscheinlichkeit 5.2
Rückweisezahl 5.1
Rückweisung 5
Rückzuweisende Qualitätsgrenzlage 8.2

S
Schlechtzahl 5.1
Sequentielle Stichprobenprüfung 6.6
Stichprobenanweisung 3.1.1
Stichprobenplan 3.1
Stichprobensystem 3

V
Variablenprüfung 6.2
Vollständige Qualitätsprüfung 6

Internationale Patentklassifikation
G 01 N 1/00
G 06 F 15/46

DK 658.562 : 519.2 : 001.4   September 1993

Begriffe zu Qualitätsmanagement und Statistik
Begriffe der statistischen Prozeßlenkung (SPC)

DIN 55 350
Teil 33

Concepts to quality management and statistics; Concepts of statistical process control (SPC)

Zusammenhang mit der von der International Organization for Standardization (ISO) herausgegebenen Internationalen Norm ISO 3534-2 : 1993 siehe Erläuterungen.

1 Anwendungsbereich und Zweck

Diese Norm dient wie alle Normen der Reihe DIN 55 350 dazu, Benennungen und Definitionen der zu Qualitätsmanagement und Statistik verwendeten Begriffe zu vereinheitlichen.

Die Normen der Reihe DIN 55 350 sollen nach Möglichkeit alle an der Normung interessierten Anwendungsbereiche berücksichtigen. Sie dürfen deshalb ihre Definitionen nicht so eng fassen, daß sie nur für spezielle Bereiche gelten (z. B. Technik, Landwirtschaft, Medizin u. a.). Die internationale Terminologie wurde berücksichtigt, insbesondere die von der International Organization for Standardization (ISO) herausgegebenen Internationalen Normen ISO 3534-1 : 1993 „Statistics — Vocabulary and symbols — Part 1: Probability and general statistical terms" und ISO 3534-2 : 1993 „Statistics — Vocabulary and symbols — Part 2: Statistical quality control".

In dieser Norm werden in den Definitionen zu den Begriffen der statistischen Prozeßlenkung nur solche Merkmale betrachtet, die den Prozeß und sein Ergebnis kennzeichnen, d. h. Merkmale des Prozesses selbst oder Produktmerkmale, die von dem betrachteten Prozeß abhängen.

2 Begriffe

Die in Klammern angegebenen Nummern sind Hinweise auf die Nummern der in dieser Norm enthaltenen Begriffe.

Nr	Benennung	Definition und Anmerkungen
1	**Allgemeine Begriffe zu Prozeßmerkmalen**	
1.1	Qualitätslage quality level niveau de qualité	Qualitätskennzahl (1.1.1), gewonnen durch Vergleich der ermittelten Werte mit der betreffenden Qualitätsforderung (siehe DIN 55 350 Teil 11). ANMERKUNG 1: Bei Qualitätsprüfungen anhand qualitativer Merkmale wird als Qualitätslage oft der Anteil fehlerhafter Einheiten oder die Anzahl Fehler je hundert Einheiten festgelegt. Bei Qualitätsprüfungen anhand quantitativer Merkmale wird die Qualitätslage durch Vergleich von Angaben über Lage oder Streuung der Werte des Qualitätsmerkmals (siehe DIN 55 350 Teil 11) mit der betreffenden Qualitätsforderung ausgedrückt. ANMERKUNG 2: Der hier allgemein verwendete Wortbestandteil „...lage" in „Qualitätslage" wird verschiedentlich auch eingeschränkt benutzt, beispielsweise nur für die Lage einer Verteilung.
1.1.1	Qualitätskennzahl	Relativer oder normierter Kennwert (siehe DIN 55 350 Teil 23) zur Beurteilung der Qualität (siehe DIN 55 350 Teil 11), ermittelt entsprechend dem ausgewählten Kennzahlensystem.
1.2	Prozeßmerkmal	Ein den Prozeß kennzeichnendes Merkmal als ein Merkmal des Prozesses selbst oder als ein Merkmal eines Prozeßergebnisses (Produktmerkmal), das mit dem Merkmal des Prozesses hinreichend korreliert ist.
1.3	Produktmerkmal	Merkmal (siehe DIN 55 350 Teil 12) eines materiellen oder immateriellen Produktes.

(fortgesetzt)

Fortsetzung Seite 2 bis 8

Normenausschuß Qualitätsmanagement, Statistik und Zertifizierungsgrundlagen (NQSZ)
im DIN Deutsches Institut für Normung e.V.

Tabelle (fortgesetzt)

Nr	Benennung	Definition und Anmerkungen
1.4	Beherrschter Prozeß process in control processus sous contrôle	Prozeß, bei dem sich die Parameter (siehe DIN 55 350 Teil 21) der Verteilung der Merkmalswerte des Prozesses (1.2) praktisch nicht oder nur in bekannter Weise oder in bekannten Grenzen ändern (aus: DIN 55 350 Teil 11/05.87). ANMERKUNG 1: Dieser Begriff kennzeichnet nicht die Qualitätsfähigkeit (siehe DIN 55 350 Teil 11) des Prozesses. Oft ist ein beherrschter Prozeß zwar eine wichtige Voraussetzung für die Erfüllung der Qualitätsforderung an sein Ergebnis, aber es gibt auch Fälle, in denen er keine hinreichende Voraussetzung ist oder in denen er als Voraussetzung nicht erforderlich ist (aus DIN 55 350 Teil 11/05.87). ANMERKUNG 2: Sind die Ursachen für die Änderungen der Parameter auch nur teilweise unbekannt oder nicht korrigierbar, ist es ein nicht beherrschter Prozeß (aus DIN 55 350 Teil 11/05.87). ANMERKUNG 3: Eine beherrschte Fertigung ist eine Fertigung, bei der die Prozesse beherrscht sind (aus DIN 55 350 Teil 11/05.87).
1.5	Kurzzeitstreuung short term variation	Streuung der Werte eines Produkt- oder Prozeßmerkmals (1.2, 1.3) in kurzen Zeitspannen, in denen keine nichtzufälligen Veränderungen des Erwartungswertes (siehe DIN 55 350 Teil 13) angenommen werden. ANMERKUNG 1: Je nach Anwendungsfall können die kurzen Zeitspannen Bruchteile von Sekunden oder Tage oder noch größere Zeitspannen sein. ANMERKUNG 2: Der bevorzugte Kennwert für die Kurzzeitstreuung ist die Standardabweichung. ANMERKUNG 3: Bei Losen (siehe DIN 55 350 Teil 31) auch „Im-Los-Streuung".
1.6	Langzeitstreuung long term variation	Streuung der Werte eines Produkt- oder Prozeßmerkmals (1.2, 1.3) in langen Zeitspannen, in denen nichtzufällige Veränderungen des Erwartungswertes angenommen werden können. ANMERKUNG 1: Je nach Anwendungsfall können die langen Zeitspannen Bruchteile von Sekunden oder Tage oder noch größere Zeitspannen sein. ANMERKUNG 2: Der bevorzugte Kennwert für die Langzeitstreuung ist die Standardabweichung. ANMERKUNG 3: Bei Losen (siehe DIN 55 350 Teil 31) auch „Los-zu-Los-Streuung".
1.7	Prozeßlage process level niveau du processus	Qualitätskennzahl (1.1.1) zur teilweisen oder vollständigen Beschreibung der Qualitätslage (1.1) des Prozesses oder eines Prozeßelementes in einem vorgegebenen Ablaufpunkt des Prozesses. ANMERKUNG: Siehe Anmerkungen zu Qualitätslage (1.1).
1.8	Mittlere Prozeßlage process average qualité moyenne d'un processus	Über eine festgelegte Zeitspanne oder Ausbringungsmenge gemittelte Prozeßlage (1.7).
1.9	Ergebnisabweichung bei einem Prozeß	Unterschied zwischen dem ermittelten Wert eines Prozeßmerkmals (1.2) und dem für dieses Merkmal geltenden Bezugswert. ANMERKUNG: Vielfach ergeben sich Bezugswerte aus der Qualitätsforderung an den Prozeß.
1.9.1	Systematische Ergebnisabweichung bei einem Prozeß	Bestandteil der Ergebnisabweichung bei einem Prozeß, der im Verlauf mehrerer Feststellungen konstant bleibt oder sich in einer vorhersehbaren Weise ändert. ANMERKUNG 1: Sonderfall der systematischen Ergebnisabweichung nach DIN 55 350 Teil 13. ANMERKUNG 2: Systematische Ergebnisabweichungen (bei einem Prozeß) und ihre Ursachen können bekannt oder unbekannt sein.

(fortgesetzt)

DIN 55 350 Teil 33 Seite 3

Tabelle (fortgesetzt)

Nr	Benennung	Definition und Anmerkungen
1.9.2	Zufällige Ergebnis- abweichung bei einem Prozeß	Bestandteil der Ergebnisabweichung bei einem Prozeß, der im Verlauf mehrerer Feststellungen in unvorhersehbarer Weise schwankt. ANMERKUNG 1: Sonderfall der zufälligen Ergebnisabweichung nach DIN 55 350 Teil 13. ANMERKUNG 2: Die Schwankung kann sich sowohl auf den Betrag als auch auf das Vorzeichen beziehen.
1.10	Feststellbare Ursache assignable cause cause assignable	Ursache einer systematischen Ergebnisabweichung bei einem Prozeß (1.9.1), die zur Änderung des Wertes eines Merkmals beiträgt und festgestellt werden kann. ANMERKUNG: Ursachen vieler kleiner Änderungen könnten prinzipiell zwar auch festgestellt werden, aber es wäre unwirtschaftlich, sie untersuchen zu wollen, weshalb sie als zufällige Ursachen (1.11) betrachtet werden müssen.
1.11	Zufällige Ursache chance causes causes dues au hasard	Ursache einer zufälligen Ergebnisabweichung bei einem Prozeß (1.9.2), die zur Änderung des Wertes eines Merkmals beiträgt und nicht festgestellt werden kann. ANMERKUNG: Meist wirken mehrere zufällige Ursachen zusammen.
2	**Begriffe zu Merkmalen zur Beherrschung und zur Qualitätsfähigkeit eines Prozesses**	
2.1	Prozeßeigenstreuung inherent process variability variabilité inhérente du processus	Streuung der Werte eines Prozeßmerkmals (1.2) eines beherrschten Prozesses (1.4). ANMERKUNG 1: Die Prozeßeigenstreuung für ein einzelnes Prozeßelement ist im allgemeinen kleiner als die von mehreren zusammengefaßten Prozeßelementen. ANMERKUNG 2: Es können unterschiedliche Streuungsmaße benutzt werden, z. B. die Standardabweichung oder die Spannweite.
2.2	Prozeßgesamtstreuung total process variability variabilité totale du processus	Streuung der Werte eines Prozeßmerkmals (1.2), zusammengesetzt aus der Prozeßeigenstreuung (2.1) und Streuungen aufgrund zugelassener anderer Einflüsse. ANMERKUNG 1: Zugelassene Einflüsse können solche aufgrund von Bearbeitern, von Einstellmaßnahmen an den Einrichtungen, aufgrund von chargenweisen Veränderungen oder aufgrund von Abnutzungen sowie systematische oder zufällige Meßabweichungen sein. ANMERKUNG 2: Es können unterschiedliche Streuungsmaße benutzt werden, z. B. die Standardabweichung oder die Spannweite.
2.3	Natürlicher Prozeßbereich process interval; natural process interval intervalle du processus; intervalle naturel du processus	Zweiseitiger Zufallsstreubereich der Werte eines Prozeßmerkmals (1.2) zur Wahrscheinlichkeit $(1 - \alpha)$. ANMERKUNG 1: Häufig wird eine Wahrscheinlichkeit $(1 - \alpha)$ von 99% festgelegt. ANMERKUNG 2: Die Grenzen des natürlichen Prozeßbereichs sind Bestandteil dessen.
2.4	Natürliche Prozeßgrenzen natural process limits limites naturelles du processus	Grenzen des natürlichen Prozeßbereichs (2.3). ANMERKUNG: Für normalverteilte Grundgesamtheiten wird der Abstand der natürlichen Prozeßgrenzen vom Prozeßmittelwert oft auf das Dreifache der Standardabweichung σ für die Prozeßgesamtstreuung (2.2) festgelegt. Die 3-σ-Grenzen schließen bei einem beherrschten Prozeß (1.4), dessen Erwartungswert und Standardabweichung konstant sind, etwa 99,73% der Werte eines Prozeßmerkmals ein.

(fortgesetzt)

Tabelle (fortgesetzt)

Nr	Benennung	Definition und Anmerkungen
2.5	Prozeßstreubreite process spread	Differenz der oberen und unteren natürlichen Prozeßgrenze (2.4). ANMERKUNG 1: Um Angaben über die Prozeßstreubreite vergleichen zu können, sollen nur die so definierten Prozeßstreubreiten benutzt werden. Die in Anmerkung 2 genannten Kenngrößen sollen nicht mehr benutzt werden. ANMERKUNG 2: Bisher wurden zur Schätzung der Prozeßstreubreite folgende Kenngrößen benutzt: 1) Ein Vielfaches der Standardabweichung oder die Spannweite für die Prozeßgesamtstreuung (2.2) 2) Ein aus zwei Komponenten zusammengesetzter Wert, wobei die eine Komponente die Prozeßeigenstreuung (2.1) und die andere Komponente zugelassene andere Einflüsse erfaßt. 3) Ein Vielfaches der Standardabweichung für die Prozeßgesamtstreuung (2.2), wobei die zugelassenen anderen Einflüsse eingeschränkt sind auf eine annehmbare kleine Abweichung aufgrund feststellbarer Ursachen (1.10). ANMERKUNG 3: Die Prozeßstreubreite wird aufgrund der hierfür bisweilen verwendeten Benennung „process capability" häufig irreführend als Prozeßfähigkeit bezeichnet.
2.6	Prozeßfähigkeit	Qualitätsfähigkeit (siehe DIN 55 350 Teil 11) eines Prozesses.
2.7	Prozeßfähigkeitsindex process capability index (PCI) indice d'aptitude du processus (IAP)	Toleranz (siehe DIN 55 350 Teil 12) für das Prozeßmerkmal (1.2) dividiert durch die Prozeßstreubreite (2.5) des Prozeßmerkmals. ANMERKUNG 1: Siehe Anmerkung 3 zu Prozeßstreubreite (2.5). ANMERKUNG 2: Wenn im Fall einer Normalverteilung unter Prozeßstreubreite das Sechsfache der Standardabweichung σ für die Prozeßgesamtstreuung (2.2) verstanden wird, wird für den Prozeßfähigkeitsindex das Formelzeichen C_p verwendet. Beispielsweise unterscheidet man a) $C_p < 1$ Prozeßfähigkeit (2.6) nicht vorhanden b) $1 \leq C_p \leq 1,33$ bedingte bzw. eingeschränkte Prozeßfähigkeit c) $C_p > 1,33$ Prozeßfähigkeit vorhanden ANMERKUNG 3: Der Prozeßfähigkeitsindex ist der Kehrwert des Prozeßstreubreitenverhältnisses (2.8).
2.8	Prozeßstreubreitenverhältnis process capability fraction (PCF) proportion d'aptitude du processus (PAP)	Prozeßstreubreite (2.5) des Prozeßmerkmals (1.2) dividiert durch die Toleranz (siehe DIN 55 350 Teil 12) für das Prozeßmerkmal. ANMERKUNG 1: Siehe Anmerkung 3 zu Prozeßstreubreite (2.5). ANMERKUNG 2: Das Prozeßstreubreitenverhältnis ist der Kehrwert des Prozeßfähigkeitsindex (2.7).
3	**Begriffe zur Qualitätsregelkartentechnik**	
3.1	Vorlauf	Entnahme einer festgelegten Anzahl von Stichproben mit festgelegtem Umfang nach einem festgelegten Verfahren, um die Parameter der Verteilung der Werte des Prozeßmerkmals (1.2) schätzen zu können.
3.2	Qualitätsregelkarte (QRK) control chart carte de contrôle	Formblatt zur graphischen Darstellung von statistischen Kennwerten für eine Serie von Stichproben mit Eingriffsgrenzen (5.3) (obere und/oder untere) sowie häufig auch mit Warngrenzen (5.4) und einer Mittellinie (5.5). ANMERKUNG 1: Bei einigen Qualitätsregelkarten beruhen die Warn- und Eingriffsgrenzen auf einem Vorlauf (3.1) gewonnenen Daten, bei anderen auf angenommenen oder festgelegten Werten für die statistischen Kennwerte. ANMERKUNG 2: Zusätzlich zu den anschließend definierten Qualitätsregelkarten werden zahlreiche andere Qualitätsregelkarten angewendet, z.B. Qualitätsregelkarten für — die Anzahl Fehler in der Stichprobe, — die Anzahl Fehler je Einheit, — die Anzahl fehlerhafter Einheiten, — den Anteil fehlerhafter Einheiten, — Fehlerpunkte.

(fortgesetzt)

Tabelle (fortgesetzt)

Nr	Benennung	Definition und Anmerkungen
3.3	Eingriff	Korrigierende Maßnahme im Rahmen der Qualitätslenkung (siehe DIN ISO 8402*). ANMERKUNG: Der Eingriff bedingt, daß zunächst untersucht wird, ob sich der Prozeß verändert hat. Falls er sich verändert hat, ist möglichst die Ursache hierfür festzustellen, und es muß korrigierend eingegriffen werden, wenn die Veränderung eine Verschlechterung darstellt.
3.4	Eingriffswahrscheinlichkeit	Bei einer Qualitätsregelkarte (3.2) die aufgrund der Wahrscheinlichkeitsverteilung (siehe DIN 55 350 Teil 21) der Merkmalswerte einer Grundgesamtheit (siehe DIN 55 350 Teil 14) oder deren zeitlicher Entwicklung sowie aufgrund der Eingriffsgrenzen (5.3) und der verwendeten Kenngröße bestehende Wahrscheinlichkeit für einen Eingriff (3.3).
3.5	Eingriffskennlinie	Gütefunktion (siehe DIN 55 350 Teil 24) für Qualitätsregelkarten (3.2).
3.6	Mittlere Reaktionsdauer average run length (ARL) période opérationelle moyenne	Die mittlere Anzahl von aus dem Prozeß entnommenen und ausgewerteten Stichproben bzw. die mittlere Anzahl produzierter Einheiten bis zum Anzeigen der Notwendigkeit eines Eingriffs (3.3). ANMERKUNG 1: Eine lange mittlere Reaktionsdauer ist wünschenswert für einen beherrschten Prozeß (1.4), (um möglichst selten unnötige Untersuchungen oder Korrekturmaßnahmen zu veranlassen); eine kurze mittlere Reaktionsdauer ist wünschenswert bei einem nichtbeherrschten Prozeß, (damit korrigierende Maßnahmen unverzüglich ausgelöst werden). ANMERKUNG 2: Die mittlere Reaktionsdauer ist der Kehrwert der Eingriffswahrscheinlichkeit (3.4).
4 Spezielle Qualitätsregelkarten		
4.1	Shewhart-Qualitätsregelkarte Shewhart control chart carte de contrôle shewart	Qualitätsregelkarte (3.2) zur Überwachung eines Parameters der Wahrscheinlichkeitsverteilung (siehe DIN 55 350 Teil 21) eines Merkmals, mit dem Zweck festzustellen, ob der Wert des Parameters von einem vorgegebenen Wert abweicht.
4.2	Qualitätsregelkarte mit erweiterten Grenzen	Qualitätsregelkarte (3.2) zur Überwachung eines Parameters der Wahrscheinlichkeitsverteilung (siehe DIN 55 350 Teil 21) eines Merkmals, mit dem Zweck festzustellen, ob der Wert des Parameters außerhalb eines vorgegebenen Bereiches liegt.
4.3	Mittelwertkarte average chart; $\bar{x}$ chart carte des moyennes; carte $\bar{x}$	Qualitätsregelkarte (3.2) zur Überwachung der Lage eines Prozesses anhand der Stichprobenmittelwerte. ANMERKUNG: Auch $\bar{x}$-Karte.
4.4	Mediankarte	Qualitätsregelkarte (3.2) zur Überwachung der Lage eines Prozesses anhand der Stichprobenmediane. ANMERKUNG: Auch $\tilde{x}$-Karte.
4.5	Urwertkarte individual observations chart; original data chart carte d'observations individuelles; carte de données d'origine	Qualitätsregelkarte (3.2) zur Überwachung eines Prozesses anhand aller oder festgelegter Einzelwerte der Stichprobe. ANMERKUNG: Wird die Überwachung anhand eines oder beider Extremwerte durchgeführt, wird die Urwertkarte auch Extremwertkarte genannt.
4.6	Cusumkarte cumulative sum chart; cusum chart carte à somme cumulée	Qualitätsregelkarte (3.2) zur Überwachung eines Prozesses anhand der Summe der Abweichungen der statistischen Kennwerte von einem Bezugswert, wobei die Summe über alle Stichproben nach dem letzten Eingriff (3.3) zu erstrecken ist. ANMERKUNG 1: Jeder eingetragene Wert stellt die Summe aus dem vorangegangenen Wert und der zuletzt festgestellten Abweichung dar. ANMERKUNG 2: Diese Karten werden im allgemeinen mit Masken ausgewertet, welche über die Qualitätsregelkarte (3.2) gelegt werden. Ein Eingriff (3.3) erfolgt, wenn die Verbindungslinie der eingetragenen Punkte der Karte eine Grenze der richtig angelegten Maske berührt oder schneidet.

(fortgesetzt)

*) z.Z. Entwurf

Tabelle (abgeschlossen)

Nr	Benennung	Definition und Anmerkungen
4.7	Spannweiten-Karte range chart carte d'étendue	Qualitätsregelkarte (3.2) zur Überwachung der Streuung eines Prozesses anhand der Stichprobenspannweiten. ANMERKUNG: Auch R-Karte.
4.8	Standard- abweichungskarte sample standard deviation chart carte de l'écart-type de l'echantillon	Qualitätsregelkarte (3.2) zur Überwachung der Streuung eines Prozesses anhand der Stichprobenstandardabweichungen. ANMERKUNG: Auch s-Karte.
4.9	Annahmequalitäts- regelkarte acceptance control chart carte de contrôle de reception	Qualitätsregelkarte (3.2) zur Überwachung eines Prozesses mit dem Zweck festzustellen, ob er qualitätsfähig ist oder nicht (Qualitätsfähigkeit siehe DIN 55 350 Teil 11). ANMERKUNG: Die in Annahmequalitätsregelkarten aufgezeichneten Ermittlungsergebnisse gestatten es meist zusätzlich, signifikante Änderungen des Prozesses zu erkennen.
4.10	Adaptive Qualitätsregelkarte adaptive control chart carte de contrôle adaptable	Qualitätsregelkarte (3.2), die zur Schätzung der Weiterentwicklung des Prozesses Vorhersagemodelle benutzt und die Korrektur quantifiziert, die erforderlich ist, um Abweichungen des Prozesses in vorgegebenen Grenzen zu halten.
4.11	Qualitätsregelkarte für einen gleitenden Stichprobenkennwert	Qualitätsregelkarte (3.2) zur Überwachung eines Prozesses anhand eines gleitenden Stichprobenkennwertes. ANMERKUNG: Als gleitender Stichprobenkennwert kann z.B. der gleitende Mittelwert, der exponentiell gewichtete gleitende Mittelwert, die gleitende Spannweite oder die gleitende Standardabweichung verwendet werden.
4.12	Multivariate Qualitätsregelkarte multivariate control chart carte de contrôle pour plusieurs variables	Qualitätsregelkarte (3.2) zur Überwachung eines Prozesses anhand zweier oder mehrerer Merkmale.

5 Begriffe zu Elementen von Qualitätsregelkarten

5.1	Regelgrenze	Oberbegriff für Annahmegrenze (5.2), Eingriffsgrenze (5.3) und Warngrenze (5.4).
5.2	Annahmegrenze acceptance control limit (ACL) limite de contrôle de réception (LCR)	Eingriffsgrenze (5.3) in einer Annahmequalitätsregelkarte (4.9).
5.3	Eingriffsgrenze action limit; action control limit	Höchstwert (siehe DIN 55 350 Teil 12) oder Mindestwert (siehe DIN 55 350 Teil 12) einer Qualitätsregelkarte (3.2), bei dessen Überschreitung bzw. Unterschreitung durch den Kennwert ein Eingriff (3.3) erfolgen muß.
5.4	Warngrenze warning limit	Höchstwert (siehe DIN 55 350 Teil 12) oder Mindestwert (siehe DIN 55 350 Teil 12) einer Qualitätsregelkarte (3.2), bei dessen Überschreitung bzw. Unterschreitung durch den Kennwert im allgemeinen eine verstärkte Überwachung des Prozesses erforderlich ist, wobei diese Grenzwerte näher an der Mittellinie (5.5) liegen als die Eingriffsgrenzen (5.3).
5.5	Mittellinie central linie ligne centrale	Linie in einer Qualitätsregelkarte (3.2), die den (geschätzten) Erwartungswert oder einen vorgegebenen Wert für den Kennwert darstellt. ANMERKUNG 1: Die Mittellinie erleichtert die Entdeckung eines Trends der eingezeichneten Werte zu einer der Eingriffsgrenzen hin.

Zitierte Normen

DIN 55 350 Teil 11	Begriffe der Qualitätssicherung und Statistik; Grundbegriffe der Qualitätssicherung
DIN 55 350 Teil 12	Begriffe der Qualitätssicherung und Statistik; Merkmalsbezogene Begriffe
DIN 55 350 Teil 13	Begriffe der Qualitätssicherung und Statistik; Begriffe zur Genauigkeit von Ermittlungsverfahren und Ermittlungsergebnissen
DIN 55 350 Teil 14	Begriffe der Qualitätssicherung und Statistik; Begriffe der Probenahme
DIN 55 350 Teil 21	Begriffe der Qualitätssicherung und Statistik; Begriffe der Statistik; Zufallsgrößen und Wahrscheinlichkeitsverteilungen
DIN 55 350 Teil 23	Begriffe der Qualitätssicherung und Statistik; Begriffe der Statistik; Beschreibende Statistik
DIN 55 350 Teil 24	Begriffe der Qualitätssicherung und Statistik; Begriffe der Statistik; Schließende Statistik
DIN 55 350 Teil 31	Begriffe der Qualitätssicherung und Statistik; Begriffe der Annahmestichprobenprüfung
DIN ISO 8402	(z. Z. Entwurf) Qualitätsmanagement und Qualitätssicherung; Begriffe; Identisch mit ISO/DIS 8402 : 1991
ISO 3534-1	Statistics — Vocabulary and Symbols — Part 1: Probability and general statistical terms
ISO 3534-2	Statistics — Vocabulary and Symbols — Part 2: Statistical quality control (Revision, in part, of ISO 3534 : 1977)

Weitere Normen

DIN 55 350 Teil 11	(z. Z. Entwurf) Begriffe zu Qualitätsmanagement und Statistik; Grundbegriffe des Qualitätsmanagements
Beiblatt 1 zu ISO 8402	(z. Z. Entwurf) Qualitätsmanagement und Qualitätssicherung; Anmerkungen zu Grundbegriffen

Erläuterungen

In diese Norm sind einzelne Begriffe aus ISO 3534-2 : 1993 modifiziert übernommen worden.

Stichwortverzeichnis

Benennungen in deutscher Sprache

A
Adaptive Qualitätsregelkarte 4.10
Annahmegrenze 5.2
Annahmequalitätsregelkarte 4.9

B
Beherrschter Prozeß 1.4

C
Cusumkarte 4.6

E
Eingriff 3.3
Eingriffsgrenze 5.3
Eingriffskennlinie 3.5
Eingriffswahrscheinlichkeit 3.4
Ergebnisabweichung bei einem Prozeß 1.9
Extremwertkarte 4.7

F
Feststellbare Ursache 1.10

I
Im-Los-Streuung 1.5

K
Kurzzeitstreuung 1.5

L
Langzeitstreuung 1.6
Los-zu-Los-Streuung 1.6

M
Mediankarte 4.4
Mittellinie 5.5
Mittelwertkarte 4.3
Mittlere Prozeßlage 1.8
Mittlere Reaktionsdauer 3.6
Multivariate Qualitätsregelkarte 4.12

N
Natürliche Prozeßgrenzen 2.4
Natürlicher Prozeßbereich 2.3

P
Produktmerkmal 1.3
Prozeßbereich, natürlicher 2.3
Prozeßeigenstreuung 2.1
Prozeßfähigkeit 2.6
Prozeßfähigkeitsindex 2.7
Prozeßgesamtstreuung 2.2
Prozeßgrenzen, natürliche 2.4

Prozeßlage 1.7
Prozeßmerkmal 1.2
Prozeßstreubreite 2.5
Prozeßstreubreitenverhältnis 2.8

Q
Qualitätskennzahl 1.1.1
Qualitätslage 1.1
Qualitätsregelkarte 3.2
Qualitätsregelkarte für die Anzahl Fehler in der Stichprobe 3.2
Qualitätsregelkarte für die Anzahl Fehler je Einheit 3.2
Qualitätsregelkarte für die Anzahl fehlerhafter Einheiten 3.2
Qualitätsregelkarte für den Anteil fehlerhafter Einheiten 3.2
Qualitätsregelkarte für Fehlerpunkte 3.2
Qualitätsregelkarte für einen gleitenden Stichprobenkennwert 4.11
Qualitätsregelkarte mit erweiterten Grenzen 4.2
Qualitätsregelkarte, adaptive 4.10
Qualitätsregelkarte, multivariate 4.12

R
R-Karte 4.7
Reaktionsdauer, mittlere 3.6
Regelgrenze 5.1

S
Shewhart-Qualitätsregelkarte 4.1
s-Karte 4.8
Spannweitenkarte 4.7
Standardabweichungskarte 4.8
Systematische Ergebnisabweichung 1.9.1

U
Urwertkarte 4.5

V
Vorlauf 3.1

W
Warngrenze 5.4

X
$\bar{x}$-Karte 4.3
$\tilde{x}$-Karte 4.4

Z
Zufällige Ergebnisabweichung 1.9.2
Zufällige Ursache 1.11

Internationale Patentklassifikation

G 06 F 015/46

Dezember 2005

| | DIN EN ISO 9000 | |

ICS 01.040.03; 03.120.10

Ersatz für
DIN EN ISO 9000:2000-12 und
DIN EN ISO 9000 Berichtigung 1:2003-04

**Qualitätsmanagementsysteme –
Grundlagen und Begriffe (ISO 9000:2005);
Dreisprachige Fassung EN ISO 9000:2005**

Quality management systems –
Fundamentals and vocabulary (ISO 9000:2005);
Trilingual version EN ISO 9000:2005

Systèmes de management de la qualité –
Principes essentiels et vocabulaire (ISO 9000:2005);
Version trilingue EN ISO 9000:2005

Gesamtumfang 68 Seiten

Normenausschuss Qualitätsmanagement, Statistik und Zertifizierungsgrundlagen (NQSZ) im DIN

Nationales Vorwort

Dieses Dokument wurde vom Technischen Komitee ISO/TC 176, *Qualitätsmanagement und Qualitätssicherung*, Unterkomitee SC 1, *Begriffe*, erarbeitet, dessen Sekretariat vom AFNOR (Frankreich) gehalten wird. Das zuständige deutsche Gremium ist der Arbeitsausschuss NQSZ-1, *Qualitätsmanagement*, im Normenausschuss *Qualitätsmanagement, Statistik und Zertifizierungsgrundlagen*.

Änderungen

Gegenüber DIN EN ISO 9000:2000-12 und Berichtigung 1 zu DIN EN ISO 9000:2003-04 wurden folgende Änderungen vorgenommen:

a) neue Begriffe hinzugefügt (siehe 3.1.6, 3.3.8, 3.9.12, 3.9.13, 3.9.14);

b) „Qualifikation" (vorher 3.9.12) durch „Kompetenz" (siehe 3.9.14) ersetzt;

c) Benennung „Messüberwachungssystem" in „Messmanagementsystem" (siehe 3.10.1) geändert;

d) Definitionen geändert (siehe 3.2.4, 3.2.9, 3.2.12, 3.2.13, 3.3.3, 3.4.3, 3.5.4, 3.6.4, 3.6.9, 3.7.3, 3.7.5, 3.8.1, 3.8.3, 3.8.6, 3.9.3, 3.9.6, 3.9.9, 3.9.10, 3.9.11, 3.10.1, 3.10.4, 3.10.6);

e) Definition „Infrastruktur" (siehe 3.3.3) redaktionell korrigiert;

f) Begriffsdiagramme (siehe Anhang A) an die geänderten Definitionen angepasst und um die neuen Begriffe ergänzt;

g) Verbesserung der deutschen Übersetzung an verschiedenen Textstellen ausgeführt.

Frühere Ausgaben

DIN 55350-11: 1980-09, 1987-05

DIN EN ISO 8402: 1995-08

DIN EN ISO 9000: 2000-12

Berichtigung 1 zu DIN EN ISO 9000: 2003-04

DIN EN ISO 9000:2005-12

Nationaler Anhang NA
(informativ)

Literaturhinweise

Die folgenden Literaturhinweise gelten zusätzlich zu dem Verzeichnis „Literaturhinweise" hinter Anhang A.

DIN 55350-11, *Begriffe zu Qualitätsmanagement und Statistik – Teil 11: Begriffe des Qualitätsmanagements*

DIN 55350-12, *Begriffe der Qualitätssicherung und Statistik – Teil 12: Merkmalsbezogene Begriffe*

DIN 55350-13, *Begriffe der Qualitätssicherung und Statistik – Teil 13: Begriffe zur Genauigkeit von Ermittlungsverfahren und Ermittlungsergebnissen*

DIN 55350-14, *Begriffe der Qualitätssicherung und Statistik – Teil 14: Begriffe der Probenahme*

DIN 55350-15, *Begriffe der Qualitätssicherung und Statistik – Teil 15: Begriffe zu Mustern*

DIN 55350-17, *Begriffe der Qualitätssicherung und Statistik – Teil 17: Begriffe der Qualitätsprüfungsarten*

DIN 55350-18, *Begriffe der Qualitätssicherung und Statistik – Teil 18: Begriffe zu Bescheinigungen über die Ergebnisse von Qualitätsprüfungen – Qualitätsprüf-Zertifikate*

DIN 55350-21, *Begriffe der Qualitätssicherung und Statistik – Teil 21: Begriffe der Statistik – Zufallsgrößen und Wahrscheinlichkeitsverteilungen*

DIN 55350-22, *Begriffe der Qualitätssicherung und Statistik – Teil 22: Begriffe der Statistik – Spezielle Wahrscheinlichkeitsverteilungen*

DIN 55350-23, *Begriffe der Qualitätssicherung und Statistik – Teil 23: Begriffe der Statistik – Beschreibende Statistik*

DIN 55350-24, *Begriffe der Qualitätssicherung und Statistik – Teil 24: Begriffe der Statistik – Schließende Statistik*

DIN 55350-31, *Begriffe der Qualitätssicherung und Statistik – Teil 31: Begriffe der Annahmestichprobenprüfung*

DIN 55350-33, *Begriffe zu Qualitätsmanagement und Statistik – Teil 33: Begriffe der statistischen Prozesslenkung (SPC)*

DIN ISO 11843-1, *Erkennungsfähigkeit – Teil 1: Begriffe*

EUROPEAN STANDARD
NORME EUROPÉENNE
EUROPÄISCHE NORM

EN ISO 9000

September 2005/September 2005/
Septembre 2005

ICS 03.120.10; 01.040.03

Ersatz für EN ISO 9000:2000
Supersedes EN ISO 9000:2000
Remplace EN ISO 9000:2000

Dreisprachige Fassung – Trilingual version – Version trilingue

Qualitätsmanagementsysteme – Grundlagen und Begriffe (ISO 9000:2005)

Quality management systems - Fundamentals and vocabulary (ISO 9000:2005)

Systèmes de management de la qualité - Principes essentiels et vocabulaire (ISO 9000:2005)

Diese Europäische Norm wurde vom CEN am 12. September 2005 angenommen.

Die CEN-Mitglieder sind gehalten, die CEN/CENELEC-Geschäftsordnung zu erfüllen, in der die Bedingungen festgelegt sind, unter denen dieser Europäischen Norm ohne jede Änderung der Status einer nationalen Norm zu geben ist. Auf dem letzten Stand befindliche Listen dieser nationalen Normen mit ihren bibliographischen Angaben sind beim Management-Zentrum oder bei jedem CEN-Mitglied auf Anfrage erhältlich.

Diese Europäische Norm besteht in drei offiziellen Fassungen (Deutsch, Englisch, Französisch). Eine Fassung in einer anderen Sprache, die von einem CEN-Mitglied in eigener Verantwortung durch Übersetzung in seine Landessprache gemacht und dem Management-Zentrum mitgeteilt worden ist, hat den gleichen Status wie die offiziellen Fassungen.

CEN-Mitglieder sind die nationalen Normungsinstitute von Belgien, Dänemark, Deutschland, Estland, Finnland, Frankreich, Griechenland, Irland, Island, Italien, Lettland, Litauen, Luxemburg, Malta, Niederlande, Norwegen, Österreich, Polen, Portugal, Schweden, Schweiz, Slowakei, Slowenien, Spanien, Tschechische Republik, Ungarn, Vereinigtes Königreich und Zypern.

This European Standard was approved by CEN on 12 September 2005.

CEN members are bound to comply with the CEN/CENELEC Internal Regulations which stipulate the conditions for giving this European Standard the status of a national standard without any alteration. Up-to-date lists and bibliographical references concerning such national standards may be obtained on application to the Central Secretariat or to any CEN member.

This European Standard exists in three official versions (English, French, German). A version in any other language made by translation under the responsibility of a CEN member into its own language and notified to the Central Secretariat has the same status as the official versions.

CEN members are the national standards bodies of Austria, Belgium, Cyprus, Czech Republic, Denmark, Estonia, Finland, France, Germany, Greece, Hungary, Iceland, Ireland, Italy, Latvia, Lithuania, Luxembourg, Malta, Netherlands, Norway, Poland, Portugal, Slovakia, Slovenia, Spain, Sweden, Switzerland and United Kingdom.

La présente Norme européenne a été adoptée par le CEN le 12 septembre 2005.

Les membres du CEN sont tenus de se soumettre au Règlement Intérieur du CEN/CENELEC, qui définit les conditions dans lesquelles doit être attribué, sans modification, le statut de norme nationale à la Norme européenne. Les listes mises à jour et les références bibliographiques relatives à ces normes nationales peuvent être obtenues auprès du Centre de Gestion ou auprès des membres du CEN.

La présente Norme européenne existe en trois versions officielles (allemand, anglais, français). Une version dans une autre langue faite par traduction sous la responsabilité d'un membre du CEN dans sa langue nationale et notifiée au Centre de Gestion, a le même statut que les versions officielles.

Les membres du CEN sont les organismes nationaux de normalisation des pays suivants: Allemagne, Autriche, Belgique, Chypre, Danemark, Espagne, Estonie, Finlande, France, Grèce, Hongrie, Irlande, Islande, Italie, Lettonie, Lituanie, Luxembourg, Malte, Norvège, Pays-Bas, Pologne, Portugal, République Tchèque, Royaume-Uni, Slovaquie, Slovénie, Suède et Suisse.

EUROPÄISCHES KOMITEE FÜR NORMUNG
EUROPEAN COMMITTEE FOR STANDARDIZATION
COMITÉ EUROPÉEN DE NORMALISATION

Management-Zentrum: rue de Stassart, 36   B-1050 Brüssel
Management Centre: rue de Stassart, 36   B-1050 Brussels
Centre de Gestion: rue de Stassart, 36   B-1050 Bruxelles

© 2005 CEN   Alle Rechte der Verwertung, gleich in welcher Form und in welchem Verfahren, sind weltweit den nationalen Mitgliedern von CEN vorbehalten.

All rights of exploitation in any form and by any means reserved worldwide for CEN national Members.

Tous droits d'exploitation sous quelque forme et de quelque manière que ce soit réservés dans le monde entier aux membres nationaux du CEN.

Ref. Nr./Ref. Nr./Réf. n°/EN ISO 9000:2005 D/E/F

EN ISO 9000:2005 (D/E/F)

| Qualitätsmanagementsysteme – Grundlagen und Begriffe | Quality management systems – Fundamentals and vocabulary | Systèmes de management de la qualité – Principes essentiels et vocabulaire |

Inhalt

Seite

Vorwort 3
Einleitung 4
1 Anwendungsbereich 6
2 Grundlagen für Qualitätsmanagementsysteme 6
2.1 Begründung für Qualitätsmanagementsysteme 6
2.2 Anforderungen an Qualitätsmanagementsysteme und
   Anforderungen an Produkte.... 7
2.3 Ansatz für Qualitätsmanage-
   mentsysteme 7
2.4 Prozessorientierter Ansatz 8
2.5 Qualitätspolitik und
   Qualitätsziele 9
2.6 Rolle der obersten Leitung
   im Qualitätsmanagement-
   system 13
2.7 Dokumentation 13
2.8 Beurteilen von Qualitätsmanagementsystemen 14
2.9 Ständige Verbesserung 16
2.10 Rolle statistischer Methoden... 16
2.11 Qualitätsmanagementsysteme
   und andere Schwerpunkte von
   Managementsystemen 17
2.12 Beziehung zwischen Qualitätsmanagementsystemen und
   Exzellenzmodellen 17

3 Begriffe 18
3.1 Qualitätsbezogene Begriffe..... 18
3.2 Managementbezogene
   Begriffe 20
3.3 Organisationsbezogene
   Begriffe 22
3.4 Prozess- und produkt-
   bezogene Begriffe................. 23
3.5 Merkmalsbezogene
   Begriffe 25
3.6 Konformitätsbezogene
   Begriffe 27
3.7 Dokumentationsbezogene
   Begriffe 29
3.8 Untersuchungsbezogene
   Begriffe 30
3.9 Auditbezogene Begriffe......... 31
3.10 Auf Qualitätsmanagement bei
   Messprozessen bezogene
   Begriffe 34

Anhang A (informativ) Bei der
Entwicklung der Begriffe
benutzte Methoden 35

Literaturhinweise 60

Stichwortverzeichnis 62

Contents

Page

Foreword 3
Introduction 4
1 Scope 6
2 Fundamentals of quality
   management systems 6
2.1 Rationale for quality management systems 6
2.2 Requirements for quality
   management systems and
   requirements for products 7
2.3 Quality management systems
   approach 7
2.4 The process approach 8
2.5 Quality policy and quality
   objectives 9
2.6 Role of top management
   within the quality
   management system 13
2.7 Documentation 13
2.8 Evaluating quality
   management systems 14
2.9 Continual improvement 16
2.10 Role of statistical techniques ... 16
2.11 Quality management systems
   and other management
   system focuses 17
2.12 Relationship between quality
   management systems and
   excellence models 17

3 Terms and definitions.......... 18
3.1 Terms relating to quality 18
3.2 Terms relating to
   management 20
3.3 Terms relating to
   organization 22
3.4 Terms relating to process
   and product 23
3.5 Terms relating to
   characteristics 25
3.6 Terms relating to
   conformity 27
3.7 Terms relating to
   documentation 29
3.8 Terms relating to
   examination 30
3.9 Terms relating to audit 31
3.10 Terms relating to quality
   management for measurement
   processes 34

Annex A (informative) Methodology
used in the development
of the vocabulary 44

Bibliography 60

Alphabetical index 63

Sommaire

Page

Avant-propos 3
Introduction.................................... 4
1 Domaine d'application 6
2 Principes essentiels liés aux
   systèmes de management
   de la qualité.............................. 6
2.1 Fondement des systèmes de
   management de la qualité....... 6
2.2 Exigences pour les systèmes de
   management de la qualité et
   exigences pour les produits..... 7
2.3 Démarche «systèmes de
   management de la qualité» 7
2.4 Approche processus................8
2.5 Politique qualité et objectifs
   qualité 9
2.6 Rôle de la direction au sein
   du système de management
   de la qualité............................13
2.7 Documentation.......................13
2.8 Évaluation des systèmes de
   management de la qualité.....14
2.9 Amélioration continue............16
2.10 Rôle des techniques
   statistiques 16
2.11 Systèmes de management de la
   qualité et autres objets d'un
   système de management 17
2.12 Relation entre les systèmes
   de management de la qualité
   et les modèles d'excellence 17

3 Termes et définitions............... 18
3.1 Termes relatifs à la qualité ...18
3.2 Termes relatifs au
   management 20
3.3 Termes relatifs à
   l'organisme............................22
3.4 Termes relatifs aux processus
   et aux produits 23
3.5 Termes relatifs aux
   caractéristiques 25
3.6 Termes relatifs à la
   conformité..............................27
3.7 Termes relatifs à la
   documentation.......................29
3.8 Termes relatifs à
   l'examen 30
3.9 Termes relatifs à l'audit 31
3.10 Termes relatifs au management
   de la qualité pour les
   processus de mesure............34

Annexe A (informative) Méthode
utilisée pour élaborer le
vocabulaire................................52

Bibliographie................................60

Index alphabétique 64

EN ISO 9000:2005 (D/E/F)

Vorwort

Dieses Dokument (EN ISO 9000:2005) wurde vom Technischen Komitee ISO/TC 176 „Qualitätsmanagement und Qualitätssicherung", Unterkomitee 1 „Begriffe", in Zusammenarbeit mit dem CEN Management-Zentrum (CMC) erarbeitet.

Diese Europäische Norm muss den Status einer nationalen Norm erhalten, entweder durch Veröffentlichung eines identischen Textes oder durch Anerkennung bis März 2006, und etwaige entgegenstehende nationale Normen müssen bis März 2006 zurückgezogen werden. Dieses Dokument ersetzt EN ISO 9000:2000.

Entsprechend der CEN/CENELEC-Geschäftsordnung sind die nationalen Normungsinstitute der folgenden Länder gehalten, diese Europäische Norm zu übernehmen: Belgien, Dänemark, Deutschland, Estland, Finnland, Frankreich, Griechenland, Irland, Island, Italien, Lettland, Litauen, Luxemburg, Malta, Niederlande, Norwegen, Österreich, Polen, Portugal, Schweden, Schweiz, Slowakei, Slowenien, Spanien, Tschechische Republik, Ungarn, Vereinigtes Königreich und Zypern.

Anerkennungsnotiz

Der Text von ISO 9000:2005 wurde vom CEN als Europäische Norm (EN ISO 9000:2005) ohne irgendeine Abänderung genehmigt.

Die Internationale Organisation für Normung (ISO) ist eine weltweite Vereinigung nationaler Normungsinstitute (ISO-Mitgliedskörperschaften). Die Erarbeitung Internationaler Normen obliegt üblicherweise den Technischen Komitees der ISO. Jede Mitgliedskörperschaft, die sich für ein Thema interessiert, für das ein Technisches Komitee eingesetzt wurde, ist berechtigt, in diesem Komitee mitzuarbeiten. Internationale, staatliche und nichtstaatliche, Organisationen, die mit der ISO in Verbindung stehen, sind an den Arbeiten ebenfalls beteiligt. Die ISO arbeitet bei allen Angelegenheiten der elektrotechnischen Normung eng mit der Internationalen Elektrotechnischen Kommission (IEC) zusammen.

Internationale Normen werden in Übereinstimmung mit den Regeln der ISO/IEC-Richtlinien, Teil 2, gestaltet.

Die Hauptaufgabe der Technischen Komitees besteht in der Erarbeitung Internationaler Normen. Die von den Technischen Komitees verabschiedeten internationalen Norm-Entwürfe werden den Mitgliedskörperschaften zur Abstimmung vorgelegt. Die Veröffentlichung als Internationale Norm erfordert die Zustimmung von mindestens 75 % der abstimmenden Mitgliedskörperschaften.

Foreword

This document (EN ISO 9000:2005) has been prepared by Technical Committee ISO/TC 176 "Quality management and quality assurance", Subcommittee 1, "Concepts and terminology", in collaboration with the CEN Management Centre (CMC).

This European Standard shall be given the status of a national standard, either by publication of an identical text or by endorsement, at the latest by March 2006, and conflicting national standards shall be withdrawn at the latest by March 2006.

This document supersedes EN ISO 9000:2000.

According to the CEN/CENELEC Internal Regulations, the national standards organizations of the following countries are bound to implement this European Standard: Austria, Belgium, Cyprus, Czech Republic, Denmark, Estonia, Finland, France, Germany, Greece, Hungary, Iceland, Ireland, Italy, Latvia, Lithuania, Luxembourg, Malta, Netherlands, Norway, Poland, Portugal, Slovakia, Slovenia, Spain, Sweden, Switzerland and United Kingdom.

Endorsement notice

The text of ISO 9000:2005 has been approved by CEN as a European Standard (EN ISO 9000:2005) without any modifications.

ISO (the International Organization for Standardization) is a worldwide federation of national standards bodies (ISO member bodies). The work of preparing International Standards is normally carried out through ISO technical committees. Each member body interested in a subject for which a technical committee has been established has the right to be represented on that committee. International organizations, governmental and non-governmental, in liaison with ISO, also take part in the work. ISO collaborates closely with the International Electrotechnical Commission (IEC) on all matters of electrotechnical standardization.

International Standards are drafted in accordance with the rules given in the ISO/IEC Directives, Part 2.

The main task of technical committees is to prepare International Standards. Draft International Standards adopted by the technical committees are circulated to the member bodies for voting. Publication as an International Standard requires approval by at least 75 % of the member bodies casting a vote.

Attention is drawn to the possibility that some of the elements of this document may be the subject of patent rights. ISO shall not be held responsible for identifying any or all such patent rights.

Avant-propos

Le présent document (EN ISO 9000: 2005) a été élaboré par le Comité Technique ISO/TC 176 «Management et assurance de la qualité», sous-comité 1, «Concepts et terminologie», en collaboration avec le Centre de Gestion du CEN (CMC).

Cette Norme européenne devra recevoir le statut de norme nationale, soit par publication d'un texte identique, soit par entérinement, au plus tard en mars 2006, et toutes les normes nationales en contradiction devront être retirées au plus tard en mars 2006.

Le présent document remplace l'EN ISO 9000:2000.

Selon le Règlement Intérieur du CEN/CENELEC, les instituts de normalisation nationaux des pays suivants sont tenus de mettre cette Norme européenne en application: Allemagne, Autriche, Belgique, Chypre, Danemark, Espagne, Estonie, Finlande, France, Grèce, Hongrie, Irlande, Islande, Italie, Lettonie, Lituanie, Luxembourg, Malte, Norvège, Pays-Bas, Pologne, Portugal, République Tchèque, Royaume-Uni, Slovaquie, Slovénie, Suède et Suisse.

Notice d'entérinement

Le texte de l'ISO 9000:2005 a été approuvé par le CEN comme Norme Européenne (EN ISO 9000:2005) sans aucune modification.

L'ISO (Organisation internationale de normalisation) est une fédération mondiale d'organismes nationaux de normalisation (comités membres de l'ISO). L'élaboration des Normes internationales est en général confiée aux comités techniques de l'ISO. Chaque comité membre intéressé par une étude a le droit de faire partie du comité technique créé à cet effet. Les organisations internationales, gouvernementales et non gouvernementales, en liaison avec l'ISO participent également aux travaux. L'ISO collabore étroitement avec la Commission électrotechnique internationale (CEI) en ce qui concerne la normalisation électrotechnique.

Les Normes internationales sont rédigées conformément aux règles données dans les Directives ISO/CEI, Partie 2.

La tâche principale des comités techniques est d'élaborer les Normes internationales. Les projets de Normes internationales adoptés par les comités techniques sont soumis aux comités membres pour vote. Leur publication comme Normes internationales requiert l'approbation de 75 % au moins des comités membres votants.

L'attention est appelée sur le fait que certains des éléments du présent document peuvent faire l'objet de droits de

Es wird darauf hingewiesen, dass die Möglichkeit besteht, dass einige Elemente dieses Dokuments Patentrechte berühren können. Die ISO ist nicht dafür verantwortlich, einige oder alle diesbezüglichen Patentrechte zu identifizieren.

ISO 9000 wurde vom Technischen Komitee ISO/TC 176, *Qualitätsmanagement und Qualitätssicherung*, Unterkomitee SC 1, *Begriffe*, erarbeitet.

Anhang A dieser Internationalen Norm dient ausschließlich der Information. Er enthält Begriffsdiagramme, die eine graphische Darstellung der Beziehungen zwischen Begriffen in bestimmten Bereichen des Qualitätsmanagements geben.

ISO 9000:2005 was prepared by Technical Committee ISO/TC 176, *Quality management and quality assurance*, Subcommittee SC 1, *Concepts and terminology*.

Annex A of this International Standard is for information only. It includes concept diagrams that provide a graphical representation of the relationships between terms in specific fields relative to quality management systems.

propriété intellectuelle ou de droits analogues. L'ISO ne saurait être tenue pour responsable de ne pas avoir identifié de tels droits de propriété et averti de leur existence.

L'ISO 9000:2005 a été élaboré par le comité technique ISO/TC 176, *Management et assurance de la qualité*, sous-comité SC 1, *Concepts et terminologie*.

L'annexe A de la présente Norme internationale est donnée uniquement à titre d'information. Les diagrammes de concepts qui y sont inclus donnent une représentation graphique des relations entre les termes dans des champs notionnels spécifiques relatifs aux systèmes de management de la qualité.

Einleitung

0.1 Allgemeines

Die im Folgenden aufgeführten Normen der ISO-9000-Familie wurden entwickelt, um Organisationen jeder Art und Größe beim Verwirklichen und beim Arbeiten mit wirksamen Qualitätsmanagementsystemen zu helfen.

- ISO 9000 beschreibt Grundlagen für Qualitätsmanagementsysteme und legt die Terminologie für Qualitätsmanagementsysteme fest.
- ISO 9001 legt die Anforderungen an ein Qualitätsmanagementsystem für den Fall fest, dass eine Organisation ihre Fähigkeit darlegen muss, Produkte bereitzustellen, die die Anforderungen der Kunden und die behördlichen Anforderungen erfüllen, und anstrebt, die Kundenzufriedenheit zu erhöhen.
- ISO 9004 stellt einen Leitfaden bereit, der sowohl die Wirksamkeit als auch die Effizienz des Qualitätsmanagementsystems betrachtet. Das Ziel dieser Norm besteht in der Leistungsverbesserung der Organisation sowie der Verbesserung der Zufriedenheit der Kunden und anderer interessierter Parteien.
- ISO 19011 stellt eine Anleitung für das Auditieren von Qualitäts- und Umweltmanagementsystemen bereit.

Gemeinsam bilden diese Normen einen zusammenhängenden Satz von Qualitätsmanagementsystemnormen, um das gegenseitige Verständnis im nationalen und internationalen Handel zu erleichtern.

Introduction

0.1 General

The ISO 9000 family of standards listed below has been developed to assist organizations, of all types and sizes, to implement and operate effective quality management systems.

- ISO 9000 describes fundamentals of quality management systems and specifies the terminology for quality management systems.
- ISO 9001 specifies requirements for a quality management system where an organization needs to demonstrate its ability to provide products that fulfil customer and applicable regulatory requirements and aims to enhance customer satisfaction.
- ISO 9004 provides guidelines that consider both the effectiveness and efficiency of the quality management system. The aim of this standard is improvement of the performance of the organization and satisfaction of customers and other interested parties.
- ISO 19011 provides guidance on auditing quality and environmental management systems.

Together they form a coherent set of quality management system standards facilitating mutual understanding in national and international trade.

Introduction

0.1 Généralités

La famille des normes ISO 9000 énumérées ci-dessous a été élaborée pour aider les organismes, de tous types et de toutes tailles, à mettre en œuvre et à appliquer des systèmes de management de la qualité efficaces.

- L'ISO 9000 décrit les principes essentiels des systèmes de management de la qualité et en spécifie la terminologie.
- L'ISO 9001 spécifie les exigences relatives à un système de management de la qualité lorsqu'un organisme doit démontrer son aptitude à fournir des produits satisfaisant aux exigences des clients et à la réglementation applicable, et qu'il vise à accroître la satisfaction de ses clients.
- L'ISO 9004 fournit des lignes directrices sur l'efficacité et l'efficience du système de management de la qualité. L'objet de cette norme est l'amélioration des performances de l'organisme et la satisfaction des clients et des autres parties intéressées.
- L'ISO 19011 fournit des conseils sur l'audit des systèmes de management de la qualité et des systèmes de management environnemental.

Ces normes forment un ensemble cohérent relatif aux systèmes de management de la qualité facilitant la compréhension mutuelle dans le cadre des échanges commerciaux nationaux et internationaux.

4

0.2 Grundsätze des Qualitätsmanagements

Das erfolgreiche Führen und Betreiben einer Organisation erfordert, dass sie in systematischer und klarer Weise geleitet und gelenkt wird. Ein Weg zum Erfolg kann die Einführung und Aufrechterhaltung eines Managementsystems sein, das auf ständige Leistungsverbesserung ausgerichtet ist, indem es die Erfordernisse aller interessierten Parteien berücksichtigt. Eine Organisation zu leiten und zu lenken umfasst neben anderen Managementdisziplinen auch das Qualitätsmanagement.

Es wurden acht Grundsätze des Qualitätsmanagements aufgestellt, die von der obersten Leitung benutzt werden können, um die Leistungsfähigkeit der Organisation zu verbessern.

a) **Kundenorientierung**
Organisationen hängen von ihren Kunden ab und sollten daher gegenwärtige und zukünftige Erfordernisse der Kunden verstehen, deren Anforderungen erfüllen und danach streben, deren Erwartungen zu übertreffen.

b) **Führung**
Führungskräfte schaffen die Übereinstimmung von Zweck und Ausrichtung der Organisation. Sie sollten das interne Umfeld schaffen und erhalten, in dem sich Personen voll und ganz für die Erreichung der Ziele der Organisation einsetzen können.

c) **Einbeziehung der Personen**
Auf allen Ebenen machen Personen das Wesen einer Organisation aus, und ihre vollständige Einbeziehung ermöglicht, ihre Fähigkeiten zum Nutzen der Organisation einzusetzen.

d) **Prozessorientierter Ansatz**
Ein erwünschtes Ergebnis lässt sich effizienter erreichen, wenn Tätigkeiten und dazugehörige Ressourcen als Prozess geleitet und gelenkt werden.

e) **Systemorientierter Managementansatz**
Erkennen, Verstehen, Leiten und Lenken von miteinander in Wechselbeziehung stehenden Prozessen als System tragen zur Wirksamkeit und Effizienz der Organisation beim Erreichen ihrer Ziele bei.

f) **Ständige Verbesserung**
Die ständige Verbesserung der Gesamtleistung der Organisation stellt ein permanentes Ziel der Organisation dar.

g) **Sachbezogener Ansatz zur Entscheidungsfindung**
Wirksame Entscheidungen beruhen auf der Analyse von Daten und Informationen.

0.2 Quality management principles

To lead and operate an organization successfully, it is necessary to direct and control it in a systematic and transparent manner. Success can result from implementing and maintaining a management system that is designed to continually improve performance while addressing the needs of all interested parties. Managing an organization encompasses quality management amongst other management disciplines.

Eight quality management principles have been identified that can be used by top management in order to lead the organization towards improved performance.

a) **Customer focus**
Organizations depend on their customers and therefore should understand current and future customer needs, should meet customer requirements and strive to exceed customer expectations.

b) **Leadership**
Leaders establish unity of purpose and direction of the organization. They should create and maintain the internal environment in which people can become fully involved in achieving the organization's objectives.

c) **Involvement of people**
People at all levels are the essence of an organization and their full involvement enables their abilities to be used for the organization's benefit.

d) **Process approach**
A desired result is achieved more efficiently when activities and related resources are managed as a process.

e) **System approach to management**
Identifying, understanding and managing interrelated processes as a system contributes to the organization's effectiveness and efficiency in achieving its objectives.

f) **Continual improvement**
Continual improvement of the organization's overall performance should be a permanent objective of the organization.

g) **Factual approach to decision making**
Effective decisions are based on the analysis of data and information.

0.2 Principes de management de la qualité

Diriger et faire fonctionner un organisme avec succès nécessite de l'orienter et de le contrôler méthodiquement et en transparence. Le succès peut résulter de la mise en œuvre et de l'entretien d'un système de management conçu pour une amélioration continue des performances tout en répondant aux besoins de toutes les parties intéressées. Le management d'un organisme inclut le management de la qualité parmi d'autres disciplines de management.

Huit principes de management de la qualité ont été identifiés, qui peuvent être utilisés par la direction pour mener l'organisme vers de meilleures performances.

a) **Orientation client**
Les organismes dépendent de leurs clients, il convient donc qu'ils en comprennent les besoins présents et futurs, qu'ils satisfassent leurs exigences et qu'ils s'efforcent d'aller au-devant de leurs attentes.

b) **Leadership**
Les dirigeants établissent la finalité et les orientations de l'organisme. Il convient qu'ils créent et maintiennent un environnement interne dans lequel les personnes peuvent pleinement s'impliquer dans la réalisation des objectifs de l'organisme.

c) **Implication du personnel**
Les personnes à tous les niveaux sont l'essence même d'un organisme et une totale implication de leur part permet d'utiliser leurs aptitudes au profit de l'organisme.

d) **Approche processus**
Un résultat escompté est atteint de façon plus efficiente lorsque les ressources et activités afférentes sont gérées comme un processus.

e) **Management par approche système**
Identifier, comprendre et gérer des processus corrélés comme un système contribue à l'efficacité et à l'efficience de l'organisme à atteindre ses objectifs.

f) **Amélioration continue**
Il convient que l'amélioration continue de la performance globale d'un organisme soit un objectif permanent de l'organisme.

g) **Approche factuelle pour la prise de décision**
Les décisions efficaces se fondent sur l'analyse de données et d'informations.

EN ISO 9000:2005 (D/E/F)

h) **Lieferantenbeziehungen zum gegenseitigen Nutzen**
Eine Organisation und ihre Lieferanten sind voneinander abhängig. Beziehungen zum gegenseitigen Nutzen erhöhen die Wertschöpfungsfähigkeit beider Seiten.
Diese acht Grundsätze des Qualitätsmanagements bilden die Grundlage für die Normen zu Qualitätsmanagementsystemen in der ISO-9000-Familie.

h) **Mutually beneficial supplier relationships**
An organization and its suppliers are interdependent and a mutually beneficial relationship enhances the ability of both to create value.
These eight quality management principles form the basis for the quality management system standards within the ISO 9000 family.

h) **Relations mutuellement bénéfiques avec les fournisseurs**
Un organisme et ses fournisseurs sont interdépendants et des relations mutuellement bénéfiques augmentent les capacités des deux organismes à créer de la valeur.
Ces huit principes de management de la qualité constituent la base des normes de systèmes de management de la qualité de la famille ISO 9000.

1 Anwendungsbereich

Diese Internationale Norm beschreibt Grundlagen für Qualitätsmanagementsysteme, die den Gegenstand der ISO-9000-Familie bilden, und legt die zugehörige Terminologie fest.
Diese Internationale Norm ist anwendbar auf:
a) Organisationen, die durch die Verwirklichung eines Qualitätsmanagementsystems Vorteile suchen;
b) Organisationen, die Vertrauen zu ihren Lieferanten erwerben wollen, dass diese ihre Anforderungen an das Produkt erfüllen werden;
c) die Nutzer der Produkte;
d) alle, die mit einem gemeinsamen Verständnis der im Qualitätsmanagement verwendeten Begriffe zu tun haben (z. B. Lieferanten, Kunden, Behörden);
e) alle, innerhalb und außerhalb der Organisation, die das Qualitätsmanagementsystem bewerten oder im Hinblick auf die Einhaltung der Anforderungen nach ISO 9001 auditieren (z. B. Auditoren, Behörden, Zertifizierungs-/Zulassungsstellen);
f) alle, innerhalb und außerhalb der Organisation, welche die Organisation bezüglich eines für sie geeigneten Qualitätsmanagementsystems beraten und schulen;
g) Entwickler in Bezug stehender Normen.

1 Scope

This International Standard describes fundamentals of quality management systems, which form the subject of the ISO 9000 family, and defines related terms.
This International Standard is applicable to the following:
a) organizations seeking advantage through the implementation of a quality management system;
b) organizations seeking confidence from their suppliers that their product requirements will be satisfied;
c) users of the products;
d) those concerned with a mutual understanding of the terminology used in quality management (e.g. suppliers, customers, regulators);
e) those internal or external to the organization who assess the quality management system or audit it for conformity with the requirements of ISO 9001 (e.g. auditors, regulators, certification/registration bodies);
f) those internal or external to the organization who give advice or training on the quality management system appropriate to that organization;
g) developers of related standards.

1 Domaine d'application

La présente Norme internationale décrit les principes essentiels des systèmes de management de la qualité, objet de la famille des normes ISO 9000, et en définit les termes associés.
La présente Norme internationale est applicable
a) aux organismes cherchant à progresser par la mise en œuvre d'un système de management de la qualité;
b) aux organismes qui cherchent à s'assurer que leurs fournisseurs satisferont leurs exigences relatives aux produits;
c) aux utilisateurs des produits;
d) aux personnes concernées par une compréhension mutuelle de la terminologie utilisée dans le domaine du management de la qualité (par exemple fournisseurs, clients, autorités réglementaires);
e) aux personnes internes ou externes à l'organisme, qui évaluent ou auditent le système de management de la qualité en termes de conformité aux exigences de l'ISO 9001 (par exemple auditeurs, autorités réglementaires, organismes de certification/enregistrement);
f) aux personnes internes ou externes à l'organisme qui donnent des conseils ou fournissent une formation sur le système de management de la qualité qui lui convient;
g) aux personnes qui élaborent des normes apparentées.

2 Grundlagen für Qualitätsmanagementsysteme

2.1 Begründung für Qualitätsmanagementsysteme

Qualitätsmanagementsysteme können Organisationen beim Erhöhen der Kundenzufriedenheit unterstützen.
Kunden verlangen Produkte mit Merkmalen, die ihre Erfordernisse und Erwartungen erfüllen. Diese Erfordernisse und Erwartungen werden in Produktspezifikationen ausgedrückt und in ihrer Gesamtheit als Kundenanforderungen

2 Fundamentals of quality management systems

2.1 Rationale for quality management systems

Quality management systems can assist organizations in enhancing customer satisfaction.
Customers require products with characteristics that satisfy their needs and expectations. These needs and expectations are expressed in product specifications and collectively referred to as customer requirements. Customer re-

2 Principes essentiels liés aux systèmes de management de la qualité

2.1 Fondement des systèmes de management de la qualité

Les systèmes de management de la qualité peuvent aider les organismes à accroître la satisfaction de leurs clients.
Les clients exigent des produits dont les caractéristiques répondent à leurs besoins et à leurs attentes. Ces besoins et attentes sont exprimés dans des spécifications de produits et désignés globalement par l'expression «exigences

6

bezeichnet. Kundenanforderungen können vom Kunden vertraglich festgelegt oder von der Organisation selbst ermittelt werden. In beiden Fällen befindet der Kunde letztlich über die Annehmbarkeit des Produkts. Wegen sich ändernder Erfordernisse und Erwartungen der Kunden werden Organisationen zur ständigen Verbesserung ihrer Produkte und Prozesse angespornt.

Sich mit einem Qualitätsmanagementsystem zu befassen, regt Organisationen dazu an, die Kundenanforderungen zu analysieren, jene Prozesse festzulegen, die dazu beitragen, ein für die Kunden annehmbares Produkt zu liefern und diese Prozesse beherrscht zu halten. Ein Qualitätsmanagementsystem kann den Rahmen für ständige Verbesserung bieten, damit die Wahrscheinlichkeit zunimmt, dass die Zufriedenheit der Kunden und anderer interessierter Parteien erhöht wird. Es gibt der Organisation und ihren Kunden das Vertrauen, dass diese fähig ist, ständig den Anforderungen entsprechende Produkte bereitzustellen.

2.2 Anforderungen an Qualitätsmanagementsysteme und Anforderungen an Produkte

Die Normen der ISO-9000-Familie unterscheiden zwischen Anforderungen an Qualitätsmanagementsysteme und Anforderungen an Produkte.

Anforderungen an Qualitätsmanagementsysteme sind in ISO 9001 festgelegt. Anforderungen an Qualitätsmanagementsysteme sind allgemeiner Natur und gelten für Organisationen in jedem beliebigen Industrie- oder Wirtschaftssektor unabhängig von der angebotenen Produktkategorie. ISO 9001 selbst legt keine Anforderungen an Produkte fest.

Anforderungen an Produkte können entweder von den Kunden oder von der Organisation in Vorwegnahme der Kundenanforderungen oder durch behördliche Vorschriften festgelegt werden. Anforderungen an Produkte und in einigen Fällen Anforderungen an zugehörige Prozesse können z. B. enthalten sein in technischen Spezifikationen, Produktnormen, Prozessnormen, Vertragsvereinbarungen und behördlichen Anforderungen.

2.3 Ansatz für Qualitätsmanagementsysteme

Ein Ansatz, ein Qualitätsmanagementsystem zu entwickeln und zu verwirklichen, besteht aus mehreren Schritten. Dazu gehören:

a) Ermitteln der Erfordernisse und Erwartungen der Kunden und anderer interessierter Parteien;

quirements may be specified contractually by the customer or may be determined by the organization itself. In either case, the customer ultimately determines the acceptability of the product. Because customer needs and expectations are changing, and because of competitive pressures and technical advances, organizations are driven to improve continually their products and processes.

The quality management system approach encourages organizations to analyse customer requirements, define the processes that contribute to the achievement of a product which is acceptable to the customer, and keep these processes under control. A quality management system can provide the framework for continual improvement to increase the probability of enhancing customer satisfaction and the satisfaction of other interested parties. It provides confidence to the organization and its customers that it is able to provide products that consistently fulfil requirements.

2.2 Requirements for quality management systems and requirements for products

The ISO 9000 family distinguishes between requirements for quality management systems and requirements for products.

Requirements for quality management systems are specified in ISO 9001. Requirements for quality management systems are generic and applicable to organizations in any industry or economic sector regardless of the offered product category. ISO 9001 itself does not establish requirements for products. Requirements for products can be specified by customers or by the organization in anticipation of customer requirements, or by regulation. The requirements for products and in some cases associated processes can be contained in, for example, technical specifications, product standards, process standards, contractual agreements and regulatory requirements.

2.3 Quality management systems approach

An approach to developing and implementing a quality management system consists of several steps including the following:

a) determining the needs and expectations of customers and other interested parties;

des clients». Les exigences des clients peuvent être spécifiées contractuellement par le client ou peuvent être déterminées par l'organisme lui-même. Dans chacun de ces cas, c'est le client qui, en définitive, détermine l'acceptabilité du produit. Les besoins et attentes des clients n'étant pas figés, et du fait de la pression de la concurrence et des avancées technologiques, les organismes sont amenés à améliorer leurs produits et processus de manière continue.

La démarche qui s'appuie sur un système de management de la qualité incite les organismes à analyser les exigences des clients, à définir les processus qui contribuent à la réalisation d'un produit acceptable pour le client et à en maintenir la maîtrise. Un système de management de la qualité peut fournir le cadre d'amélioration continue permettant d'accroître la probabilité de satisfaire ses clients et les autres parties intéressées. Il apporte, à l'organisme et à ses clients, la confiance en son aptitude à fournir des produits qui satisfont immanquablement aux exigences.

2.2 Exigences pour les systèmes de management de la qualité et exigences pour les produits

La famille des normes ISO 9000 fait la distinction entre les exigences concernant les systèmes de management de la qualité et les exigences concernant les produits.

Les exigences relatives aux systèmes de management de la qualité sont spécifiées dans l'ISO 9001. Ces exigences sont génériques et s'appliquent à des organismes de tous les secteurs industriels ou économiques, quelle que soit la catégorie de produit proposée. L'ISO 9001 ne présente pas d'exigences concernant les produits.

Les exigences concernant les produits peuvent être spécifiées par les clients, par l'organisme qui anticipe les exigences des clients ou par la réglementation. Ces exigences, et dans certains cas les processus associés, peuvent être incluses par exemple dans des spécifications techniques, des normes de produits, des normes de processus, des accords contractuels et la réglementation.

2.3 Démarche «systèmes de management de la qualité»

Une démarche permettant de développer et de mettre en œuvre un système de management de la qualité comporte plusieurs étapes, telles que

a) détermination des besoins et attentes des clients et des autres parties intéressées;

b) Festlegen der Qualitätspolitik und der Qualitätsziele der Organisation;
c) Festlegen der erforderlichen Prozesse und Verantwortlichkeiten, um die Qualitätsziele zu erreichen;
d) Festlegen und Bereitstellen der erforderlichen Ressourcen, um die Qualitätsziele zu erreichen;
e) Einführen von Methoden, um die Wirksamkeit und Effizienz jedes einzelnen Prozesses zu messen;
f) Anwenden dieser Messungen zur Ermittlung der aktuellen Wirksamkeit und Effizienz jedes einzelnen Prozesses;
g) Festlegen von Mitteln zur Verhinderung von Fehlern und zur Beseitigung ihrer Ursachen;
h) Einführen und Anwenden eines Prozesses zur ständigen Verbesserung des Qualitätsmanagementsystems.

Ein solcher Ansatz gilt auch für das Aufrechterhalten und Verbessern eines vorhandenen Qualitätsmanagementsystems.

Eine Organisation, die dem oben dargestellten Ansatz folgt, schafft Vertrauen in die Fähigkeit ihrer Prozesse und die Qualität ihrer Produkte und erzeugt eine Grundlage für ständige Verbesserung. Dies kann zu höherer Zufriedenheit der Kunden und anderer interessierter Parteien und zum Erfolg der Organisation führen.

2.4 Prozessorientierter Ansatz

Jede Tätigkeit oder jeder Satz von Tätigkeiten, die bzw. der Ressourcen verwendet, um Eingaben in Ergebnisse umzuwandeln, kann als Prozess angesehen werden.

Damit sich Organisationen wirksam betätigen können, müssen sie zahlreiche miteinander verknüpfte und in Wechselwirkung zueinander stehende Prozesse erkennen und handhaben. Oft bildet das Ergebnis des einen Prozesses die direkte Eingabe für den nächsten. Das systematische Erkennen sowie Handhaben dieser verschiedenen Prozesse innerhalb einer Organisation, vor allem aber der Wechselwirkungen zwischen solchen Prozessen, wird als „prozessorientierter Ansatz" bezeichnet.

Die Absicht dieser Internationalen Norm besteht darin, die Übernahme des prozessorientierten Ansatzes zum Leiten und Lenken einer Organisation anzuregen.

Bild 1 stellt das prozessorientierte Qualitätsmanagementsystem dar, das in den Normen der ISO-9000-Familie beschrieben ist. Diese Darstellung zeigt, dass interessierte Parteien beim Erzeugen von Eingaben eine bedeutende Rolle

b) establishing the quality policy and quality objectives of the organization;
c) determining the processes and responsibilities necessary to attain the quality objectives;
d) determining and providing the resources necessary to attain the quality objectives;
e) establishing methods to measure the effectiveness and efficiency of each process;
f) applying these measures to determine the effectiveness and efficiency of each process;
g) determining means of preventing nonconformities and eliminating their causes;
h) establishing and applying a process for continual improvement of the quality management system.

Such an approach is also applicable to maintaining and improving an existing quality management system.

An organization that adopts the above approach creates confidence in the capability of its processes and the quality of its products, and provides a basis for continual improvement. This can lead to increased satisfaction of customers and other interested parties and the success of the organization.

2.4 The process approach

Any activity, or set of activities, that uses resources to transform inputs to outputs can be considered as a process.

For organizations to function effectively, they have to identify and manage numerous interrelated and interacting processes. Often, the output from one process will directly form the input into the next process. The systematic identification and management of the processes employed within an organization and particularly the interactions between such processes is referred to as the "process approach".

The intent of this International Standard is to encourage the adoption of the process approach to manage an organization.

Figure 1 illustrates the process-based quality management system described in the ISO 9000 family of standards. This illustration shows that interested parties play a significant role in providing inputs to the organization. Monitoring the satisfaction of interested parties requires the evaluation of information relating to the perception of interested parties as to the extent to which their

b) établissement de la politique qualité et des objectifs qualité de l'organisme;
c) détermination des processus et responsabilités nécessaires pour atteindre les objectifs qualité;
d) détermination et fourniture des ressources nécessaires pour atteindre les objectifs qualité;
e) définition des méthodes permettant de mesurer l'efficacité et l'efficience de chaque processus;
f) mise en œuvre de ces méthodes pour mesurer l'efficacité et l'efficience de chaque processus;
g) détermination des moyens permettant d'empêcher les non-conformités et d'en éliminer les causes;
h) établissement et application d'un processus d'amélioration continue du système de management de la qualité.

Cette démarche peut également être appliquée pour entretenir et améliorer un système de management de la qualité existant.

Un organisme qui adopte l'approche ci-dessus crée la confiance dans la capacité de ses processus et la qualité de ses produits, tout en se dotant d'une base pour l'amélioration continue. Cela peut mener à une plus grande satisfaction des clients et des autres parties intéressées ainsi qu'au succès de l'organisme.

2.4 Approche processus

Toute activité ou ensemble d'activités qui utilise des ressources pour convertir des éléments d'entrée en éléments de sortie peut être considérée comme un processus.

Pour qu'un organisme fonctionne de manière efficace, il doit identifier et gérer de nombreux processus corrélés et interactifs. Souvent, l'élément de sortie d'un processus forme directement l'élément d'entrée du processus suivant. L'identification et le management méthodiques des processus utilisés dans un organisme, et plus particulièrement les interactions de ces processus, sont appelés «l'approche processus».

L'objet de la présente Norme internationale est d'encourager l'adoption de l'approche processus pour gérer un organisme.

La Figure 1 illustre le système de management de la qualité, basé sur les processus, décrit dans la famille des normes ISO 9000. Cette représentation montre le rôle significatif que jouent les parties intéressées pour fournir les éléments d'entrée à l'organisme. La surveillance de la satisfaction des parties intéressées exige l'évaluation des spielen. Die Überwachung der Zufriedenheit interessierter Parteien erfordert die Beurteilung von Informationen über die Wahrnehmung der interessierten Parteien, in welchem Umfang ihre Erfordernisse und Erwartungen erfüllt worden sind. Das in Bild 1 dargestellte Modell zeigt die Prozesse, ohne in Details zu gehen.

needs and expectations have been met. The model shown in Figure 1 does not show processes at a detailed level.

informations concernant leur perception sur le niveau de réponse de l'organisme à leurs besoins et attentes. Le modèle de la Figure 1 ne présente pas les processus de façon détaillée.

2.5 Qualitätspolitik und Qualitätsziele

Qualitätspolitik und Qualitätsziele werden aufgestellt, um Schwerpunkte für das Leiten der Organisation zu setzen. Beide legen die gewünschten Ergebnisse fest und unterstützen die Organisation dabei, ihre Ressourcen einzusetzen, um diese Ergebnisse zu erreichen. Die Qualitätspolitik bietet einen Rahmen für das Festlegen und Bewerten von Qualitätszielen. Die Qualitätsziele müssen mit der Qualitätspolitik und der Verpflichtung zu ständiger Verbesserung im Einklang stehen, und ihr Erreichen muss messbar sein. Qualitätsziele zu erreichen, kann eine positive Wirkung auf die Qualität der Produkte, die Wirksamkeit der Betriebsabläufe und die finanzielle Leistung und somit auf die Zufriedenheit und das Vertrauen der interessierten Parteien haben.

2.5 Quality policy and quality objectives

Quality policy and quality objectives are established to provide a focus to direct the organization. Both determine the desired results and assist the organization to apply its resources to achieve these results. The quality policy provides a framework for establishing and reviewing quality objectives. The quality objectives need to be consistent with the quality policy and the commitment to continual improvement, and their achievement needs to be measurable. The achievement of quality objectives can have a positive impact on product quality, operational effectiveness and financial performance and thus on the satisfaction and confidence of interested parties.

2.5 Politique qualité et objectifs qualité

La politique qualité et les objectifs qualité sont établis pour fournir un axe d'orientation à l'organisme. Ensemble, ils déterminent les résultats escomptés et soutiennent l'organisme dans la mise en œuvre des ressources permettant d'atteindre ces résultats. La politique qualité fournit un cadre permettant d'établir et de revoir les objectifs qualité. Il est nécessaire que les objectifs qualité soient cohérents avec la politique qualité et avec l'engagement pour l'amélioration continue et que leurs résultats soient mesurables. La réalisation des objectifs qualité peut avoir un impact positif sur la qualité du produit, l'efficacité opérationnelle et les performances financières et donc sur la satisfaction et la confiance des parties intéressées.

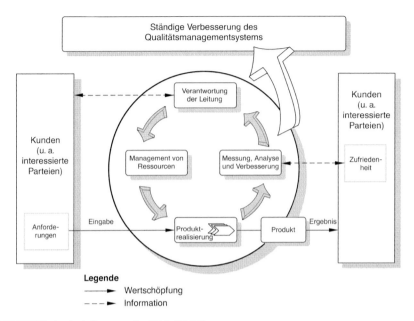

Legende
→ Wertschöpfung
--→ Information

ANMERKUNG Angaben in Klammern gelten nicht für ISO 9001.

Bild 1 – Darstellung eines prozessorientierten Qualitätsmanagementsystems

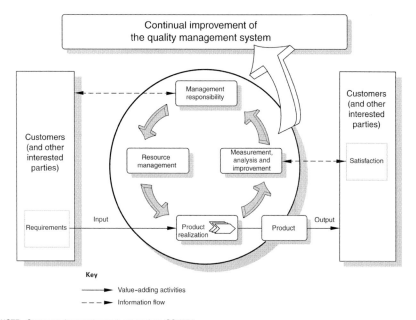

NOTE Statements in parentheses do not apply to ISO 9001.

Figure 1 – Model of a process-based quality management system

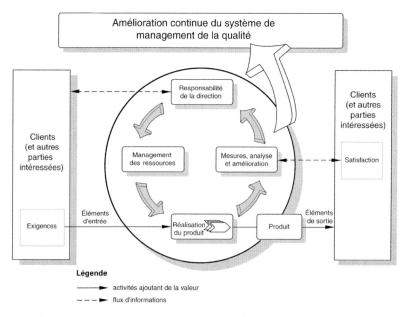

NOTE   Les éléments de texte figurant entre parenthèses ne s'appliquent pas à l'ISO 9001.

Figure 1 – Modèle d'un système de management de la qualité basé sur des processus

2.6 Rolle der obersten Leitung im Qualitätsmanagementsystem

Die oberste Leitung kann durch ihr Führungsverhalten und ihr Handeln eine Umgebung schaffen, in der die Personen vollkommen einbezogen sind und in der ein Qualitätsmanagementsystem wirksam betrieben werden kann. Die oberste Leitung kann die Grundsätze des Qualitätsmanagements (siehe 0.2) als Grundlage für ihre Aufgaben verwenden, die aus Folgendem bestehen:

a) Festlegen und Aufrechterhalten der Qualitätspolitik und der Qualitätsziele der Organisation;
b) Fördern der Qualitätspolitik und der Qualitätsziele in der gesamten Organisation, um das Bewusstsein, die Motivation und die Einbeziehung aller zu erhöhen;
c) Sicherstellen, dass sich die gesamte Organisation an den Kundenanforderungen orientiert;
d) Sicherstellen, dass geeignete Prozesse umgesetzt sind, um die Anforderungen der Kunden und anderer interessierter Parteien erfüllen und die Qualitätsziele erreichen zu können;
e) Sicherstellen, dass ein wirksames und effizientes Qualitätsmanagementsystem eingeführt, umgesetzt und aufrechterhalten ist, um diese Qualitätsziele zu erreichen;
f) Sicherstellen der Verfügbarkeit der erforderlichen Ressourcen;
g) regelmäßiges Bewerten des Qualitätsmanagementsystems;
h) Entscheiden über Maßnahmen bezüglich der Qualitätspolitik und der Qualitätsziele;
i) Entscheiden über Maßnahmen zur Verbesserung des Qualitätsmanagementsystems.

2.7 Dokumentation

2.7.1 Wert der Dokumentation

Die Dokumentation ermöglicht die Vermittlung der Absichten und die Konsistenz von Maßnahmen. Der Einsatz der Dokumentation trägt bei

a) zum Erfüllen der Kundenanforderungen und zur Qualitätsverbesserung,
b) zum Bereitstellen geeigneter Schulung,
c) zur Wiederholbarkeit und Rückverfolgbarkeit,
d) zum Bereitstellen objektiver Nachweise und
e) zum Beurteilen der Wirksamkeit und ständigen Eignung des Qualitätsmanagementsystems.

Das Erstellen der Dokumentation sollte nicht Selbstzweck sein, sondern eine Wert steigernde Tätigkeit.

2.6 Role of top management within the quality management system

Through leadership and actions, top management can create an environment where people are fully involved and in which a quality management system can operate effectively. The quality management principles (see 0.2) can be used by top management as the basis of its role, which is as follows:

a) to establish and maintain the quality policy and quality objectives of the organization;
b) to promote the quality policy and quality objectives throughout the organization to increase awareness, motivation and involvement;
c) to ensure focus on customer requirements throughout the organization;
d) to ensure that appropriate processes are implemented to enable requirements of customers and other interested parties to be fulfilled and quality objectives to be achieved;
e) to ensure that an effective and efficient quality management system is established, implemented and maintained to achieve these quality objectives;
f) to ensure the availability of necessary resources;
g) to review the quality management system periodically;
h) to decide on actions regarding the quality policy and quality objectives;
i) to decide on actions for improvement of the quality management system.

2.7 Documentation

2.7.1 Value of documentation

Documentation enables communication of intent and consistency of action. Its use contributes to

a) achievement of conformity to customer requirements and quality improvement,
b) provision of appropriate training,
c) repeatability and traceability,
d) provision of objective evidence, and
e) evaluation of the effectiveness and continuing suitability of the quality management system.

Generation of documentation should not be an end in itself but should be a value-adding activity.

2.6 Rôle de la direction au sein du système de management de la qualité

Par son leadership et ses actions, la direction peut créer un contexte dans lequel les personnes sont pleinement impliquées et au sein duquel le système de management de la qualité peut fonctionner efficacement. La direction peut utiliser les principes de management de la qualité (voir 0.2) pour asseoir son rôle, qui consiste à

a) établir la politique qualité et les objectifs qualité de l'organisme;
b) promouvoir la politique qualité et les objectifs qualité à tous les niveaux de l'organisme pour accroître la sensibilisation, la motivation et l'implication;
c) assurer que les exigences des clients représentent une priorité à tous les niveaux de l'organisme;
d) assurer que les processus appropriés sont mis en œuvre pour permettre de répondre aux exigences des clients et des autres parties intéressées et d'atteindre les objectifs qualité;
e) assurer qu'un système de management de la qualité efficace et efficient est établi, mis en œuvre et entretenu afin d'atteindre ces objectifs qualité;
f) assurer la disponibilité des ressources nécessaires;
g) effectuer la revue du système de management de la qualité;
h) décider des actions concernant la politique qualité et les objectifs qualité;
i) décider des actions d'amélioration du système de management de la qualité.

2.7 Documentation

2.7.1 Valeur de la documentation

La documentation permet la communication de desseins et la cohérence des actions. Son utilisation contribue à

a) réaliser la conformité aux exigences des clients et à l'amélioration de la qualité,
b) offrir une formation adaptée,
c) assurer la répétabilité et la traçabilité,
d) fournir des preuves tangibles,
e) évaluer l'efficacité et la pertinence continue du système de management de la qualité.

Il convient que l'élaboration de documents ne représente pas une fin en soi, mais soit une activité à valeur ajoutée.

2.7.2 Art der Dokumente, die in Qualitätsmanagementsystemen verwendet werden

In Qualitätsmanagementsystemen werden folgende Arten von Dokumenten verwendet:

a) Dokumente, die nach innen und außen konsistente Informationen über das Qualitätsmanagementsystem der Organisation bereitstellen; solche Dokumente werden als QM-Handbücher bezeichnet;

b) Dokumente, die beschreiben, wie das Qualitätsmanagementsystem auf ein spezifisches Produkt, Projekt oder einen Vertrag angewendet wird; solche Dokumente werden als QM-Pläne bezeichnet;

c) Dokumente, die Anforderungen enthalten; solche Dokumente werden als Spezifikationen bezeichnet;

d) Dokumente, die Empfehlungen oder Vorschläge enthalten; diese Dokumente werden als Leitfäden bezeichnet;

e) Dokumente, die Informationen darüber bereitstellen, wie Tätigkeiten und Prozesse konsistent auszuüben bzw. durchzuführen sind; solche Dokumente können dokumentierte Verfahren, Arbeitsanleitungen, Zeichnungen enthalten;

f) Dokumente, die einen objektiven Nachweis über ausgeübte Tätigkeiten oder erreichte Ergebnisse liefern; solche Dokumente werden als Aufzeichnungen bezeichnet.

Jede Organisation legt den Umfang der geforderten Dokumentation und die dafür zu verwendenden Medien fest. Dies hängt von Faktoren ab wie: Art und Größe der Organisation, Komplexität und Wechselwirkungen von Prozessen, Komplexität der Produkte, Kundenanforderungen, anwendbare behördliche Anforderungen, dargelegte Fähigkeit des Personals und der Umfang, in dem das Erfüllen der Qualitätsmanagementsystem-Anforderungen darzulegen ist.

2.8 Beurteilen von Qualitätsmanagementsystemen

2.8.1 Bewertungsprozess innerhalb des Qualitätsmanagementsystems

Für das Beurteilen von Qualitätsmanagementsystemen gibt es vier Grundfragen, die für jeden zu beurteilenden Prozess gestellt werden sollten:

a) Ist der Prozess festgelegt und in geeigneter Weise beschrieben?

b) Sind die Verantwortlichkeiten zugeordnet?

c) Sind die Verfahren umgesetzt und aufrechterhalten?

d) Ist der Prozess wirksam in Bezug auf die geforderten Ergebnisse?

2.7.2 Types of document used in quality management systems

The following types of document are used in quality management systems:

a) documents that provide consistent information, both internally and externally, about the organization's quality management system; such documents are referred to as quality manuals;

b) documents that describe how the quality management system is applied to a specific product, project or contract; such documents are referred to as quality plans;

c) documents stating requirements; such documents are referred to as specifications;

d) documents stating recommendations or suggestions; such documents are referred to as guidelines;

e) documents that provide information about how to perform activities and processes consistently; such documents can include documented procedures, work instructions and drawings;

f) documents that provide objective evidence of activities performed or results achieved; such documents are referred to as records.

Each organization determines the extent of documentation required and the media to be used. This depends on factors such as the type and size of the organization, the complexity and interaction of processes, the complexity of products, customer requirements, the applicable regulatory requirements, the demonstrated ability of personnel, and the extent to which it is necessary to demonstrate fulfilment of quality management system requirements.

2.8 Evaluating quality management systems

2.8.1 Evaluating processes within the quality management system

When evaluating quality management systems, there are four basic questions that should be asked in relation to every process being evaluated.

a) Is the process identified and appropriately defined?

b) Are responsibilities assigned?

c) Are the procedures implemented and maintained?

d) Is the process effective in achieving the required results?

2.7.2 Types de documents utilisés dans les systèmes de management de la qualité

Les types de documents suivants sont utilisés dans les systèmes de management de la qualité:

a) documents fournissant des informations cohérentes, en interne et à l'extérieur, concernant le système de management de la qualité; on appelle ces documents «manuels qualité»;

b) documents définissant de quelle manière le système de management de la qualité s'applique à un produit, à un projet ou à un contrat spécifique; on appelle ces documents «plans qualité»;

c) documents formulant des exigences; on appelle ces documents «spécifications»;

d) documents formulant des recommandations ou des suggestions; on appelle ces documents «lignes directrices»;

e) documents fournissant des informations sur la manière de réaliser des activités et des processus de manière cohérente; ces documents peuvent inclure des documents de procédures, des instructions de travail, des plans;

f) documents fournissant des preuves tangibles de la réalisation d'une activité ou de résultats obtenus; on appelle ces documents «enregistrements».

Chaque organisme détermine l'étendue de la documentation nécessaire et les supports à utiliser. Cela dépend de facteurs tels que le type et la taille de l'organisme, la complexité et les interactions des processus, la complexité des produits, les exigences des clients, les exigences réglementaires applicables, les capacités démontrées du personnel et la mesure dans laquelle il est nécessaire de démontrer la satisfaction aux exigences relatives au système de management de la qualité.

2.8 Évaluation des systèmes de management de la qualité

2.8.1 Évaluation des processus au sein du système de management de la qualité

Lors de l'évaluation des systèmes de management de la qualité, il convient de se poser les quatre questions fondamentales suivantes pour chaque processus soumis à évaluation.

a) Le processus est-il identifié et défini de manière appropriée?

b) Les responsabilités sont-elles attribuées?

c) Les procédures sont-elles mises en œuvre et tenues à jour?

d) Le processus est-il efficace pour obtenir les résultats exigés?

Die gesamten Antworten auf diese Fragen können über das Ergebnis der Beurteilung entscheiden. Beurteilungen eines Qualitätsmanagementsystems können im Umfang unterschiedlich sein und einen Bereich von Tätigkeiten umfassen wie Auditieren und Bewerten des Qualitätsmanagementsystems und Selbstbewertungen.

The collective answers to the above questions can determine the result of the evaluation. Evaluation of a quality management system can vary in scope and encompass a range of activities, such as auditing and reviewing the quality management system, and self-assessments.

L'ensemble des réponses obtenues aux questions ci-dessus peut déterminer le résultat de l'évaluation. Le champ de l'évaluation d'un système de management de la qualité peut varier. L'évaluation peut inclure un éventail d'activités telles qu'audits et revues du système de management de la qualité ou auto-évaluations.

2.8.2 Auditierung des Qualitätsmanagementsystems

Audits dienen der Ermittlung, inwieweit die Anforderungen an das Qualitätsmanagementsystem erfüllt sind. Auditfeststellungen werden verwendet, um die Wirksamkeit des Qualitätsmanagementsystems zu bewerten und Verbesserungsmöglichkeiten zu erkennen.

Erstparteien-Audits werden von der Organisation selbst oder in ihrem Auftrag für interne Zwecke durchgeführt und können die Grundlage für deren Selbsterklärung der Konformität bilden.

Zweitparteien-Audits werden von Kunden der Organisation oder anderen Personen im Auftrag des Kunden durchgeführt.

Drittparteien-Audits werden von externen unabhängigen Organisationen durchgeführt. Solche üblicherweise akkreditierten Organisationen bieten die Zertifizierung der Erfüllung von Anforderungen wie derjenigen nach ISO 9001.

ISO 19011 stellt eine Anleitung für das Auditieren bereit.

2.8.2 Auditing the quality management system

Audits are used to determine the extent to which the quality management system requirements are fulfilled. Audit findings are used to assess the effectiveness of the quality management system and to identify opportunities for improvement.

First-party audits are conducted by, or on behalf of, the organization itself for internal purposes and can form the basis for an organization's self-declaration of conformity.

Second-party audits are conducted by customers of the organization or by other persons on behalf of the customer.

Third-party audits are conducted by external independent organizations. Such organizations, usually accredited, provide certification or registration of conformity with requirements such as those of ISO 9001.

ISO 19011 provides guidance on auditing.

2.8.2 Audits du système de management de la qualité

Les audits sont utilisés pour évaluer le niveau de satisfaction des exigences relatives au système de management de la qualité. Les constatations d'audit sont utilisées pour évaluer l'efficacité du système de management de la qualité et identifier les opportunités d'amélioration.

Les audits de première partie sont effectués par, ou pour le compte de, l'organisme lui-même pour des besoins internes et peuvent servir de base à une autodéclaration de conformité de l'organisme.

Les audits de seconde partie sont effectués par des clients de l'organisme ou par d'autres personnes pour le compte du client.

Les audits de tierce partie sont effectués par des organismes externes et indépendants. Ces organismes, généralement accrédités, fournissent la certification ou l'enregistrement de la conformité à des exigences telles que celles de l'ISO 9001.

L'ISO 19011 fournit des conseils pour les audits.

2.8.3 Bewertung des Qualitätsmanagementsystems

Eine Aufgabe der obersten Leitung ist das Durchführen regelmäßiger, systematischer Beurteilungen der Eignung, Angemessenheit, Wirksamkeit und Effizienz des Qualitätsmanagementsystems in Übereinstimmung mit der Qualitätspolitik und den Qualitätszielen. Zu diesem Bewerten kann es gehören zu erwägen, ob die Qualitätspolitik und Qualitätsziele an sich ändernde Erfordernisse und Erwartungen interessierter Parteien anzupassen sind. Die Bewertung schließt die Ermittlung des Handlungsbedarfs ein.

Neben anderen Informationsquellen werden Auditberichte zur Bewertung des Qualitätsmanagementsystems genutzt.

2.8.3 Reviewing the quality management system

One role of top management is to carry out regular systematic evaluations of the suitability, adequacy, effectiveness and efficiency of the quality management system with respect to the quality policy and quality objectives. This review can include consideration of the need to adapt the quality policy and objectives in response to changing needs and expectations of interested parties. The review includes determination of the need for actions.

Amongst other sources of information, audit reports are used for review of the quality management system.

2.8.3 Revue du système de management de la qualité

L'un des rôles de la direction est de réaliser des évaluations régulières et méthodiques de la pertinence, de l'adéquation, de l'efficacité et de l'efficience du système de management de la qualité par rapport à la politique qualité et aux objectifs qualité. Cette revue peut comprendre l'étude de la nécessité d'adapter la politique et les objectifs qualité aux changements des besoins et des attentes des parties intéressées. La revue comprend la détermination de la nécessité des actions.

Entre autres sources d'information, les rapports d'audits sont utilisés pour la revue du système de management de la qualité.

2.8.4 Selbstbewertung

Die Selbstbewertung einer Organisation ist eine umfassende und systematische Bewertung der Tätigkeiten und Ergebnisse der Organisation, die auf das Qualitätsmanagementsystem oder ein Exzellenzmodell bezogen werden.

Selbstbewertung kann einen Gesamtüberblick über die Leistung der Organisation und den Reifegrad des Qualitätsmanagementsystems bereitstellen.

2.8.4 Self-assessment

An organization's self-assessment is a comprehensive and systematic review of the organization's activities and results referenced against the quality management system or a model of excellence.

Self-assessment can provide an overall view of the performance of the organization and the degree of maturity of the quality management system. It can

2.8.4 Autoévaluation

L'autoévaluation d'un organisme est une revue complète et méthodique des activités et des résultats de l'organisme, par référence au système de management de la qualité ou à un modèle d'excellence.

L'autoévaluation peut fournir une vision globale des performances de l'organisme et du niveau de maturité du système de management de la qualité.

Sie kann auch helfen, Bereiche in der Organisation zu erkennen, die Verbesserungen erfordern, und Prioritäten festzulegen.

2.9 Ständige Verbesserung

Das Ziel der ständigen Verbesserung eines Qualitätsmanagementsystems besteht darin, die Wahrscheinlichkeit zu steigern, die Zufriedenheit der Kunden und anderer interessierter Parteien zu erhöhen. Zu solchen Verbesserungsmaßnahmen gehören:

a) Analysieren und Beurteilen der aktuellen Situation, um verbesserungswürdige Bereiche zu erkennen;
b) Festlegen der Ziele der Verbesserung;
c) Suchen nach möglichen Lösungen, um diese Ziele zu erreichen;
d) Beurteilen dieser Lösungen und Treffen einer Auswahl;
e) Verwirklichen der gewählten Lösung;
f) Messen, Verifizieren, Analysieren und Beurteilen der Ergebnisse der Verwirklichung, um zu ermitteln, ob die Ziele erreicht wurden;
g) Formalisieren der Änderungen.

Die Ergebnisse werden nach Bedarf bewertet, um weitere Verbesserungsmöglichkeiten zu ermitteln. In diesem Sinne ist das Verbessern eine ständig stattfindende Tätigkeit. Rückmeldungen von Kunden und anderen interessierten Parteien, Audits und Bewertungen des Qualitätsmanagementsystems können auch genutzt werden, um Verbesserungsmöglichkeiten zu erkennen.

2.10 Rolle statistischer Methoden

Der Gebrauch statistischer Methoden kann zum Verständnis der Streuung beitragen und damit Organisationen helfen, Probleme zu lösen und die Wirksamkeit und Effizienz zu verbessern. Diese Methoden ermöglichen auch eine bessere Nutzung der verfügbaren Daten als Entscheidungshilfe.

Streuung lässt sich bei vielen Tätigkeiten in deren Verhalten und Ergebnis beobachten, selbst im Zustand augenscheinlicher Stabilität. Diese Streuung lässt sich in messbaren Merkmalen von Produkten und Prozessen feststellen und kann in mehreren Stufen über den Lebenszyklus eines Produkts hinweg von der Marktforschung bis zum Kundendienst und der Entsorgung vorhanden sein.

Statistische Methoden ermöglichen selbst bei einer relativ geringen Datenmenge das Messen, Beschreiben, Analysieren, Interpretieren und Modellieren solcher Streuungen. Die statistische Analyse solcher Daten ermöglicht ein besseres Verständnis der Beschaffenheit, des Umfangs und der Ursachen von Streuung und kann somit bei der

also help to identify areas requiring improvement in the organization and to determine priorities.

2.9 Continual improvement

The aim of continual improvement of a quality management system is to increase the probability of enhancing the satisfaction of customers and other interested parties. Actions for improvement include the following:

a) analysing and evaluating the existing situation to identify areas for improvement;
b) establishing the objectives for improvement;
c) searching for possible solutions to achieve the objectives;
d) evaluating these solutions and making a selection;
e) implementing the selected solution;
f) measuring, verifying, analysing and evaluating results of the implementation to determine that the objectives have been met;
g) formalizing changes.

Results are reviewed, as necessary, to determine further opportunities for improvement. In this way, improvement is a continual activity. Feedback from customers and other interested parties, audits and review of the quality management system can also be used to identify opportunities for improvement.

2.10 Role of statistical techniques

The use of statistical techniques can help in understanding variability, and thereby can help organizations to solve problems and improve effectiveness and efficiency. These techniques also facilitate better use of available data to assist in decision making.

Variability can be observed in the behaviour and outcome of many activities, even under conditions of apparent stability. Such variability can be observed in measurable characteristics of products and processes, and may be seen to exist at various stages over the life cycle of products from market research to customer service and final disposal.

Statistical techniques can help to measure, describe, analyse, interpret and model such variability, even with a relatively limited amount of data. Statistical analysis of such data can help to provide a better understanding of the nature, extent and causes of variability, thus helping to solve and even prevent problems that may result from such variability, and to promote continual improvement.

Elle peut également contribuer à l'identification des domaines de l'organisme nécessitant des améliorations et à la détermination des priorités.

2.9 Amélioration continue

L'objet de l'amélioration continue d'un système de management de la qualité est d'augmenter la probabilité de satisfaire les clients et les autres parties intéressées. Les actions d'amélioration comprennent les éléments suivants:

a) analyse et évaluation de la situation existante pour identifier des domaines d'amélioration;
b) établissement des objectifs d'amélioration;
c) recherche de solutions possibles pour atteindre ces objectifs;
d) évaluation de ces solutions et sélection;
e) mise en œuvre de la solution choisie;
f) mesure, vérification, analyse et évaluation des résultats de la mise en œuvre pour déterminer si les objectifs ont été atteints;
g) formalisation des changements.

Les résultats sont revus, autant que cela est nécessaire, pour déterminer d'autres opportunités d'amélioration. Dans cette optique, l'amélioration est une activité continue. Les retours d'information des clients et des autres parties intéressées, les audits et la revue du système de management de la qualité peuvent également être utilisés pour identifier des opportunités d'amélioration.

2.10 Rôle des techniques statistiques

L'utilisation de techniques statistiques peut aider à comprendre la variabilité et par conséquent aider les organismes à résoudre des problèmes et à améliorer leur efficacité et leur efficience. Ces techniques facilitent également une meilleure utilisation des données disponibles pour aider à la prise de décision.

La variabilité peut être observée dans le déroulement et les résultats de nombreuses activités, même dans des conditions de stabilité apparente. Une telle variabilité peut être observée au travers des caractéristiques mesurables des produits et des processus et être détectée à divers stades du cycle de vie des produits, depuis l'étude de marché jusqu'au service à la clientèle et à l'élimination finale.

Les techniques statistiques peuvent aider à mesurer, à décrire, à analyser, à interpréter et à modéliser cette variabilité, même avec un volume de données relativement faible. L'analyse statistique de ces données peut aider à mieux comprendre la nature, l'étendue et les causes de la variabilité et contribuer ainsi à résoudre et même prévenir des

Lösung und sogar bei der Verhinderung von streuungsbedingten Problemen helfen und die ständige Verbesserung fördern.

Anleitungen zur Anwendung statistischer Methoden in einem Qualitätsmanagementsystem finden sich in ISO/TR 10017.

2.11 Qualitätsmanagementsysteme und andere Schwerpunkte von Managementsystemen

Das Qualitätsmanagementsystem ist der Teil des Managementsystems einer Organisation, der sich in Bezug auf Qualitätsziele auf das Erreichen von Ergebnissen richtet, um, soweit angemessen, die Erfordernisse, Erwartungen und Anforderungen interessierter Parteien zu erfüllen. Die Qualitätsziele ergänzen andere Ziele der Organisation wie jene in Bezug auf Wachstum, Finanzierung, Rentabilität, die Umwelt, Arbeitsschutz und Sicherheit. Die verschiedenen Teile des Managementsystems einer Organisation lassen sich zusammen mit dem Qualitätsmanagementsystem zu einem einzigen Managementsystem zusammenführen, das gemeinsame Bestandteile verwendet. Dies kann das Planen, das Zuweisen von Ressourcen, das Setzen ergänzender Ziele und das Beurteilen der Gesamtwirksamkeit der Organisation erleichtern. Das Managementsystem der Organisation kann anhand der eigenen Anforderungen der Organisation an ihr Managementsystem bewertet werden. Ebenso kann das Managementsystem anhand der Anforderungen Internationaler Normen wie ISO 9001 und ISO 14001 auditiert werden. Diese Managementsystem-Audits können getrennt oder gemeinsam durchgeführt werden.

2.12 Beziehung zwischen Qualitätsmanagementsystemen und Exzellenzmodellen

Die Ansätze für Qualitätsmanagementsysteme nach den Normen der ISO-9000-Familie und der Exzellenzmodelle für Organisationen beruhen auf gemeinsamen Prinzipien. Beide Ansätze
a) ermöglichen es einer Organisation, ihre Stärken und Schwächen zu erkennen,
b) enthalten Beurteilungsmöglichkeiten anhand allgemeiner Modelle,
c) stellen eine Grundlage für ständige Verbesserung bereit und
d) enthalten Möglichkeiten zur externen Anerkennung.

Der Unterschied zwischen den Ansätzen für Qualitätsmanagementsysteme der Normen der ISO-9000-Familie und den Exzellenzmodellen liegt in ihrem Anwendungsbereich. Die Normen der

Guidance on statistical techniques in a quality management system is given in ISO/TR 10017.

2.11 Quality management systems and other management system focuses

The quality management system is that part of the organization's management system that focuses on the achievement of results, in relation to the quality objectives, to satisfy the needs, expectations and requirements of interested parties, as appropriate. The quality objectives complement other objectives of the organization such as those related to growth, funding, profitability, the environment and occupational health and safety. The various parts of an organization's management system might be integrated, together with the quality management system, into a single management system using common elements. This can facilitate planning, allocation of resources, definition of complementary objectives and evaluation of the overall effectiveness of the organization. The organization's management system can be assessed against the organization's management system requirements. The management system can also be audited against the requirements of International Standards such as ISO 9001 and ISO 14001. These management system audits can be carried out separately or in combination.

2.12 Relationship between quality management systems and excellence models

The approaches of quality management systems given in the ISO 9000 family of standards and in organizational excellence models are based on common principles. Both approaches
a) enable an organization to identify its strengths and weaknesses,
b) contain provision for evaluation against generic models,
c) provide a basis for continual improvement, and
d) contain provision for external recognition.

The difference between the approaches of the quality management systems in the ISO 9000 family and the excellence models lies in their scope of application. The ISO 9000 family of standards provides requirements for quality man-

problèmes résultant de cette variabilité, et encourager l'amélioration continue.

Des conseils concernant les techniques statistiques dans un système de management de la qualité sont donnés dans l'ISO/TR 10017.

2.11 Systèmes de management de la qualité et autres objets d'un système de management

Le système de management de la qualité est l'élément du système de management de l'organisme qui se concentre sur l'obtention de résultats, en s'appuyant sur les objectifs qualité, pour satisfaire selon le cas les besoins, attentes ou exigences des parties intéressées. Les objectifs qualité viennent en complément d'autres objectifs de l'organisme tels que ceux liés à la croissance, au financement, à la rentabilité, à l'environnement, à l'hygiène et à la sécurité au travail. Les différentes composantes du système de management d'un organisme peuvent être intégrées, avec le système de management de la qualité, en un seul système de management par l'utilisation d'éléments communs. Cela peut faciliter la planification, l'affectation des ressources, la définition d'objectifs complémentaires et l'évaluation de l'efficacité globale de l'organisme. Le système de management de l'organisme peut être évalué par rapport à ses exigences propres. Il peut également faire l'objet d'audits par rapport aux exigences de Normes internationales telles que l'ISO 9001 et l'ISO 14001. Ces audits de systèmes de management peuvent être réalisés séparément ou de façon conjuguée.

2.12 Relation entre les systèmes de management de la qualité et les modèles d'excellence

Tant dans la famille de normes ISO 9000 que dans les modèles d'excellence, les démarches «systèmes de management de la qualité» s'appuient sur les mêmes principes. Ces démarches
a) permettent à un organisme d'identifier ses forces et faiblesses,
b) prévoient des dispositions pour l'évaluation par rapport à des modèles génériques,
c) fournissent une base pour l'amélioration continue,
d) prévoient des dispositions pour la reconnaissance externe.

La différence entre les démarches des systèmes de management de la qualité de la famille ISO 9000 et celles des modèles d'excellence réside dans leur

ISO-9000-Familie stellen Anforderungen an Qualitätsmanagementsysteme und Anleitungen zur Leistungsverbesserung bereit. Durch das Beurteilen von Qualitätsmanagementsystemen wird die Erfüllung dieser Anforderungen ermittelt. Die Exzellenzmodelle enthalten Kriterien, die eine vergleichende Beurteilung der Leistung von Organisationen ermöglichen. Diese sind auf alle Tätigkeiten und alle interessierten Parteien einer Organisation anwendbar. Bewertungskriterien in Exzellenzmodellen bieten einer Organisation eine Grundlage, ihre Leistung mit der anderer Organisationen zu vergleichen.

3 Begriffe

Eine Benennung in einer Definition oder Anmerkung, die an anderer Stelle in diesem Abschnitt definiert ist, ist fett gedruckt. Ihr folgt die in runde Klammern gesetzte Eintragsnummer. Eine derartig fett gedruckte Benennung darf in der Definition durch ihre vollständige Definition ersetzt werden, zum Beispiel:

Produkt (3.4.2) ist definiert als „Ergebnis eines **Prozesses** (3.4.1)";

Prozess ist definiert als „Satz von in Wechselbeziehung oder Wechselwirkung stehenden Tätigkeiten, der Eingaben in Ergebnisse umwandelt".

Wenn die Benennung „Prozess" durch ihre Definition ersetzt wird,

wird **Produkt** dann zu „Ergebnis eines Satzes von in Wechselbeziehung oder Wechselwirkung stehenden Tätigkeiten, der Eingaben in Ergebnisse umwandelt".

Ein auf eine spezielle Bedeutung in einem besonderen Zusammenhang eingeschränkter Begriff wird durch eine in spitze Klammern < > gesetzte Sachgebietsangabe vor der Definition gekennzeichnet.

BEISPIEL   Im Zusammenhang mit Audits ist der *Begriffseintrag* für einen Sachkundigen:

3.9.11
Sachkundiger
<Audit> Person, die spezielle Kenntnisse oder Fachwissen dem **Auditteam** (3.9.10) zur Verfügung stellt.

3.1 Qualitätsbezogene Begriffe

3.1.1
Qualität
Grad, in dem ein Satz inhärenter **Merkmale** (3.5.1) **Anforderungen** (3.1.2) erfüllt

ANMERKUNG 1   Die Benennung „Qualität" kann zusammen mit Adjektiven wie schlecht, gut oder ausgezeichnet verwendet werden.

ANMERKUNG 2   „Inhärent" bedeutet im Gegensatz zu „zugeordnet" „einer Einheit innewohnend", insbesondere als ständiges Merkmal.

---

agement systems and guidance for performance improvement; evaluation of quality management systems determines fulfilment of those requirements. The excellence models contain criteria that enable comparative evaluation of organizational performance and this is applicable to all activities and all interested parties of an organization. Assessment criteria in excellence models provide a basis for an organization to compare its performance with the performance of other organizations.

3 Terms and definitions

A term in a definition or note which is defined elsewhere in this clause is indicated by boldface followed by its entry number in parentheses. Such a boldface term may be replaced in the definition by its complete definition. For example:

product (3.4.2) is defined as "result of a **process** (3.4.1)"

process is defined as "set of interrelated or interacting activities which transforms inputs into outputs".

If the term "**process**" is replaced by its definition, as follows:

product then becomes "result of a set of interrelated or interacting activities which transforms inputs into outputs".

A concept limited to a special meaning in a particular context is indicated by designating the subject field in angle brackets, < >, before the definition.

EXAMPLE   In the context of an audit, the *term entry* for technical expert is:

3.9.11
technical expert
<audit> person who provides specific knowledge or expertise to the **audit team** (3.9.10)

3.1 Terms relating to quality

3.1.1
quality
degree to which a set of inherent **characteristics** (3.5.1) fulfils **requirements** (3.1.2)

NOTE 1   The term "quality" can be used with adjectives such as poor, good or excellent.

NOTE 2   "Inherent", as opposed to "assigned", means existing in something, especially as a permanent characteristic.

---

champ d'application. La famille des normes ISO 9000 fournit des exigences pour les systèmes de management de la qualité et des conseils pour l'amélioration des performances; l'évaluation des systèmes de management de la qualité détermine le respect des exigences. Les modèles d'excellence comprennent des critères qui permettent une évaluation comparative des performances de l'organisme, et cela s'applique à l'ensemble des activités d'un organisme et à toutes les parties intéressées. Les critères d'évaluation des modèles d'excellence fournissent une base à un organisme pour comparer ses performances avec celles des autres organismes.

3 Termes et définitions

Un terme dans une définition ou une note qui est défini ailleurs dans cet article figure en caractères gras, suivi de son numéro de référence entre parenthèses. Ce terme en caractères gras peut être substitué dans la définition ou la note par sa propre définition. Par exemple:

produit (3.4.2) est défini comme le «résultat d'un **processus** (3.4.1)»,

processus est défini comme un «ensemble d'activités corrélées ou interactives qui transforme des éléments d'entrée en éléments de sortie».

En remplaçant le terme «**processus**» par sa définition, on obtient

produit défini comme le «résultat d'un ensemble d'activités corrélées ou interactives qui transforme des éléments d'entrée en éléments de sortie».

Un concept se limitant à un sens spécial dans un contexte particulier est indiqué en précisant le domaine d'utilisation entre les signes < >, avant la définition.

EXEMPLE   Dans le contexte de l'audit, le *terme utilisé* pour expert technique est:

3.9.11
expert technique
<audit> personne apportant à l'**équipe d'audit** (3.9.10) des connaissances ou une expertise spécifiques

3.1 Termes relatifs à la qualité

3.1.1
qualité
aptitude d'un ensemble de **caractéristiques** (3.5.1) à satisfaire des **exigences** (3.1.2)

NOTE 1   Le terme «qualité» peut être utilisé avec des qualificatifs tels que médiocre, bon ou excellent.

NOTE 2   «Intrinsèque», par opposition à «attribué», signifie présent dans quelque chose, notamment en tant que caractéristique permanente.

3.1.2
Anforderung
Erfordernis oder Erwartung, das oder die festgelegt, üblicherweise vorausgesetzt oder verpflichtend ist

ANMERKUNG 1 „Üblicherweise vorausgesetzt" bedeutet, dass es für die **Organisation** (3.3.1), ihre **Kunden** (3.3.5) und andere **interessierte Parteien** (3.3.7) üblich oder allgemeine Praxis ist, dass das entsprechende Erfordernis oder die entsprechende Erwartung vorausgesetzt ist.

ANMERKUNG 2 Ein Bestimmungswort darf verwendet werden, um eine spezifische Anforderungsart zu bezeichnen, z. B. Produktanforderung, Qualitätsmanagementanforderung, Kundenanforderung.

ANMERKUNG 3 Eine festgelegte Anforderung ist eine Anforderung, die beispielsweise in einem **Dokument** (3.7.2) angegeben ist.

ANMERKUNG 4 Anforderungen können von verschiedenen **interessierten Parteien** (3.3.7) aufgestellt werden.

ANMERKUNG 5 Diese Definition unterscheidet sich von derjenigen, die in ISO/IEC-Direktiven – Teil 2:2004, 3.12.1, steht, und lautet dort:

3.12.1
Anforderung
Ausdruck im Inhalt eines Dokuments, das zu erfüllende Kriterien vermittelt, sofern Übereinstimmung mit dem Dokument beansprucht wird und von ihm keine Abweichung zugelassen ist

3.1.3
Anspruchsklasse
Kategorie oder Rang, die oder der den verschiedenen Qualitätsanforderungen an **Produkte** (3.4.2), **Prozesse** (3.4.1) oder **Systeme** (3.2.1) mit demselben funktionellen Gebrauch zugeordnet ist

BEISPIEL Klassen bei Flugscheinen oder Kategorien von Hotels in einem Hotelführer.

ANMERKUNG Bei der Festlegung einer Qualitätsanforderung sollte die Anspruchsklasse generell angegeben werden.

3.1.4
Kundenzufriedenheit
Wahrnehmung des Kunden zu dem Grad, in dem die **Anforderungen** (3.1.2) des Kunden erfüllt worden sind

ANMERKUNG 1 Beschwerden des Kunden sind ein üblicher Indikator für Kundenunzufriedenheit, doch bedeutet ihr Fehlen nicht notwendigerweise hohe Kundenzufriedenheit.

ANMERKUNG 2 Selbst wenn Kundenanforderungen mit dem Kunden vereinbart und erfüllt worden sind, bedeutet dies nicht notwendigerweise, dass die Kundenzufriedenheit damit sichergestellt ist.

3.1.5
Fähigkeit
Eignung einer **Organisation** (3.3.1), eines **Systems** (3.2.1) oder eines **Prozesses** (3.4.1) zum Realisieren eines **Produkts** (3.4.2), das die **Anforderungen** (3.1.2) an dieses Produkt erfüllen wird

3.1.2
requirement
need or expectation that is stated, generally implied or obligatory

NOTE 1 "Generally implied" means that it is custom or common practice for the **organization** (3.3.1), its **customers** (3.3.5) and other **interested parties** (3.3.7), that the need or expectation under consideration is implied.

NOTE 2 A qualifier can be used to denote a specific type of requirement, e.g. product requirement, quality management requirement, customer requirement.

NOTE 3 A specified requirement is one that is stated, for example in a **document** (3.7.2).

NOTE 4 Requirements can be generated by different **interested parties** (3.3.7).

NOTE 5 This definition differs from that provided in 3.12.1 of ISO/IEC Directives, Part 2:2004.

3.12.1
requirement
expression in the content of a document conveying criteria to be fulfilled if compliance with the document is to be claimed and from which no deviation is permitted

3.1.3
grade
category or rank given to different quality requirements for **products** (3.4.2), **processes** (3.4.1) or **systems** (3.2.1) having the same functional use

EXAMPLE Class of airline ticket and category of hotel in a hotel guide.

NOTE When establishing a quality requirement, the grade is generally specified.

3.1.4
customer satisfaction
customer's perception of the degree to which the customer's **requirements** (3.1.2) have been fulfilled

NOTE 1 Customer complaints are a common indicator of low customer satisfaction but their absence does not necessarily imply high customer satisfaction.

NOTE 2 Even when customer requirements have been agreed with the customer and fulfilled, this does not necessarily ensure high customer satisfaction.

3.1.5
capability
ability of an **organization** (3.3.1), **system** (3.2.1) or **process** (3.4.1) to realize a **product** (3.4.2) that will fulfil the **requirements** (3.1.2) for that product

3.1.2
exigence
besoin ou attente formulés, habituellement implicites, ou imposés

NOTE 1 «Habituellement implicite» signifie qu'il est d'usage ou de pratique courante pour l'**organisme** (3.3.1), ses **clients** (3.3.5) et les autres **parties intéressées** (3.3.7) de considérer le besoin ou l'attente en question comme implicite.

NOTE 2 Un qualificatif peut être utilisé pour désigner un type spécifique d'exigence, par exemple exigence relative au **produit** (3.4.2), exigence relative au **management de la qualité** (3.2.8), exigence du client.

NOTE 3 Une exigence spécifiée est une exigence qui est formulée, par exemple dans un **document** (3.7.2).

NOTE 4 Les exigences peuvent provenir de différentes **parties intéressées** (3.3.7).

NOTE 5 Celle-ci diffère de la définition présente dans les Directives ISO/CEI Partie 2:2004, 3.12.1.

3.12.1
exigence
expression dans le contenu d'un document formulant les critères à respecter afin de prétendre à la conformité avec le document, et avec lesquels aucun écart n'est permis

3.1.3
classe
catégorie ou rang donné aux différentes exigences pour la qualité des **produits** (3.4.2), des **processus** (3.4.1) ou des **systèmes** (3.2.1) ayant la même utilisation fonctionnelle

EXEMPLE Classe de billet d'avion, catégorie d'hôtel dans un guide hôtelier.

NOTE Lors de l'établissement d'une exigence pour la qualité, la classe est généralement spécifiée.

3.1.4
satisfaction du client
perception du client sur le niveau de satisfaction de ses **exigences** (3.1.2)

NOTE 1 Les réclamations des clients sont un indicateur habituel d'un faible niveau de satisfaction du client, mais leur absence n'implique pas nécessairement un niveau élevé de satisfaction du client.

NOTE 2 Même lorsque les exigences du client ont été convenues avec lui et satisfaites, cela n'entraîne pas nécessairement une forte satisfaction du client.

3.1.5
capacité
aptitude d'un **organisme** (3.3.1), d'un **système** (3.2.1) ou d'un **processus** (3.4.1) à réaliser un **produit** (3.4.2) satisfaisant aux **exigences** (3.1.2) relatives à ce produit

EN ISO 9000:2005 (D/E/F)

Deutsch	English	Français
ANMERKUNG Begriffe zur Prozessfähigkeit auf dem Gebiet der Statistik sind in ISO 3534-2 definiert.	NOTE Process capability terms in the field of statistics are defined in ISO 3534-2.	NOTE Les termes relatifs à la capacité des processus (capabilité) dans le domaine statistique sont définis dans l'ISO 3534-2.
3.1.6 **Kompetenz** dargelegte Eignung, Wissen und Fertigkeiten anzuwenden ANMERKUNG Der Begriff Kompetenz ist in dieser Internationalen Norm im allgemeinen Sinn definiert. Die Verwendung des Wortes kann in anderen ISO-Dokumenten spezifischer sein.	**3.1.6** **competence** demonstrated ability to apply knowledge and skills NOTE The concept of competence is defined in a generic sense in this International Standard. The word usage can be more specific in other ISO documents.	**3.1.6** **compétence** aptitude démontrée à mettre en œuvre des connaissances et savoir-faire NOTE Le concept de compétence est défini de manière générique dans la présente Norme internationale. L'usage de ce terme peut être plus spécifique dans d'autres documents ISO.
3.2 Managementbezogene Begriffe	**3.2 Terms relating to management**	**3.2 Termes relatifs au management**
3.2.1 **System** Satz von in Wechselbeziehung oder Wechselwirkung stehenden Elementen	**3.2.1** **system** set of interrelated or interacting elements	**3.2.1** **système** ensemble d'éléments corrélés ou interactifs
3.2.2 **Managementsystem** System (3.2.1) zum Festlegen von Politik und Zielen sowie zum Erreichen dieser Ziele ANMERKUNG Das Managementsystem einer **Organisation** (3.3.1) kann verschiedene Managementsysteme einschließen, z. B. ein **Qualitätsmanagementsystem** (3.2.3), ein Finanzmanagementsystem oder ein Umweltmanagementsystem.	**3.2.2** **management system** system (3.2.1) to establish policy and objectives and to achieve those objectives NOTE A management system of an **organization** (3.3.1) can include different management systems, such as a **quality management system** (3.2.3), a financial management system or an environmental management system.	**3.2.2** **système de management** système (3.2.1) permettant d'établir une politique et des objectifs et d'atteindre ces objectifs NOTE Le système de management d'un **organisme** (3.3.1) peut inclure différents systèmes de management, tels qu'un **système de management de la qualité** (3.2.3), un système de management financier ou un système de management environnemental.
3.2.3 **Qualitätsmanagementsystem** QM-System Managementsystem (3.2.2) zum Leiten und Lenken einer **Organisation** (3.3.1) bezüglich der **Qualität** (3.1.1)	**3.2.3** **quality management system** management system (3.2.2) to direct and control an **organization** (3.3.1) with regard to **quality** (3.1.1)	**3.2.3** **système de management de la qualité** système de management (3.2.2) permettant d'orienter et de contrôler un **organisme** (3.3.1) en matière de **qualité** (3.1.1)
3.2.4 **Qualitätspolitik** übergeordnete Absichten und Ausrichtung einer **Organisation** (3.3.1) zur **Qualität** (3.1.1), formell ausgedrückt durch die oberste Leitung (3.2.7) ANMERKUNG 1 Generell steht die Qualitätspolitik mit der übergeordneten Politik der Organisation in Einklang und bildet den Rahmen für die Festlegung von **Qualitätszielen** (3.2.5). ANMERKUNG 2 Qualitätsmanagementgrundsätze dieser Internationalen Norm können als Grundlage für die Festlegung einer Qualitätspolitik dienen. (Siehe 0.2.)	**3.2.4** **quality policy** overall intentions and direction of an **organization** (3.3.1) related to **quality** (3.1.1) as formally expressed by **top management** (3.2.7) NOTE 1 Generally the quality policy is consistent with the overall policy of the organization and provides a framework for the setting of **quality objectives** (3.2.5). NOTE 2 Quality management principles presented in this International Standard can form a basis for the establishment of a quality policy. (See 0.2.)	**3.2.4** **politique qualité** orientations et intentions générales d'un **organisme** (3.3.1) relatives à la **qualité** (3.1.1) telles qu'elles sont officiellement formulées par la **direction** (3.2.7) NOTE 1 La politique qualité est généralement cohérente avec la politique générale de l'organisme et fournit un cadre pour fixer des **objectifs qualité** (3.2.5). NOTE 2 La politique qualité peut s'appuyer sur les principes de **management de la qualité** (3.2.8) cités dans la présente Norme internationale. (Voir 0.2.)
3.2.5 **Qualitätsziel** etwas bezüglich **Qualität** (3.1.1) Angestrebtes oder zu Erreichendes ANMERKUNG 1 Qualitätsziele beruhen im Allgemeinen auf der **Qualitätspolitik** (3.2.4) der Organisation. ANMERKUNG 2 Qualitätsziele werden im Allgemeinen für die zutreffenden Funktionsbereiche und Ebenen in der **Organisation** (3.3.1) festgelegt.	**3.2.5** **quality objective** something sought, or aimed for, related to **quality** (3.1.1) NOTE 1 Quality objectives are generally based on the organization's **quality policy** (3.2.4). NOTE 2 Quality objectives are generally specified for relevant functions and levels in the **organization** (3.3.1).	**3.2.5** **objectif qualité** ce qui est recherché ou visé, relatif à la **qualité** (3.1.1) NOTE 1 Les objectifs qualité sont généralement fondés sur la **politique qualité** (3.2.4) de l'organisme. NOTE 2 Les objectifs qualité sont généralement spécifiés pour des fonctions et niveaux pertinents dans l'**organisme** (3.3.1).
3.2.6 **Management** aufeinander abgestimmte Tätigkeiten zum Leiten und Lenken einer **Organisation** (3.3.1)	**3.2.6** **management** coordinated activities to direct and control an **organization** (3.3.1)	**3.2.6** **management** activités coordonnées pour orienter et contrôler un **organisme** (3.3.1)

ANMERKUNG Wenn sich im Deutschen die Benennung „Management" auf Personen, d. h. eine Person oder eine Personengruppe mit Befugnis und Verantwortung für die Führung und Lenkung einer Organisation bezieht, sollte sie nicht ohne eine Art von Bestimmungswort verwendet werden, um Verwechslungen mit dem oben definierten Begriff „Management" zu vermeiden. Beispielsweise ist die Formulierung „Das Management muss …" abzulehnen, während „Die **oberste Leitung** (3.2.7) muss …" annehmbar ist.

NOTE In English, the term "management" sometimes refers to people, i.e. a person or group of people with authority and responsibility for the conduct and control of an organization. When "management" is used in this sense, it should always be used with some form of qualifier to avoid confusion with the concept "management" defined above. For example, "management shall…" is deprecated whereas "**top management** (3.2.7) shall…" is acceptable.

NOTE En français, le terme «management» désigne parfois des personnes, c'est-à-dire une personne ou un groupe de personnes ayant les responsabilités et les pouvoirs nécessaires pour la conduite et la maîtrise d'un organisme. Il est préférable d'utiliser l'expression «l'encadrement doit…» ou «la **direction** (3.2.7) doit…», plutôt que l'expression «le management doit…» pour éviter toute confusion avec le terme «management» défini ci-dessus.

3.2.7
oberste Leitung
Person oder Personengruppe, die eine **Organisation** (3.3.1) auf der obersten Ebene leitet und lenkt

3.2.7
top management
person or group of people who directs and controls an **organization** (3.3.1) at the highest level

3.2.7
direction
personne ou groupe de personnes qui oriente et contrôle un **organisme** (3.3.1) au plus haut niveau

3.2.8
Qualitätsmanagement
aufeinander abgestimmte Tätigkeiten zum Leiten und Lenken einer **Organisation** (3.3.1) bezüglich **Qualität** (3.1.1)

ANMERKUNG Leiten und Lenken bezüglich Qualität umfassen üblicherweise das Festlegen der **Qualitätspolitik** (3.2.4) und der **Qualitätsziele** (3.2.5), die **Qualitätsplanung** (3.2.9), die **Qualitätslenkung** (3.2.10), die **Qualitätssicherung** (3.2.11) und die **Qualitätsverbesserung** (3.2.12).

3.2.8
quality management
coordinated activities to direct and control an **organization** (3.3.1) with regard to **quality** (3.1.1)

NOTE Direction and control with regard to quality generally includes establishment of the **quality policy** (3.2.4) and **quality objectives** (3.2.5), **quality planning** (3.2.9), **quality control** (3.2.10), **quality assurance** (3.2.11) and **quality improvement** (3.2.12).

3.2.8
management de la qualité
activités coordonnées permettant d'orienter et de contrôler un **organisme** (3.3.1) en matière de **qualité** (3.1.1)

NOTE L'orientation et le contrôle d'un organisme en matière de qualité incluent généralement l'établissement de la **politique qualité** (3.2.4) et d'**objectifs qualité** (3.2.5), la **planification de la qualité** (3.2.9), la **maîtrise de la qualité** (3.2.10), l'**assurance de la qualité** (3.2.11) et l'**amélioration de la qualité** (3.2.12).

3.2.9
Qualitätsplanung
Teil des **Qualitätsmanagements** (3.2.8), der auf das Festlegen der **Qualitätsziele** (3.2.5) und der notwendigen Ausführungs**prozesse** (3.4.1) sowie die zugehörigen Ressourcen zum Erreichen der Qualitätsziele gerichtet ist

ANMERKUNG Das Erstellen von **Qualitätsmanagementplänen** (3.7.5) kann Teil der Qualitätsplanung sein.

3.2.9
quality planning
part of **quality management** (3.2.8) focused on setting **quality objectives** (3.2.5) and specifying necessary operational **processes** (3.4.1) and related resources to fulfil the quality objectives

NOTE Establishing **quality plans** (3.7.5) can be part of quality planning.

3.2.9
planification de la qualité
partie du **management de la qualité** (3.2.8) axée sur la définition des **objectifs qualité** (3.2.5) et la spécification des **processus** (3.4.1) opérationnels et des ressources afférentes, nécessaires pour atteindre les objectifs qualité

NOTE L'élaboration de **plans qualité** (3.7.5) peut faire partie de la planification de la qualité.

3.2.10
Qualitätslenkung
Teil des **Qualitätsmanagements** (3.2.8), der auf die Erfüllung von Qualitätsanforderungen gerichtet ist

3.2.10
quality control
part of **quality management** (3.2.8) focused on fulfilling quality requirements

3.2.10
maîtrise de la qualité
partie du **management de la qualité** (3.2.8) axée sur la satisfaction des exigences pour la qualité

3.2.11
Qualitätssicherung
Teil des **Qualitätsmanagements** (3.2.8), der auf das Erzeugen von Vertrauen darauf gerichtet ist, dass Qualitätsanforderungen erfüllt werden

3.2.11
quality assurance
part of **quality management** (3.2.8) focused on providing confidence that quality requirements will be fulfilled

3.2.11
assurance de la qualité
partie du **management de la qualité** (3.2.8) visant à donner confiance en ce que les exigences pour la qualité seront satisfaites

3.2.12
Qualitätsverbesserung
Teil des **Qualitätsmanagements** (3.2.8), der auf die Erhöhung der Eignung zur Erfüllung von Qualitätsanforderungen gerichtet ist

ANMERKUNG Die Anforderungen können jeden beliebigen Aspekt betreffen wie **Wirksamkeit** (3.2.14), **Effizienz** (3.2.15) oder **Rückverfolgbarkeit** (3.5.4).

3.2.12
quality improvement
part of **quality management** (3.2.8) focused on increasing the ability to fulfil quality requirements

NOTE The requirements can be related to any aspect such as **effectiveness** (3.2.14), **efficiency** (3.2.15) or **traceability** (3.5.4).

3.2.12
amélioration de la qualité
partie du **management de la qualité** (3.2.8) axée sur l'accroissement de la capacité à satisfaire aux exigences pour la qualité

NOTE Les exigences peuvent être liées à tout aspect tel que l'**efficacité** (3.2.14), l'**efficience** (3.2.15) ou la **traçabilité** (3.5.4).

3.2.13
ständige Verbesserung
wiederkehrende Tätigkeiten zur Erhöhung der Eignung, **Anforderungen** (3.1.2) zu erfüllen

3.2.13
continual improvement
recurring activity to increase the ability to fulfil **requirements** (3.1.2)

3.2.13
amélioration continue
activité régulière permettant d'accroître la capacité à satisfaire aux **exigences** (3.1.2)

ANMERKUNG Der **Prozess** (3.4.1) des Festlegens von Zielen und des Findens von Verbesserungsmöglichkeiten ist ein ständiger Prozess. Der Gebrauch von **Auditfeststellungen** (3.9.5) und **Auditschlussfolgerungen** (3.9.6), Datenanalyse, **Bewertungen** (3.8.7) oder anderen Mitteln durch die Leitung führt üblicherweise zu **Korrekturmaßnahmen** (3.6.5) oder **Vorbeugungsmaßnahmen** (3.6.4).

NOTE The **process** (3.4.1) of establishing objectives and finding opportunities for improvement is a continual process through the use of **audit findings** (3.9.5) and **audit conclusions** (3.9.6), analysis of data, management **reviews** (3.8.7) or other means and generally leads to **corrective action** (3.6.5) or **preventive action** (3.6.4).

NOTE Le **processus** (3.4.1) de définition des objectifs et de recherche d'opportunités d'amélioration est un processus permanent utilisant les **constatations d'audit** (3.9.5) et les **conclusions d'audit** (3.9.6), l'analyse des données, les **revues** (3.8.7) de direction ou d'autres moyens, et qui mène généralement à des **actions correctives** (3.6.5) ou **préventives** (3.6.4).

3.2.14
Wirksamkeit
Ausmaß, in dem geplante Tätigkeiten verwirklicht und geplante Ergebnisse erreicht werden

3.2.14
effectiveness
extent to which planned activities are realized and planned results achieved

3.2.14
efficacité
niveau de réalisation des activités planifiées et d'obtention des résultats escomptés

3.2.15
Effizienz
Verhältnis zwischen dem erreichten Ergebnis und den eingesetzten Ressourcen

3.2.15
efficiency
relationship between the result achieved and the resources used

3.2.15
efficience
rapport entre le résultat obtenu et les ressources utilisées

3.3 Organisationsbezogene Begriffe

3.3.1
Organisation
Gruppe von Personen und Einrichtungen mit einem Gefüge von Verantwortungen, Befugnissen und Beziehungen
BEISPIEL Gesellschaft, Körperschaft, Firma, Unternehmen, Institution, gemeinnützige Organisation, Einzelunternehmer, Verband oder Teile oder Mischformen solcher Einrichtungen.
ANMERKUNG 1 Das Gefüge ist üblicherweise geordnet.
ANMERKUNG 2 Eine Organisation kann öffentlich-rechtlich oder privatrechtlich sein.
ANMERKUNG 3 Diese Definition gilt im Rahmen von Normen zu **Qualitätsmanagementsystemen** (3.2.3). Der Begriff „Organisation" ist im ISO/IEC-Leitfaden 2 anders definiert.

3.3 Terms relating to organization

3.3.1
organization
group of people and facilities with an arrangement of responsibilities, authorities and relationships
EXAMPLE Company, corporation, firm, enterprise, institution, charity, sole trader, association, or parts or combination thereof.
NOTE 1 The arrangement is generally orderly.
NOTE 2 An organization can be public or private.
NOTE 3 This definition is valid for the purposes of **quality management system** (3.2.3) standards. The term "organization" is defined differently in ISO/IEC Guide 2.

3.3 Termes relatifs à l'organisme

3.3.1
organisme
ensemble d'installations et de personnes avec des responsabilités, pouvoirs et relations
EXEMPLE Compagnie, société, firme, entreprise, institution, œuvre de bienfaisance, travailleur indépendant, association, ou parties ou combinaison de ceux-ci.
NOTE 1 Cet ensemble est généralement structuré.
NOTE 2 Un organisme peut être public ou privé.
NOTE 3 La définition ci-dessus est valable pour les besoins des normes relatives aux **systèmes de management de la qualité** (3.2.3). Le terme «organisme» est défini de manière différente dans l'ISO/CEI Guide 2.

3.3.2
Organisationsstruktur
Gefüge von Verantwortungen, Befugnissen und Beziehungen zwischen Personen
ANMERKUNG 1 Das Gefüge ist üblicherweise geordnet.
ANMERKUNG 2 Eine formale Darstellung der Organisationsstruktur ist häufig in einem **QM-Handbuch** (3.7.4) oder einem **QM-Plan** (3.7.5) für ein **Projekt** (3.4.3) angegeben.
ANMERKUNG 3 Der Anwendungsbereich einer Organisationsstruktur kann wichtige Schnittstellen zu externen **Organisationen** (3.3.1) einschließen.

3.3.2
organizational structure
arrangement of responsibilities, authorities and relationships between people
NOTE 1 The arrangement is generally orderly.
NOTE 2 A formal expression of the organizational structure is often provided in a **quality manual** (3.7.4) or a **quality plan** (3.7.5) for a **project** (3.4.3).
NOTE 3 The scope of an organizational structure can include relevant interfaces to external **organizations** (3.3.1).

3.3.2
organisation
ensemble de responsabilités, pouvoirs et relations entre les personnes
NOTE 1 Cet ensemble est généralement structuré.
NOTE 2 L'organisation est souvent formalisée dans un **manuel qualité** (3.7.4) ou le **plan qualité** (3.7.5) d'un projet (3.4.3).
NOTE 3 Le champ d'une organisation peut inclure des interfaces pertinentes avec des **organismes** (3.3.1) externes.

3.3.3
Infrastruktur
<Organisation> **System** (3.2.1) von Einrichtungen, Ausrüstungen und Dienstleistungen, das für den Betrieb einer **Organisation** (3.3.1) erforderlich ist

3.3.3
infrastructure
<organization> **system** (3.2.1) of facilities, equipment and services needed for the operation of an **organization** (3.3.1)

3.3.3
infrastructure
<organisme> **système** (3.2.1) des installations, équipements et services nécessaires pour le fonctionnement d'un **organisme** (3.3.1)

3.3.4
Arbeitsumgebung
Satz von Bedingungen, unter denen Arbeiten ausgeführt werden

3.3.4
work environment
set of conditions under which work is performed

3.3.4
environnement de travail
ensemble des conditions dans lesquelles le travail est effectué

ANMERKUNG Bedingungen umfassen physikalische, soziale, psychologische und Umweltfaktoren (wie Temperatur, Anerkennungsprogramme, Ergonomie und Zusammensetzung der Atmosphäre).

3.3.5
Kunde
Organisation (3.3.1) oder Person, die ein **Produkt** (3.4.2) empfängt
BEISPIEL Verbraucher, Klient, Endanwender, Einzelhändler, Nutznießer und Käufer.
ANMERKUNG Ein Kunde kann der Organisation angehören oder ein Außenstehender sein.

3.3.6
Lieferant
Organisation (3.3.1) oder Person, die ein **Produkt** (3.4.2) bereitstellt
BEISPIEL Hersteller, Vertriebseinrichtung, Einzelhändler, Verkäufer eines Produkts oder Erbringer einer Dienstleistung oder Bereitsteller von Informationen.
ANMERKUNG 1 Ein Lieferant kann der Organisation angehören oder ein Außenstehender sein.
ANMERKUNG 2 In einer Vertragssituation wird ein Lieferant manchmal als „Auftragnehmer" bezeichnet.

3.3.7
interessierte Partei
Person oder Gruppe mit einem Interesse an der Leistung oder dem Erfolg einer **Organisation** (3.3.1)
BEISPIEL **Kunden** (3.3.5), Eigentümer, Personen in einer Organisation, **Lieferanten** (3.3.6), Bankiers, Vereinigungen, Partner oder die Gesellschaft.
ANMERKUNG Eine Gruppe kann aus einer Organisation, einem Teil davon oder aus mehreren Organisationen bestehen.

3.3.8
Vertrag
bindende Vereinbarung
ANMERKUNG Der Begriff Vertrag ist in dieser Internationalen Norm im allgemeinen Sinn definiert. Die Verwendung des Wortes „contract" kann in anderen ISO-Dokumenten spezifischer sein.

3.4 Prozess- und produktbezogene Begriffe

3.4.1
Prozess
Satz von in Wechselbeziehung oder Wechselwirkung stehenden Tätigkeiten, der Eingaben in Ergebnisse umwandelt
ANMERKUNG 1 Eingaben für einen Prozess sind üblicherweise Ergebnisse anderer Prozesse.
ANMERKUNG 2 Prozesse in einer **Organisation** (3.3.1) werden üblicherweise geplant und unter beherrschten Bedingungen durchgeführt, um Mehrwert zu schaffen.
ANMERKUNG 3 Ein Prozess, bei dem die **Konformität** (3.6.1) des dabei erzeugten **Produkts** (3.4.2) nicht ohne weiteres oder in wirtschaftlicher Weise verifiziert werden kann, wird häufig als „spezieller Prozess" bezeichnet.

NOTE Conditions include physical, social, psychological and environmental factors (such as temperature, recognition schemes, ergonomics and atmospheric composition).

3.3.5
customer
organization (3.3.1) or person that receives a **product** (3.4.2)
EXAMPLE Consumer, client, end-user, retailer, beneficiary and purchaser.
NOTE A customer can be internal or external to the organization.

3.3.6
supplier
organization (3.3.1) or person that provides a **product** (3.4.2)
EXAMPLE Producer, distributor, retailer or vendor of a product, or provider of a service or information.
NOTE 1 A supplier can be internal or external to the organization.
NOTE 2 In a contractual situation, a supplier is sometimes called "contractor".

3.3.7
interested party
person or group having an interest in the performance or success of an **organization** (3.3.1)
EXAMPLE **Customers** (3.3.5), owners, people in an organization, **suppliers** (3.3.6), bankers, unions, partners or society.
NOTE A group can comprise an organization, a part thereof, or more than one organization.

3.3.8
contract
binding agreement
NOTE The concept of contract is defined in a generic sense in this International Standard. The word usage can be more specific in other ISO documents.

3.4 Terms relating to process and product

3.4.1
process
set of interrelated or interacting activities which transforms inputs into outputs
NOTE 1 Inputs to a process are generally outputs of other processes.
NOTE 2 Processes in an **organization** (3.3.1) are generally planned and carried out under controlled conditions to add value.
NOTE 3 A process where the **conformity** (3.6.1) of the resulting **product** (3.4.2) cannot be readily or economically verified is frequently referred to as a "special process".

NOTE Ces conditions intègrent des aspects physiques, sociaux, psychologiques et environnementaux (tels que température, dispositifs de reconnaissance, ergonomie et composition de l'atmosphère).

3.3.5
client
organisme (3.3.1) ou personne qui reçoit un **produit** (3.4.2)
EXEMPLE Consommateur, client, utilisateur final, détaillant, bénéficiaire ou acheteur.
NOTE Le client peut être interne ou externe à l'organisme.

3.3.6
fournisseur
organisme (3.3.1) ou personne qui procure un **produit** (3.4.2)
EXEMPLE Producteur, distributeur, détaillant, marchand, prestataire de service ou d'information.
NOTE 1 Un fournisseur peut être interne ou externe à l'organisme.
NOTE 2 Dans une situation contractuelle, le fournisseur peut être appelé «contractant».

3.3.7
partie intéressée
personne ou groupe de personnes ayant un intérêt dans le fonctionnement ou le succès d'un **organisme** (3.3.1)
EXEMPLE **Clients** (3.3.5), propriétaires, personnes d'un organisme, **fournisseurs** (3.3.6), banques, syndicats, partenaires ou société.
NOTE Un groupe de personnes peut être un organisme, une partie de celui-ci ou plusieurs organismes.

3.3.8
contrat
accord contractuel
NOTE Le concept de compétence est défini de manière générique dans la présente Norme internationale. L'usage de ce terme peut être plus spécifique dans d'autres documents ISO.

3.4 Termes relatifs aux processus et aux produits

3.4.1
processus
ensemble d'activités corrélées ou interactives qui transforme des éléments d'entrée en éléments de sortie
NOTE 1 Les éléments d'entrée d'un processus sont généralement les éléments de sortie d'autres processus.
NOTE 2 Les processus d'un **organisme** (3.3.1) sont généralement planifiés et mis en œuvre dans des conditions maîtrisées afin d'apporter une valeur ajoutée.
NOTE 3 Lorsque la **conformité** (3.6.1) du **produit** (3.4.2) résultant ne peut être immédiatement ou économiquement vérifiée, le processus est souvent qualifié de «procédé spécial».

3.4.2 Produkt

Ergebnis eines **Prozesses** (3.4.1)

ANMERKUNG 1   Es gibt vier übergeordnete Produktkategorien:

- Dienstleistungen (z. B. Transport);
- Software (z. B. Rechnerprogramm, Wörterbuch);
- Hardware (z. B. mechanisches Motorteil);
- verfahrenstechnische Produkte (z. B. Schmiermittel).

Viele Produkte bestehen aus Elementen, die zu verschiedenen übergeordneten Produktkategorien gehören. Ob das Produkt als Dienstleistung, Software, Hardware oder verfahrenstechnisches Produkt bezeichnet wird, hängt vom vorherrschenden Element ab. Zum Beispiel besteht das Angebotsprodukt „Auto" aus Hardware (z. B. den Reifen), verfahrenstechnischen Produkten (z. B. Kraftstoff, Kühlflüssigkeit), Software (z. B. Motorsteuerungssoftware, Betriebsanleitung) und Dienstleistung (z. B. den vom Händler gegebenen Erläuterungen zum Betrieb).

ANMERKUNG 2   Eine Dienstleistung ist das Ergebnis mindestens einer Tätigkeit, die notwendigerweise an der Schnittstelle zwischen dem **Lieferanten** (3.3.6) und dem **Kunden** (3.3.5) ausgeführt wird und üblicherweise immateriell ist. Zur Erbringung einer Dienstleistung kann z. B. gehören:

- eine Tätigkeit, die an einem vom Kunden gelieferten materiellen Produkt ausgeführt wird (z. B. einem zu reparierenden Auto);
- eine Tätigkeit, die an einem vom Kunden gelieferten immateriellen Produkt ausgeführt wird (z. B. dem für die Erstellung einer Steuerrückerstattung erforderlichen Einkommensnachweis);
- die Lieferung eines immateriellen Produkts (z. B. die Vermittlung von Kenntnissen);
- die Schaffung eines Ambiente für den Kunden (z. B. in Hotels und Restaurants).

Software besteht aus Informationen, ist üblicherweise immateriell und kann in Form von Herangehensweisen, Transaktionen oder **Verfahren** (3.4.5) aufweisen.

Hardware ist üblicherweise materiell, wobei ihre Menge ein zählbares **Merkmal** (3.5.1) darstellt. Verfahrenstechnische Produkte sind üblicherweise materiell, wobei ihre Menge ein kontinuierliches Merkmal darstellt. Hardware und verfahrenstechnische Produkte werden häufig als Waren bezeichnet.

ANMERKUNG 3   **Qualitätssicherung** (3.2.11) konzentriert sich vor allem auf beabsichtigte Produkte.

3.4.2 product

result of a **process** (3.4.1)

NOTE 1   There are four generic product categories, as follows:

- services (e.g. transport);
- software (e.g. computer program, dictionary);
- hardware (e.g. engine mechanical part);
- processed materials (e.g. lubricant).

Many products comprise elements belonging to different generic product categories. Whether the product is then called service, software, hardware or processed material depends on the dominant element. For example, the offered product "automobile" consists of hardware (e.g. tyres), processed materials (e.g. fuel, cooling liquid), software (e.g. engine control software, driver's manual), and service (e.g. operating explanations given by the salesman).

NOTE 2   Service is the result of at least one activity necessarily performed at the interface between the **supplier** (3.3.6) and **customer** (3.3.5) and is generally intangible. Provision of a service can involve, for example, the following:

- an activity performed on a customer-supplied tangible product (e.g. automobile to be repaired);
- an activity performed on a customer-supplied intangible product (e.g. the income statement needed to prepare a tax return);
- the delivery of an intangible product (e.g. the delivery of information in the context of knowledge transmission);
- the creation of ambience for the customer (e.g. in hotels and restaurants).

Software consists of information and is generally intangible and can be in the form of approaches, transactions or **procedures** (3.4.5).

Hardware is generally tangible and its amount is a countable **characteristic** (3.5.1). Processed materials are generally tangible and their amount is a continuous characteristic. Hardware and processed materials often are referred to as goods.

NOTE 3   **Quality assurance** (3.2.11) is mainly focused on intended product.

3.4.2 produit

résultat d'un **processus** (3.4.1)

NOTE 1   Il existe quatre catégories génériques de produits:

- les services (par exemple transport);
- les «software» (par exemple logiciel, dictionnaire);
- les [produits] matériels (par exemple pièces mécaniques de moteur);
- les produits issus de processus à caractère continu (par exemple lubrifiant).

De nombreux produits sont constitués d'éléments appartenant à différentes catégories génériques de produits. Le produit est appelé service, logiciel, matériel ou produit issu de processus à caractère continu selon l'élément dominant. Par exemple, l'offre produit «automobile» se compose de matériel (par exemple les pneus), de produits issus de processus à caractère continu (par exemple carburant, liquide de refroidissement), de «software» (par exemple logiciel de commande de moteur, manuel d'utilisation) et de services (par exemple explications du vendeur concernant le fonctionnement).

NOTE 2   Un service est le résultat d'au moins une activité nécessairement réalisée à l'interface entre le **fournisseur** (3.3.6) et le **client** (3.3.5) et est généralement immatériel. La prestation d'un service peut impliquer par exemple:

- une activité réalisée sur un produit tangible fourni par le client (par exemple réparation d'une voiture);
- une activité réalisée sur un produit immatériel (par exemple une déclaration de revenus nécessaire pour déclencher l'impôt);
- la fourniture d'un produit immatériel (par exemple fourniture d'informations dans le contexte de la transmission de connaissances);
- la création d'une ambiance pour le client (par exemple dans les hôtels et les restaurants).

Un «software» se compose d'informations, est généralement immatériel et peut se présenter sous forme de démarches, de transactions ou de **procédures** (3.4.5).

Un produit matériel est généralement tangible et son volume constitue une **caractéristique** (3.5.1) dénombrable. Les produits issus de processus à caractère continu sont généralement tangibles et leur volume constitue une caractéristique continue. Les produits matériels et issus de processus à caractère continu sont souvent appelés biens.

NOTE 3   L'**assurance de la qualité** (3.2.11) porte principalement sur le produit intentionnel.

NOTE 4   En français, il n'existe pas de terme traduisant le concept contenu dans le terme anglais «software». Le terme «logiciel» traduit le terme anglais «computer software».

3.4.3
Projekt
einmaliger **Prozess** (3.4.1), der aus einem Satz von abgestimmten und gelenkten Tätigkeiten mit Anfangs- und Endterminen besteht und durchgeführt wird, um unter Berücksichtigung von Zwängen bezüglich Zeit, Kosten und Ressourcen ein Ziel zu erreichen, das spezifische **Anforderungen** (3.1.2) erfüllt

ANMERKUNG 1 Ein Einzelprojekt kann Teil einer größeren Projektstruktur sein.

ANMERKUNG 2 Bei einigen Projekten werden während des Projektverlaufs die Ziele verfeinert und die Produkt**merkmale** (3.5.1) fortschreitend entsprechend festgelegt.

ANMERKUNG 3 Das Ergebnis eines Projektes kann aus einer Einheit oder mehreren Einheiten von **Produkten** (3.4.2) bestehen.

ANMERKUNG 4 Aus ISO 10006:2003 übertragen und bearbeitet.

3.4.4
Entwicklung
Satz von **Prozessen** (3.4.1), der **Anforderungen** (3.1.2) in festgelegte **Merkmale** (3.5.1) oder in die Spezifikation (3.7.3) eines **Produkts** (3.4.2), eines **Prozesses** (3.4.1) oder eines **Systems** (3.2.1) umwandelt

ANMERKUNG 1 Die Benennungen „design" und „development" werden im Englischen manchmal synonym, manchmal jedoch zur Definition verschiedener Phasen des gesamten Entwicklungsprozesses verwendet.

ANMERKUNG 2 Ein Bestimmungswort kann verwendet werden, um die Art des zu Entwickelnden näher zu bezeichnen (z. B. Produktentwicklung oder Prozessentwicklung).

3.4.5
Verfahren
festgelegte Art und Weise, eine Tätigkeit oder einen **Prozess** (3.4.1) auszuführen

ANMERKUNG 1 Verfahren können dokumentiert sein oder nicht.

ANMERKUNG 2 Wenn ein Verfahren dokumentiert ist, werden häufig Benennungen wie „schriftlich niedergelegtes Verfahren" oder „dokumentiertes Verfahren" verwendet. Das ein Verfahren beinhaltende **Dokument** (3.7.2) kann als „Verfahrensdokument" bezeichnet werden.

3.5 Merkmalsbezogene Begriffe

3.5.1
Merkmal
kennzeichnende Eigenschaft

ANMERKUNG 1 Ein Merkmal kann inhärent oder zugeordnet sein.

ANMERKUNG 2 Ein Merkmal kann qualitativer oder quantitativer Natur sein.

3.4.3
project
unique **process** (3.4.1), consisting of a set of coordinated and controlled activities with start and finish dates, undertaken to achieve an objective conforming to specific **requirements** (3.1.2), including the constraints of time, cost and resources

NOTE 1 An individual project can form part of a larger project structure.

NOTE 2 In some projects the objectives are refined and the product **characteristics** (3.5.1) defined progressively as the project proceeds.

NOTE 3 The outcome of a project can be one or several units of **product** (3.4.2).

NOTE 4 Adapted from ISO 10006:2003.

3.4.4
design and development
set of **processes** (3.4.1) that transforms **requirements** (3.1.2) into specified **characteristics** (3.5.1) or into the specification (3.7.3) of a **product** (3.4.2), **process** (3.4.1) or **system** (3.2.1)

NOTE 1 The terms "design" and "development" are sometimes used synonymously and sometimes used to define different stages of the overall design and development process.

NOTE 2 A qualifier can be applied to indicate the nature of what is being designed and developed (e.g. product design and development or process design and development).

3.4.5
procedure
specified way to carry out an activity or a **process** (3.4.1)

NOTE 1 Procedures can be documented or not.

NOTE 2 When a procedure is documented, the term "written procedure" or "documented procedure" is frequently used. The **document** (3.7.2) that contains a procedure can be called a "procedure document".

3.5 Terms relating to characteristics

3.5.1
characteristic
distinguishing feature

NOTE 1 A characteristic can be inherent or assigned.

NOTE 2 A characteristic can be qualitative or quantitative.

3.4.3
projet
processus (3.4.1) unique qui consiste en un ensemble d'activités coordonnées et maîtrisées comportant des dates de début et de fin, entrepris dans le but d'atteindre un objectif conforme à des **exigences** (3.1.2) spécifiques, incluant les contraintes de délais, de coûts et de ressources

NOTE 1 Il est possible qu'un projet individuel fasse partie d'une structure de projet plus large.

NOTE 2 Dans certains projets, les objectifs sont affinés et les **caractéristiques** (3.5.1) du produit déterminées progressivement, à mesure que le projet progresse.

NOTE 3 Un projet peut aboutir à une ou à plusieurs unités de **produit** (3.4.2).

NOTE 4 Adapté de l'ISO 10006:2003.

3.4.4
conception et développement
ensemble de **processus** (3.4.1) qui transforme des **exigences** (3.1.2) en **caractéristiques** (3.5.1) spécifiées ou en **spécification** (3.7.3) d'un **produit** (3.4.2), d'un **processus** (3.4.1) ou d'un **système** (3.2.1)

NOTE 1 Les termes «conception» et «développement» sont parfois utilisés comme synonymes et parfois utilisés pour définir des étapes différentes du processus global de conception et de développement.

NOTE 2 Un qualificatif peut être utilisé pour indiquer la nature de ce qui est conçu et développé (par exemple conception et développement de produit ou conception et développement de processus).

3.4.5
procédure
manière spécifiée d'effectuer une activité ou un **processus** (3.4.1)

NOTE 1 Les procédures peuvent ou non faire l'objet de documents.

NOTE 2 Lorsqu'une procédure fait l'objet de documents, les termes «procédure écrite» ou «procédure documentée» sont fréquemment utilisés. Le **document** (3.7.2) contenant une procédure peut être appelé un «document de procédure».

3.5 Termes relatifs aux caractéristiques

3.5.1
caractéristique
trait distinctif

NOTE 1 Une caractéristique peut être intrinsèque ou attribuée.

NOTE 2 Une caractéristique peut être qualitative ou quantitative.

ANMERKUNG 3 Es gibt verschiedene Klassen von Merkmalen, z. B.:
- physikalische, z. B. mechanische, elektrische, chemische oder biologische Merkmale;
- sensorische, z. B. bezüglich Geruch, Berührung, Geschmack, Sehvermögen, Gehör;
- verhaltensbezogene, z. B. Anständigkeit, Ehrlichkeit, Wahrheitsliebe;
- zeitbezogene, z. B. Pünktlichkeit, Verlässlichkeit, Verfügbarkeit;
- ergonomische, z. B. physiologische oder auf Sicherheit für den Menschen bezogene Merkmale;
- funktionale, z. B. Spitzengeschwindigkeit eines Flugzeuges.

3.5.2
Qualitätsmerkmal
inhärentes **Merkmal** (3.5.1) eines **Produkts** (3.4.2), **Prozesses** (3.4.1) oder **Systems** (3.2.1), das sich auf eine **Anforderung** (3.1.2) bezieht

ANMERKUNG 1 Inhärent bedeutet „einer Einheit innewohnend", insbesondere als ständiges Merkmal.

ANMERKUNG 2 Ein einem Produkt, einem Prozess oder einem System zugeordnetes Merkmal (z. B. der Preis eines Produkts, der Eigentümer eines Produkts) stellt kein Qualitätsmerkmal dieses Produkts, Prozesses oder Systems dar.

3.5.3
Zuverlässigkeit
zusammenfassender Ausdruck zur Beschreibung der Verfügbarkeit und ihrer Einflussfaktoren Funktionsfähigkeit, Instandhaltbarkeit und Instandhaltungsbereitschaft

ANMERKUNG Zuverlässigkeit wird nur für allgemeine Beschreibungen in nichtquantitativem Sinn benutzt.

[IEC 60050-191:1990]

3.5.4
Rückverfolgbarkeit
Möglichkeit, den Werdegang, die Verwendung oder den Ort des Betrachteten zu verfolgen

ANMERKUNG 1 Bei einem **Produkt** (3.4.2) kann sich Rückverfolgbarkeit beziehen auf:
- die Herkunft von Werkstoffen und Teilen,
- den Ablauf der Verarbeitung und
- die Verteilung und den Standort des Produkts nach Auslieferung.

ANMERKUNG 2 Im Bereich der Metrologie stellt die Definition in VIM:1993, 6.10, die akzeptierte Definition dar.[N1]

NOTE 3 There are various classes of characteristic, such as the following:
- physical (e.g. mechanical, electrical, chemical or biological characteristics);
- sensory (e.g. related to smell, touch, taste, sight, hearing);
- behavioral (e.g. courtesy, honesty, veracity);
- temporal (e.g. punctuality, reliability, availability);
- ergonomic (e.g. physiological characteristic, or related to human safety);
- functional (e.g. maximum speed of an aircraft).

3.5.2
quality characteristic
inherent **characteristic** (3.5.1) of a **product** (3.4.2), **process** (3.4.1) or **system** (3.2.1) related to a **requirement** (3.1.2)

NOTE 1 Inherent means existing in something, especially as a permanent characteristic.

NOTE 2 A characteristic assigned to a product, process or system (e.g. the price of a product, the owner of a product) is not a quality characteristic of that product, process or system.

3.5.3
dependability
collective term used to describe the availability performance and its influencing factors: reliability performance, maintainability performance and maintenance support performance

NOTE Dependability is used only for general descriptions in non-quantitative terms.

[IEC 60050-191:1990]

3.5.4
traceability
ability to trace the history, application or location of that which is under consideration

NOTE 1 When considering **product** (3.4.2), traceability can relate to
- the origin of materials and parts,
- the processing history, and
- the distribution and location of the product after delivery.

NOTE 2 In the field of metrology the definition in VIM:1993, 6.10, is the accepted definition.

NOTE 3 Il existe différents types de caractéristiques, tels que:
- physiques (par exemple mécaniques, électriques, chimiques, biologiques);
- sensorielles (par exemple odeur, toucher, goût, aspect visuel, sonorité);
- comportementales (par exemple courtoisie, honnêteté, véracité);
- temporelles (par exemple ponctualité, fiabilité, disponibilité);
- ergonomiques (par exemple caractéristique physiologique ou relative à la sécurité des personnes);
- fonctionnelles (par exemple vitesse maximale d'un avion).

3.5.2
caractéristique qualité
caractéristique (3.5.1) intrinsèque d'un **produit** (3.4.2), d'un **processus** (3.4.1) ou d'un **système** (3.2.1) relative à une **exigence** (3.1.2)

NOTE 1 «Intrinsèque» signifie présent dans quelque chose, notamment en tant que caractéristique permanente.

NOTE 2 Une caractéristique attribuée à un produit, à un processus ou à un système (par exemple le prix d'un produit, le propriétaire d'un produit) n'est pas une caractéristique qualité de ce produit, processus ou système.

3.5.3
sûreté de fonctionnement
ensemble des propriétés qui décrivent la disponibilité et les facteurs qui la conditionnent: fiabilité, maintenabilité et logistique de maintenance

NOTE La sûreté de fonctionnement est une notion générale sans caractère quantitatif.

[CEI 60050-191:1990]

3.5.4
traçabilité
aptitude à retrouver l'historique, la mise en œuvre ou l'emplacement de ce qui est examiné

NOTE 1 Dans le cas d'un **produit** (3.4.2), elle peut être liée à
- l'origine des matériaux et composants,
- l'historique de réalisation, et
- la distribution et l'emplacement du produit après livraison.

NOTE 2 En métrologie, la définition du VIM:1993, 6.10, est la définition reconnue.

N1) Nationale Fußnote: In der Metrologie hat sich für die Definition des VIM inzwischen die Benennung „Rückführbarkeit" durchgesetzt.

EN ISO 9000:2005 (D/E/F)

3.6 Konformitätsbezogene Begriffe

3.6.1
Konformität
Erfüllung einer **Anforderung** (3.1.2)
ANMERKUNG Die Benennung „conformance" stellt im Englischen ein abzulehnendes Synonym dar.

3.6.2
Fehler
Nichterfüllung einer **Anforderung** (3.1.2)

3.6.3
Mangel
Nichterfüllung einer **Anforderung** (3.1.2) in Bezug auf einen beabsichtigten oder festgelegten Gebrauch
ANMERKUNG 1 Die Unterscheidung zwischen den Begriffen Mangel und **Fehler** (3.6.2) ist wegen ihrer rechtlichen Bedeutung wichtig, insbesondere derjenigen, die im Zusammenhang mit Produkthaftungsfragen steht. Die Benennung „Mangel" sollte daher mit äußerster Vorsicht verwendet werden.
ANMERKUNG 2 Der vom **Kunden** (3.3.5) beabsichtigte Gebrauch kann durch die Art der vom **Lieferanten** (3.3.6) bereitgestellten Informationen, wie Gebrauchs- oder Instandhaltungsanweisungen, beeinträchtigt werden.

3.6.4
Vorbeugungsmaßnahme
Maßnahme zur Beseitigung der Ursache eines möglichen **Fehlers** (3.6.2) oder einer anderen möglichen unerwünschten Situation
ANMERKUNG 1 Für einen möglichen Fehler kann es mehr als eine Ursache geben.
ANMERKUNG 2 Eine Vorbeugungsmaßnahme wird ergriffen, um das Auftreten eines Fehlers zu verhindern, während eine **Korrekturmaßnahme** (3.6.5) ergriffen wird, um das erneute Auftreten des Fehlers zu verhindern.

3.6.5
Korrekturmaßnahme
Maßnahme zur Beseitigung der Ursache eines erkannten **Fehlers** (3.6.2) oder einer anderen erkannten unerwünschten Situation
ANMERKUNG 1 Für einen aufgetretenen Fehler kann es mehr als eine Ursache geben.
ANMERKUNG 2 Eine Korrekturmaßnahme wird ergriffen, um das erneute Auftreten eines Fehlers zu verhindern, während eine **Vorbeugungsmaßnahme** (3.6.4) ergriffen wird, um das Auftreten des Fehlers zu verhindern.
ANMERKUNG 3 Es besteht ein Unterschied zwischen **Korrektur** (3.6.6) und Korrekturmaßnahme.

3.6.6
Korrektur
Maßnahme zur Beseitigung eines erkannten **Fehlers** (3.6.2)

3.6 Terms relating to conformity

3.6.1
conformity
fulfilment of a **requirement** (3.1.2)
NOTE The term "conformance" is synonymous but deprecated.

3.6.2
nonconformity
non-fulfilment of a **requirement** (3.1.2)

3.6.3
defect
non-fulfilment of a **requirement** (3.1.2) related to an intended or specified use
NOTE 1 The distinction between concepts defect and **nonconformity** (3.6.2) is important as it has legal connotations, particularly those associated with product liability issues. Consequently the term "defect" should be used with extreme caution.
NOTE 2 The intended use as intended by the **customer** (3.3.5) can be affected by the nature of the information, such as operating or maintenance instructions, provided by the **supplier** (3.3.6).

3.6.4
preventive action
action to eliminate the cause of a potential **nonconformity** (3.6.2) or other undesirable potential situation
NOTE 1 There can be more than one cause for a potential nonconformity.
NOTE 2 Preventive action is taken to prevent occurrence whereas **corrective action** (3.6.5) is taken to prevent recurrence.

3.6.5
corrective action
action to eliminate the cause of a detected **nonconformity** (3.6.2) or other undesirable situation
NOTE 1 There can be more than one cause for a nonconformity.
NOTE 2 Corrective action is taken to prevent recurrence whereas **preventive action** (3.6.4) is taken to prevent occurrence.
NOTE 3 There is a distinction between **correction** (3.6.6) and corrective action.

3.6.6
correction
action to eliminate a detected **nonconformity** (3.6.2)

3.6 Termes relatifs à la conformité

3.6.1
conformité
satisfaction d'une **exigence** (3.1.2)
NOTE Le terme «compliance» est synonyme mais a été abandonné.

3.6.2
non-conformité
non-satisfaction d'une **exigence** (3.1.2)

3.6.3
défaut
non-satisfaction d'une **exigence** (3.1.2) relative à une utilisation prévue ou spécifiée
NOTE 1 La distinction faite entre les concepts «défaut» et «**non-conformité**» (3.6.2) est importante car elle comporte des connotations juridiques, particulièrement celles liées à la responsabilité du fait du produit. En conséquence, il convient d'utiliser le terme «défaut» avec une extrême précaution.
NOTE 2 L'utilisation prévue, telle que prévue par le **client** (3.3.5) peut être affectée par la nature des informations, par exemple les notices d'utilisation ou d'entretien, transmises par le **fournisseur** (3.3.6).

3.6.4
action préventive
action visant à éliminer la cause d'une **non-conformité** (3.6.2) potentielle ou d'une autre situation potentielle indésirable
NOTE 1 Il peut y avoir plusieurs causes à une non-conformité potentielle.
NOTE 2 Une action préventive est entreprise pour empêcher l'occurrence, alors qu'une **action corrective** (3.6.5) est entreprise pour empêcher la réapparition.

3.6.5
action corrective
action visant à éliminer la cause d'une **non-conformité** (3.6.2) ou d'une autre situation indésirable détectée
NOTE 1 Il peut y avoir plusieurs causes à une non-conformité.
NOTE 2 Une action corrective est entreprise pour empêcher la réapparition alors qu'une **action préventive** (3.6.4) est entreprise pour empêcher l'occurrence.
NOTE 3 Il convient de distinguer action curative, ou **correction** (3.6.6), et action corrective.

3.6.6
correction
action visant à éliminer une **non-conformité** (3.6.2) détectée

EN ISO 9000:2005 (D/E/F)

ANMERKUNG 1 Eine Korrektur kann im Zusammenhang mit einer **Korrekturmaßnahme** (3.6.5) vorgenommen werden.

ANMERKUNG 2 Eine Korrektur kann z. B. **Nacharbeit** (3.6.7) oder **Neueinstufung** (3.6.8) sein.

3.6.7
Nacharbeit
Maßnahme an einem fehlerhaften **Produkt** (3.4.2), damit es die **Anforderungen** (3.1.2) erfüllt

ANMERKUNG Im Unterschied zu Nacharbeit kann **Reparatur** (3.6.9) Teile des fehlerhaften Produkts beeinflussen oder verändern.

3.6.8
Neueinstufung
Änderung der **Anspruchsklasse** (3.1.3) eines fehlerhaften **Produkts** (3.4.2), damit es **Anforderungen** (3.1.2) erfüllt, die von den ursprünglichen abweichen

3.6.9
Reparatur
Maßnahme an einem fehlerhaften **Produkt** (3.4.2), um es für den beabsichtigten Gebrauch annehmbar zu machen

ANMERKUNG 1 Reparatur schließt Abhilfemaßnahmen ein, die der Rückführung eines früher fehlerfreien, aber nunmehr fehlerhaften Produkts in einen gebrauchsfähigen Zustand dienen, zum Beispiel als Teil der Instandhaltung.

ANMERKUNG 2 Im Gegensatz zu **Nacharbeit** (3.6.7) kann eine Reparatur Teile des fehlerhaften Produkts beeinflussen oder verändern.

3.6.10
Verschrottung
Maßnahme an einem fehlerhaften **Produkt** (3.4.2), um dessen ursprünglich beabsichtigten Gebrauch auszuschließen

BEISPIEL Recycling, Zerstörung.

ANMERKUNG Bei einer fehlerhaften Dienstleistung wird der Gebrauch durch die Einstellung der (Erbringung der) Dienstleistung ausgeschlossen.

3.6.11
Sonderfreigabe
Erlaubnis, ein **Produkt** (3.4.2), das festgelegte **Anforderungen** (3.1.2) nicht erfüllt, zu gebrauchen oder freizugeben

ANMERKUNG Eine Sonderfreigabe ist üblicherweise auf die Auslieferung eines Produkts beschränkt, das festgelegte **Merkmale** (3.5.1) innerhalb vereinbarten Zeitraum oder eine vereinbarte Menge innerhalb festgelegter Grenzwerte fehlerhafte **Merkmale** (3.5.1) hat.

3.6.12
Abweichungsgenehmigung
vor der Realisierung eines Produkts erteilte Erlaubnis, von ursprünglich festgelegten **Anforderungen** (3.1.2) an das **Produkt** (3.4.2) abzuweichen

ANMERKUNG Eine Abweichungsgenehmigung wird üblicherweise für eine begrenzte Menge des Produkts oder eine begrenzte Zeitspanne und für einen bestimmten Gebrauch erteilt.

NOTE 1 A correction can be made in conjunction with a **corrective action** (3.6.5).

NOTE 2 A correction can be, for example, **rework** (3.6.7) or **regrade** (3.6.8).

3.6.7
rework
action on a nonconforming **product** (3.4.2) to make it conform to the **requirements** (3.1.2)

NOTE Unlike rework, **repair** (3.6.9) can affect or change parts of the nonconforming product.

3.6.8
regrade
alteration of the **grade** (3.1.3) of a nonconforming **product** (3.4.2) in order to make it conform to **requirements** (3.1.2) differing from the initial ones

3.6.9
repair
action on a nonconforming **product** (3.4.2) to make it acceptable for the intended use

NOTE 1 Repair includes remedial action taken on a previously conforming product to restore it for use, for example as part of maintenance.

NOTE 2 Unlike **rework** (3.6.7), repair can affect or change parts of the nonconforming product.

3.6.10
scrap
action on a nonconforming **product** (3.4.2) to preclude its originally intended use

EXAMPLE Recycling, destruction.

NOTE In a nonconforming service situation, use is precluded by discontinuing the service.

3.6.11
concession
permission to use or release a **product** (3.4.2) that does not conform to specified **requirements** (3.1.2)

NOTE A concession is generally limited to the delivery of a product that has nonconforming **characteristics** (3.5.1) within specified limits for an agreed time or quantity of that product.

3.6.12
deviation permit
permission to depart from the originally specified **requirements** (3.1.2) of a **product** (3.4.2) prior to realization

NOTE A deviation permit is generally given for a limited quantity of product or period of time, and for a specific use.

NOTE 1 Une correction peut être menée conjointement avec une **action corrective** (3.6.5).

NOTE 2 Une correction peut être, par exemple, une **reprise** (3.6.7) ou un **reclassement** (3.6.8).

3.6.7
reprise
action sur un **produit** (3.4.2) non conforme pour le rendre conforme aux **exigences** (3.1.2)

NOTE Contrairement à la reprise, la **réparation** (3.6.9) peut avoir une influence sur, ou modifier, des composants du produit non conforme.

3.6.8
reclassement
modification de la **classe** (3.1.3) d'un **produit** (3.4.2) non conforme pour le rendre conforme à des **exigences** (3.1.2) différentes de celles initialement spécifiées

3.6.9
réparation
action sur un **produit** (3.4.2) non conforme pour le rendre acceptable pour l'utilisation prévue

NOTE 1 La réparation comprend les actions rectificatives menées pour rétablir dans son usage un produit initialement conforme, par exemple dans le cadre d'une opération de maintenance.

NOTE 2 Contrairement à la **reprise** (3.6.7), la réparation peut avoir une influence sur, ou modifier, des parties du produit non conforme.

3.6.10
rebut
action sur un **produit** (3.4.2) non conforme visant à empêcher son usage tel que prévu à l'origine

EXEMPLE Recyclage, destruction.

NOTE Dans une situation de service non conforme, l'usage est empêché par l'interruption du service.

3.6.11
dérogation (après production)
autorisation d'utiliser ou de libérer un **produit** (3.4.2) non conforme aux **exigences** (3.1.2) spécifiées

NOTE Une telle dérogation est généralement limitée à la livraison d'un produit qui possède des **caractéristiques** (3.5.1) non conformes, dans des limites spécifiées pour une durée ou une quantité de ce produit convenues.

3.6.12
dérogation (avant production)
autorisation de s'écarter des **exigences** (3.1.2) spécifiées à l'origine pour un **produit** (3.4.2) avant sa réalisation

NOTE Une telle dérogation est généralement accordée pour une quantité ou une durée limitées, et pour une utilisation spécifique.

EN ISO 9000:2005 (D/E/F)

3.6.13
Freigabe
Erlaubnis, zur nächsten Stufe eines **Prozesses** (3.4.1) überzugehen
ANMERKUNG Im Englischen wird im Zusammenhang mit Computer-Software die Benennung „release" häufig auf eine Version der Software selbst bezogen.

3.6.13
release
permission to proceed to the next stage of a **process** (3.4.1)
NOTE In English, in the context of computer software, the term "release" is frequently used to refer to a version of the software itself.

3.6.13
libération
autorisation de procéder à l'étape suivante d'un **processus** (3.4.1)
NOTE En anglais, dans le contexte du logiciel, le terme «release» (qui se traduit par «libération») est couramment utilisé pour faire référence à une «version» dudit logiciel.

3.7 Dokumentationsbezogene Begriffe

3.7 Terms relating to documentation

3.7 Termes relatifs à la documentation

3.7.1
Information
Daten mit Bedeutung

3.7.1
information
meaningful data

3.7.1
information
données signifiantes

3.7.2
Dokument
Information (3.7.1) und ihr Trägermedium
BEISPIEL **Aufzeichnung** (3.7.6), Spezifikation (3.7.3), Verfahrensdokument, Zeichnung, Bericht, Norm.
ANMERKUNG 1 Das Medium kann Papier, eine magnetische, elektronische oder optische Rechnerdiskette, eine Fotografie, ein Bezugsmuster oder eine Kombination daraus sein.
ANMERKUNG 2 Ein Satz von Dokumenten, z. B. Spezifikationen und Aufzeichnungen, wird häufig als „Dokumentation" bezeichnet.
ANMERKUNG 3 Einige **Anforderungen** (3.1.2) (z. B. die Anforderung nach Lesbarkeit) gelten für alle Arten von Dokumenten, obgleich es verschiedene Anforderungen für Spezifikationen (z. B. die Anforderung, durch Revision überwacht zu sein) und Aufzeichnungen (z. B. die Anforderung, abrufbar zu sein) geben kann.

3.7.2
document
information (3.7.1) and its supporting medium
EXAMPLE **Record** (3.7.6), specification (3.7.3), procedure document, drawing, report, standard.
NOTE 1 The medium can be paper, magnetic, electronic or optical computer disc, photograph or master sample, or a combination thereof.
NOTE 2 A set of documents, for example specifications and records, is frequently called "documentation".
NOTE 3 Some **requirements** (3.1.2) (e.g. the requirement to be readable) relate to all types of documents, however there can be different requirements for specifications (e.g. the requirement to be revision controlled) and records (e.g. the requirement to be retrievable).

3.7.2
document
support d'information et l'**information** (3.7.1) qu'il contient
EXEMPLE **Enregistrement** (3.7.6), spécification (3.7.3), document de **procédure** (3.4.5), plan, rapport, norme.
NOTE 1 Le support peut être papier, disque informatique magnétique, électronique ou optique, photographie ou échantillon étalon, ou une combinaison de ceux-ci.
NOTE 2 Un ensemble de documents, par exemple spécifications et enregistrements, est couramment appelé «documentation».
NOTE 3 Certaines **exigences** (3.1.2) (par exemple l'exigence de lisibilité) se rapportent à tous les types de documents, il peut toutefois y avoir des exigences différentes pour les spécifications (par exemple l'exigence de maîtrise des révisions) et les enregistrements (par exemple l'exigence de récupération).

3.7.3
Spezifikation
Dokument (3.7.2), das **Anforderungen** (3.1.2) festlegt
ANMERKUNG Eine Spezifikation kann sich beziehen auf Tätigkeiten (z. B. Verfahrensdokument, Prozessspezifikation und Testspezifikation) oder auf **Produkte** (3.4.2) (z. B. Produktspezifikation, Leistungsspezifikation und Zeichnung).

3.7.3
specification
document (3.7.2) stating **requirements** (3.1.2)
NOTE A specification can be related to activities (e.g. procedure document, process specification and test specification), or **products** (3.4.2) (e.g. product specification, performance specification and drawing).

3.7.3
spécification
document (3.7.2) formulant des **exigences** (3.1.2)
NOTE Une spécification peut être liée à des activités (par exemple document de procédure, spécification de processus et spécification d'essai) ou des **produits** (3.4.2) (par exemple spécification de produit, spécification de performance et plan).

3.7.4
Qualitätsmanagement-Handbuch
QM-Handbuch
Dokument (3.7.2), in dem das **Qualitätsmanagementsystem** (3.2.3) einer **Organisation** (3.3.1) festgelegt ist
ANMERKUNG QM-Handbücher können hinsichtlich Detaillierung und Format unterschiedlich sein, um sie an die Größe und Komplexität einer einzelnen Organisation anzupassen.

3.7.4
quality manual
document (3.7.2) specifying the **quality management system** (3.2.3) of an **organization** (3.3.1)
NOTE Quality manuals can vary in detail and format to suit the size and complexity of an individual organization.

3.7.4
manuel qualité
document (3.7.2) spécifiant le **système de management de la qualité** (3.2.3) d'un **organisme** (3.3.1)
NOTE Le degré de détail et la forme d'un manuel qualité peuvent varier pour s'adapter à la taille et à la complexité d'un organisme particulier.

3.7.5
Qualitätsmanagementplan
QM-Plan
Dokument (3.7.2), das festlegt, welche **Verfahren** (3.4.5) und zugehörigen Ressourcen wann und durch wen bezüglich eines spezifischen **Projekts** (3.4.3), **Produkts** (3.4.2), **Prozesses** (3.4.1) oder Vertrages angewendet werden müssen

3.7.5
quality plan
document (3.7.2) specifying which **procedures** (3.4.5) and associated resources shall be applied by whom and when to a specific **project** (3.4.3), **product** (3.4.2), **process** (3.4.1) or contract

3.7.5
plan qualité
document (3.7.2) spécifiant quelles **procédures** (3.4.5) et ressources associées doivent être appliquées par qui et quand, pour un **projet** (3.4.3), un **produit** (3.4.2), un **processus** (3.4.1) ou un contrat particulier

ANMERKUNG 1 Diese Verfahren umfassen üblicherweise die Verfahren, die sich auf Qualitätsmanagementprozesse und auf Produktrealisierungsprozesse beziehen.

ANMERKUNG 2 Ein QM-Plan verweist häufig auf Teile des **QM-Handbuches** (3.7.4) oder auf Verfahrensdokumente.

ANMERKUNG 3 Ein QM-Plan ist üblicherweise eines der Ergebnisse der **Qualitätsplanung** (3.2.9).

3.7.6
Aufzeichnung
Dokument (3.7.2), das erreichte Ergebnisse angibt oder einen Nachweis ausgeführter Tätigkeiten bereitstellt

ANMERKUNG 1 Aufzeichnungen können beispielsweise angewendet werden zur Darlegung von **Rückverfolgbarkeit** (3.5.4) und zum Nachweis von **Verifizierung** (3.8.4), **Vorbeugungsmaßnahmen** (3.6.4) und **Korrekturmaßnahmen** (3.6.5).

ANMERKUNG 2 Aufzeichnungen bedürfen üblicherweise nicht einer Überwachung durch Revision.

3.8 Untersuchungsbezogene Begriffe

3.8.1
objektiver Nachweis
Daten, welche die Existenz oder Wahrheit von etwas bestätigen

ANMERKUNG Objektive Nachweise können durch Beobachtung, Messung, **Test** (3.8.3) oder mit anderen Mitteln erbracht werden.

3.8.2
Prüfung;
Inspektion
Konformitätsbewertung durch Beobachten und Beurteilen, begleitet – soweit zutreffend – durch Messen, Testen oder Vergleichen
[ISO/IEC-Leitfaden 2]

3.8.3
Test
Ermitteln (der Merkmalswerte) eines oder mehrerer **Merkmale** (3.5.1) nach einem **Verfahren** (3.4.5)

3.8.4
Verifizierung
Bestätigung durch Bereitstellung eines **objektiven Nachweises** (3.8.1), dass festgelegte **Anforderungen** (3.1.2) erfüllt worden sind

ANMERKUNG 1 Die Benennung „verifiziert" wird zur Bezeichnung des entsprechenden Status verwendet.

ANMERKUNG 2 Bestätigungen können aus Tätigkeiten bestehen wie:
- Durchführen alternativer Berechnungen,
- Vergleichen einer neuen **Entwicklungsspezifikation** (3.7.3) mit einer bereits bewährten Entwicklungsspezifikation,
- Vornehmen von **Tests** (3.8.3) und Demonstrationen und
- Bewerten von Dokumenten, bevor sie herausgegeben werden.

NOTE 1 These procedures generally include those referring to quality management processes and to product realization processes.

NOTE 2 A quality plan often makes reference to parts of the **quality manual** (3.7.4) or to procedure documents.

NOTE 3 A quality plan is generally one of the results of **quality planning** (3.2.9).

3.7.6
record
document (3.7.2) stating results achieved or providing evidence of activities performed

NOTE 1 Records can be used, for example, to document **traceability** (3.5.4) and to provide evidence of **verification** (3.8.4), **preventive action** (3.6.4) and **corrective action** (3.6.5).

NOTE 2 Generally records need not be under revision control.

3.8 Terms relating to examination

3.8.1
objective evidence
data supporting the existence or verity of something

NOTE Objective evidence may be obtained through observation, measurement, **test** (3.8.3), or other means.

3.8.2
inspection
conformity evaluation by observation and judgement accompanied as appropriate by measurement, testing or gauging
[ISO/IEC Guide 2]

3.8.3
test
determination of one or more **characteristics** (3.5.1) according to a **procedure** (3.4.5)

3.8.4
verification
confirmation, through the provision of **objective evidence** (3.8.1), that specified **requirements** (3.1.2) have been fulfilled

NOTE 1 The term "verified" is used to designate the corresponding status.

NOTE 2 Confirmation can comprise activities such as
- performing alternative calculations,
- comparing a new design **specification** (3.7.3) with a similar proven design specification,
- undertaking **tests** (3.8.3) and demonstrations, and
- reviewing documents prior to issue.

NOTE 1 Ces procédures comprennent généralement celles faisant référence aux processus de management de la qualité et aux processus de réalisation de produits.

NOTE 2 Un plan qualité fait souvent référence à des parties du **manuel qualité** (3.7.4) ou à des documents de procédure.

NOTE 3 Un plan qualité est généralement l'un des résultats de la **planification de la qualité** (3.2.9).

3.7.6
enregistrement
document (3.7.2) faisant état de résultats obtenus ou apportant la preuve de la réalisation d'une activité

NOTE 1 Les enregistrements peuvent, par exemple, documenter la **traçabilité** (3.5.4) et apporter la preuve que **vérification** (3.8.4), les **actions préventives** (3.6.4) et les **actions correctives** (3.6.5) ont été réalisées.

NOTE 2 En général, les enregistrements ne nécessitent pas de maîtrise des révisions.

3.8 Termes relatifs à l'examen

3.8.1
preuve tangible
données démontrant l'existence ou la véracité de quelque chose

NOTE La preuve tangible est obtenue par observation, mesurage, **essai** (3.8.3) ou un autre moyen.

3.8.2
contrôle
évaluation de la conformité par observation et jugement accompagné, si nécessaire, de mesurages, d'essais ou de calibrage
[ISO/CEI Guide 2]

3.8.3
essai
détermination d'une ou de plusieurs **caractéristiques** (3.5.1) selon une **procédure** (3.4.5)

3.8.4
vérification
confirmation par des **preuves tangibles** (3.8.1) que les **exigences** (3.1.2) spécifiées ont été satisfaites

NOTE 1 Le terme «vérifié» désigne l'état correspondant.

NOTE 2 La confirmation peut couvrir des activités telles que
- réalisation d'autres calculs,
- comparaison d'une **spécification** (3.7.3) de conception nouvelle avec une spécification de conception similaire éprouvée,
- réalisation d'**essais** (3.8.3) et de démonstrations, et
- revue des documents avant diffusion.

3.8.5
Validierung
Bestätigung durch Bereitstellung eines **objektiven Nachweises** (3.8.1), dass die **Anforderungen** (3.1.2) für einen spezifischen beabsichtigten Gebrauch oder eine spezifische beabsichtigte Anwendung erfüllt worden sind

ANMERKUNG 1 Die Benennung „validiert" wird zur Bezeichnung des entsprechenden Status verwendet.

ANMERKUNG 2 Die Anwendungsbedingungen für Validierung können echt oder simuliert sein.

3.8.6
Qualifizierungsprozess
Prozess (3.4.1) zur Darlegung der Eignung, festgelegte **Anforderungen** (3.1.2) zu erfüllen

ANMERKUNG 1 Die Benennung „qualifiziert" wird zur Bezeichnung des entsprechenden Status verwendet.

ANMERKUNG 2 Qualifizierung kann Personen, **Produkte** (3.4.2), Prozesse oder **Systeme** (3.2.1) betreffen.

BEISPIEL Auditor-Qualifizierungsprozess, Werkstoff-Qualifizierungsprozess.

3.8.7
Bewertung
Tätigkeit zur Ermittlung der Eignung, Angemessenheit und **Wirksamkeit** (3.2.14) der Betrachtungseinheit, festgelegte Ziele zu erreichen

ANMERKUNG Bewertung kann auch die Ermittlung der **Effizienz** (3.2.15) enthalten.

BEISPIEL Managementbewertung [N2], Entwicklungsbewertung, Bewertung von Kundenanforderungen und Bewertung von Fehlern.

3.8.5
validation
confirmation, through the provision of **objective evidence** (3.8.1), that the **requirements** (3.1.2) for a specific intended use or application have been fulfilled

NOTE 1 The term "validated" is used to designate the corresponding status.

NOTE 2 The use conditions for validation can be real or simulated.

3.8.6
qualification process
process (3.4.1) to demonstrate the ability to fulfil specified **requirements** (3.1.2)

NOTE 1 The term "qualified" is used to designate the corresponding status.

NOTE 2 Qualification can concern persons, **products** (3.4.2), processes or **systems** (3.2.1).

EXAMPLE Auditor qualification process, material qualification process.

3.8.7
review
activity undertaken to determine the suitability, adequacy and **effectiveness** (3.2.14) of the subject matter to achieve established objectives

NOTE Review can also include the determination of **efficiency** (3.2.15).

EXAMPLE Management review, design and development review, review of customer requirements and nonconformity review.

3.8.5
validation
confirmation par des **preuves tangibles** (3.8.1) que les **exigences** (3.1.2) pour une utilisation spécifique ou une application prévues ont été satisfaites

NOTE 1 Le terme «validé» désigne l'état correspondant.

NOTE 2 Les conditions d'utilisation peuvent être réelles ou simulées.

3.8.6
processus de qualification
processus (3.4.1) permettant de démontrer l'aptitude à satisfaire les **exigences** (3.1.2) spécifiées

NOTE 1 Le terme «qualifié» désigne l'état correspondant.

NOTE 2 La qualification peut concerner les personnes, les **produits** (3.4.2), les processus et les **systèmes** (3.2.1).

EXEMPLE Processus de qualification d'auditeur, processus de qualification de matériau.

3.8.7
revue
examen entrepris pour déterminer la pertinence, l'adéquation et l'**efficacité** (3.2.14) de ce qui est examiné à atteindre des objectifs définis

NOTE La revue peut également inclure la détermination de l'**efficience** (3.2.15).

EXEMPLE Revue de direction, revue de conception et développement, revue des exigences du client et revue de non-conformité.

3.9 Auditbezogene Begriffe

3.9.1
Audit
systematischer, unabhängiger und dokumentierter **Prozess** (3.4.1) zur Erlangung von **Auditnachweisen** (3.9.4) und zu deren objektiver Auswertung, um zu ermitteln, inwieweit **Auditkriterien** (3.9.3) erfüllt sind

ANMERKUNG 1 Interne Audits, manchmal auch „Erstparteien-Audits" genannt, werden von der **Organisation** (3.3.1) selbst oder in ihrem Auftrag für ihre Managementbewertung und andere interne Zwecke durchgeführt. Sie können die Grundlage für eine **Konformitäts**erklärung (3.6.1) einer Organisation bilden. In vielen Fällen, insbesondere bei kleinen Organisationen, kann die Unabhängigkeit dargelegt werden durch die Freiheit von Verantwortung für die zu auditierenden Tätigkeiten.

3.9 Terms relating to audit

3.9.1
audit
systematic, independent and documented **process** (3.4.1) for obtaining **audit evidence** (3.9.4) and evaluating it objectively to determine the extent to which **audit criteria** (3.9.3) are fulfilled

NOTE 1 Internal audits, sometimes called first-party audits, are conducted by, or on behalf of, the **organization** (3.3.1) itself for management review and other internal purposes, and may form the basis for an organization's declaration of **conformity** (3.6.1). In many cases, particularly in smaller organizations, independence can be demonstrated by the freedom from responsibility for the activity being audited.

3.9 Termes relatifs à l'audit

3.9.1
audit
processus (3.4.1) méthodique, indépendant et documenté, permettant d'obtenir des **preuves d'audit** (3.9.4) et de les évaluer de manière objective pour déterminer dans quelle mesure les **critères d'audit** (3.9.3) sont satisfaits

NOTE 1 Les audits internes, parfois appelés audits de première partie, sont réalisés par, ou pour le compte de l'**organisme** (3.3.1) lui-même pour la revue de direction et d'autres besoins internes. Ils peuvent servir de base à la déclaration de conformité de l'organisme. Dans de nombreux cas et en particulier pour les petits organismes, l'indépendance peut être démontrée par l'absence de responsabilité vis-à-vis de l'activité à auditer.

[N2] Nationale Fußnote: Die Managementbewertung heißt auch „Bewertung des Qualitätsmanagementsystems durch die oberste Leitung".

EN ISO 9000:2005 (D/E/F)

ANMERKUNG 2 Externe Audits schließen ein, was allgemein „Zweit-" oder „Drittparteien-Audits" genannt wird. Zweitparteien-Audits werden von Parteien, die ein Interesse an der Organisation haben, wie z. B. Kunden (3.3.5), oder von Personen in deren Auftrag durchgeführt. Drittparteien-Audits werden von externen unabhängigen Organisationen durchgeführt, wie zum Beispiel denjenigen, die eine Registrierung oder Zertifizierung der Konformität mit ISO 9001 oder ISO 14001 bieten.
ANMERKUNG 3 Wenn zwei oder mehr Managementsysteme (3.2.2) zusammen auditiert werden, wird dies als „kombiniertes Audit" bezeichnet.
ANMERKUNG 4 Wenn zwei oder mehr Auditorganisationen zusammenarbeiten, um eine auditierte Organisation (3.9.8) zu auditieren, wird dies als „gemeinschaftliches Audit" bezeichnet.

NOTE 2 External audits include those generally termed second- and third-party audits. Second-party audits are conducted by parties having an interest in the organization, such as customers (3.3.5), or by other persons on their behalf. Third-party audits are conducted by external, independent auditing organizations, such as those providing certification/registration of conformity to ISO 9001 or ISO 14001.
NOTE 3 When two or more management systems (3.2.2) are audited together, this is termed a combined audit.
NOTE 4 When two or more auditing organizations cooperate to audit a single auditee (3.9.8), this is termed a joint audit.

NOTE 2 Les audits externes comprennent les audits appelés généralement audits de seconde et de tierce partie. Les audits de seconde partie sont réalisés par des parties ayant un intérêt à l'égard de l'organisme, comme les clients (3.3.5) ou d'autres personnes agissant en leur nom. Les audits de tierce partie sont réalisés par des organismes d'audit externes et indépendants tels que ceux qui octroient l'enregistrement ou la certification de conformité à l'ISO 9001 et à l'ISO 14001.
NOTE 3 Lorsque deux ou plusieurs systèmes de management (3.2.2) sont audités ensemble, on parle d'audit combiné.
NOTE 4 Lorsque deux ou plusieurs organismes d'audit coopèrent pour auditer un seul audité (3.9.8), on parle d'audit conjoint.

3.9.2
Auditprogramm
Satz von einem oder mehreren Audits (3.9.1), die für einen spezifischen Zeitraum geplant werden und auf einen spezifischen Zweck gerichtet sind
ANMERKUNG Ein Auditprogramm enthält alle Tätigkeiten, die für Planen, Organisieren und Durchführen der Audits erforderlich sind.

3.9.2
audit programme
set of one or more audits (3.9.1) planned for a specific time frame and directed towards a specific purpose
NOTE An audit programme includes all activities necessary for planning, organizing and conducting the audits.

3.9.2
programme d'audit
ensemble d'un ou plusieurs audits (3.9.1) planifié pour une durée spécifique et dirigé dans un but spécifique
NOTE Un programme d'audit comprend toutes les activités nécessaires pour la planification, l'organisation et la réalisation des audits.

3.9.3
Auditkriterien
Satz von Vorgehensweisen, Verfahren (3.4.5) oder Anforderungen (3.1.2)
ANMERKUNG Auditkriterien werden als Bezugsgrundlage angewendet, mit der ein Auditnachweis (3.9.4) verglichen wird.

3.9.3
audit criteria
set of policies, procedures (3.4.5) or requirements (3.1.2)
NOTE Audit criteria are used as a reference against which audit evidence (3.9.4) is compared.

3.9.3
critères d'audit
ensembles de politiques, procédures (3.4.5) ou exigences (3.1.2)
NOTE 1 Les critères d'audit sont la référence vis-à-vis de laquelle les preuves d'audit (3.9.4) sont comparées.
NOTE 2 En français, les critères d'audit sont couramment appelés référentiel d'audit.

3.9.4
Auditnachweis
Aufzeichnungen (3.7.6), Tatsachenfeststellungen oder andere Informationen (3.7.1), die für die Auditkriterien (3.9.3) zutreffen und verifizierbar sind
ANMERKUNG Auditnachweise können qualitativ oder quantitativ sein.

3.9.4
audit evidence
records (3.7.6), statements of fact or other information (3.7.1) which are relevant to the audit criteria (3.9.3) and verifiable
NOTE Audit evidence can be qualitative or quantitative.

3.9.4
preuves d'audit
enregistrements (3.7.6), énoncés de faits ou d'autres informations (3.7.1) pertinents pour les critères d'audit (3.9.3) et vérifiables
NOTE Les preuves d'audit peuvent être qualitatives ou quantitatives.

3.9.5
Auditfeststellung
Ergebnisse der Beurteilung der zusammengestellten Auditnachweise (3.9.4) gegen Auditkriterien (3.9.3)
ANMERKUNG Auditfeststellungen können entweder Konformität (3.6.1) mit Auditkriterien oder Fehler (3.6.2) oder Verbesserungsmöglichkeiten aufzeigen.

3.9.5
audit findings
results of the evaluation of the collected audit evidence (3.9.4) against audit criteria (3.9.3)
NOTE Audit findings can indicate either conformity (3.6.1) or nonconformity (3.6.2) with audit criteria or opportunities for improvement.

3.9.5
constatations d'audit
résultats de l'évaluation des preuves d'audit (3.9.4) par rapport aux critères d'audit (3.9.3)
NOTE Les constats d'audit peuvent indiquer la conformité (3.6.1) ou la non-conformité (3.6.2) aux critères d'audit ou des opportunités d'amélioration.

3.9.6
Auditschlussfolgerung
Ergebnis eines Audits (3.9.1), welches das Auditteam (3.9.10) nach Erwägung der Auditziele und aller Auditfeststellungen (3.9.5) geliefert hat

3.9.6
audit conclusion
outcome of an audit (3.9.1) provided by the audit team (3.9.10) after consideration of the audit objectives and all audit findings (3.9.5)

3.9.6
conclusions d'audit
résultat d'un audit (3.9.1) auquel l'équipe d'audit (3.9.10) parvient après avoir pris en considération les objectifs de l'audit et toutes les constatations d'audit (3.9.5)

3.9.7
Auditauftraggeber
Organisation (3.3.1) oder Person, die ein Audit (3.9.1) anfordert

3.9.7
audit client
organization (3.3.1) or person requesting an audit (3.9.1)

3.9.7
client de l'audit
organisme (3.3.1) ou personne demandant un audit (3.9.1)

EN ISO 9000:2005 (D/E/F)

ANMERKUNG Der Auditauftraggeber kann die **auditierte Organisation** (3.9.8) oder eine andere **Organisation** (3.3.1) sein, welche das gesetzliche oder vertragliche Recht hat, ein Audit anzufordern.

NOTE The audit client may be the **auditee** (3.9.8) or any other **organization** (3.3.1) that has the regulatory or contractual right to request an audit.

NOTE Le commanditaire peut être l'**audité** (3.9.8) ou tout autre **organisme** (3.3.1) qui a le droit réglementaire ou contractuel de demander un audit.

3.9.8
auditierte Organisation
Organisation (3.3.1), die auditiert wird

3.9.8
auditee
organization (3.3.1) being audited

3.9.8
audité
organisme (3.3.1) qui est audité

3.9.9
Auditor
Person mit den dargelegten persönlichen Eigenschaften und der **Kompetenz** (3.1.6 und 3.9.14), ein **Audit** (3.9.1) durchzuführen

ANMERKUNG Die relevanten persönlichen Eigenschaften eines Auditors sind in ISO 19011 beschrieben.

3.9.9
auditor
person with the demonstrated personal attributes and **competence** (3.1.6 and 3.9.14) to conduct an **audit** (3.9.1)

NOTE The relevant personal attributes for an auditor are described in ISO 19011.

3.9.9
auditeur
personne possédant des capacités personnelles et démontrées ainsi que la **compétence** (3.1.6 et 3.9.14) nécessaire pour réaliser un **audit** (3.9.1)

NOTE Les capacités personnelles appropriées pour un auditeur sont décrites dans la norme ISO 19011.

3.9.10
Auditteam
ein oder mehrere **Auditoren** (3.9.9), die ein **Audit** (3.9.1) durchführen, nötigenfalls unterstützt durch **Sachkundige** (3.9.11)

ANMERKUNG 1 Ein Auditor des Auditteams wird als Leiter des Auditteams eingesetzt.

ANMERKUNG 2 Zum Auditteam können auch in der Ausbildung befindliche Auditoren gehören.

3.9.10
audit team
one or more **auditors** (3.9.9) conducting an **audit** (3.9.1), supported if needed by **technical experts** (3.9.11)

NOTE 1 One auditor of the audit team is appointed as the audit team leader.

NOTE 2 The audit team may include auditors in-training.

3.9.10
équipe d'audit
un ou plusieurs **auditeurs** (3.9.9) réalisant un **audit** (3.9.1), assistés, si nécessaire, par des **experts techniques** (3.9.11)

NOTE 1 Un auditeur de l'équipe d'audit est nommé responsable de l'équipe d'audit.

NOTE 2 L'équipe d'audit peut comprendre des auditeurs en formation.

3.9.11
Sachkundiger
<Audit> Person, die spezielle Kenntnisse oder Fachwissen dem **Auditteam** (3.9.10) zur Verfügung stellt

ANMERKUNG 1 Spezielle Kenntnisse oder Fachwissen beziehen sich auf die **Organisation** (3.3.1), den **Prozess** (3.4.1) oder die zu auditierende Tätigkeit, die Sprache oder Kultur.

ANMERKUNG 2 Ein Sachkundiger handelt nicht als **Auditor** (3.9.9) des Auditteams.

3.9.11
technical expert
<audit> person who provides specific knowledge or expertise to the **audit team** (3.9.10)

NOTE 1 Specific knowledge or expertise relates to the **organization** (3.3.1), the **process** (3.4.1) or activity to be audited, or language or culture.

NOTE 2 A technical expert does not act as an **auditor** (3.9.9) in the audit team.

3.9.11
expert technique
<audit> personne apportant à l'**équipe d'audit** (3.9.10) des connaissances ou une expertise spécifiques

NOTE 1 Ces connaissances ou cette expertise spécifiques sont relatives à l'**organisme** (3.3.1), au **processus** (3.4.1) ou à l'activité à auditer, ou elles consistent en une assistance linguistique ou culturelle.

NOTE 2 Au sein de l'équipe d'audit, un expert technique n'agit pas en tant qu'**auditeur** (3.9.9).

3.9.12
Auditplan
Beschreibung der Tätigkeiten und Vorkehrungen für ein **Audit** (3.9.1)

3.9.12
audit plan
description of the activities and arrangements for an **audit** (3.9.1)

3.9.12
plan d'audit
description des activités et des dispositions nécessaires pour réaliser un **audit** (3.9.1)

3.9.13
Auditumfang
Ausmaß und Grenzen eines **Audits** (3.9.1)

ANMERKUNG Der Auditumfang enthält im Allgemeinen eine Beschreibung der physikalischen Ortsangaben, der organisatorischen Einheiten, der Tätigkeiten und **Prozesse** (3.4.1) sowie der betrachteten Zeitspanne.

3.9.13
audit scope
extent and boundaries of an **audit** (3.9.1)

NOTE The audit scope generally includes a description of the physical locations, organizational units, activities and **processes** (3.4.1), as well as the time period covered.

3.9.13
champ de l'audit
étendue et limites d'un **audit** (3.9.1)

NOTE Le champ décrit généralement les lieux, les unités organisationnelles, les activités et les **processus** (3.4.1) ainsi que la période de temps couverte.

3.9.14
Kompetenz
<Audit> nachgewiesene persönliche Eigenschaften und nachgewiesene Eignung zur Anwendung von Wissen und Fertigkeiten

3.9.14
competence
<audit> demonstrated personal attributes and demonstrated ability to apply knowledge and skills

3.9.14
compétence
<audit> qualités personnelles et capacité démontrées à appliquer des connaissances et des aptitudes

3.10 Auf Qualitätsmanagement bei Messprozessen bezogene Begriffe

3.10.1 Messmanagementsystem
Satz von in Wechselbeziehung oder Wechselwirkung stehenden Elementen, der zur Erzielung der **metrologischen Bestätigung** (3.10.3) und zur ständigen Überwachung von **Messprozessen** (3.10.2) erforderlich ist

3.10.2 Messprozess
Satz von Tätigkeiten zur Ermittlung eines Größenwertes

3.10.3 metrologische Bestätigung
Satz von notwendigen Tätigkeiten, um sicherzustellen, dass ein **Messmittel** (3.10.4) die **Anforderungen** (3.1.2) an seinen beabsichtigten Gebrauch erfüllt

ANMERKUNG 1 Üblicherweise umfasst die metrologische Bestätigung Kalibrierung oder **Verifizierung** (3.8.4), jede erforderliche Einstellung oder **Reparatur** (3.6.9) mit nachfolgender Neukalibrierung, den Vergleich mit den metrologischen Anforderungen für die beabsichtigte Anwendung des Messmittels sowie alle erforderlichen Plombierungen und Etikettierungen.

ANMERKUNG 2 Eine metrologische Bestätigung ist erst dann erreicht, wenn die Eignung des Messmittels für die beabsichtigte Anwendung dargelegt und dokumentiert ist.

ANMERKUNG 3 Die Anforderungen für den beabsichtigten Gebrauch enthalten Gesichtspunkte wie Messbereich, Auflösung und Grenzwerte für Messabweichungen.

ANMERKUNG 4 Anforderungen der metrologischen Bestätigung unterscheiden sich in der Regel von Produktanforderungen und sind in letzteren nicht festgelegt.

3.10.4 Messmittel
Messgerät, Software, Messnormal, Referenzmaterial oder apparative Hilfsmittel oder eine Kombination davon, wie sie zur Realisierung eines **Messprozesses** (3.10.2) erforderlich sind

3.10.5 metrologisches Merkmal
kennzeichnende Eigenschaft, die die Messergebnisse beeinflussen kann

ANMERKUNG 1 Ein **Messmittel** (3.10.4) hat üblicherweise mehrere metrologische Merkmale.

ANMERKUNG 2 Metrologische Merkmale können der Kalibrierung unterliegen.

3.10.6 Funktionsbereich Metrologie
Funktionsbereich mit organisatorischer und technischer Verantwortung für die Festlegung und Verwirklichung des **Messmanagementsystems** (3.10.1)

ANMERKUNG [Die Anmerkung ist für den deutschen Text nicht relevant.]

3.10 Terms related to quality management for measurement processes

3.10.1 measurement management system
set of interrelated and interacting elements necessary to achieve **metrological confirmation** (3.10.3) and continual control of **measurement processes** (3.10.2)

3.10.2 measurement process
set of operations to determine the value of a quantity

3.10.3 metrological confirmation
set of operations required to ensure that **measuring equipment** (3.10.4) conforms to the **requirements** (3.1.2) for its intended use

NOTE 1 Metrological confirmation generally includes calibration or **verification** (3.8.4), any necessary adjustment or repair (3.6.9), and subsequent recalibration, comparison with the metrological requirements for the intended use of the equipment, as well as any required sealing and labelling.

NOTE 2 Metrological confirmation is not achieved until and unless the fitness of the measuring equipment for the intended use has been demonstrated and documented.

NOTE 3 The requirements for intended use include such considerations as range, resolution and maximum permissible errors.

NOTE 4 Metrological requirements are usually distinct from, and are not specified in, product requirements.

3.10.4 measuring equipment
measuring instrument, software, measurement standard, reference material or auxiliary apparatus or combination thereof necessary to realize a **measurement process** (3.10.2)

3.10.5 metrological characteristic
distinguishing feature which can influence the results of measurement

NOTE 1 **Measuring equipment** (3.10.4) usually has several metrological characteristics.

NOTE 2 Metrological characteristics can be the subject of calibration.

3.10.6 metrological function
function with administrative and technical responsibility for defining and implementing the **measurement management system** (3.10.1)

NOTE The word "defining" has the meaning of "specifying". It is not used in the terminological sense of "defining a concept" (in some languages, this distinction is not clear from the context alone).

3.10 Termes relatifs au management de la qualité pour les processus de mesure

3.10.1 système de management de la mesure
ensemble d'éléments corrélés ou interactifs nécessaires pour effectuer une **confirmation métrologique** (3.10.3) et un contrôle continu des **processus de mesure** (3.10.2)

3.10.2 processus de mesure
ensemble d'opérations permettant de déterminer la valeur d'une grandeur

3.10.3 confirmation métrologique
ensemble d'opérations requises pour assurer qu'un **équipement de mesure** (3.10.4) est conforme aux **exigences** (3.1.2) pour son utilisation prévue

NOTE 1 La confirmation métrologique comprend généralement l'étalonnage ou la **vérification** (3.8.4), tout réglage nécessaire ou la **réparation** (3.6.9) et le réétalonnage, la comparaison avec les exigences métrologiques pour l'utilisation prévue de l'équipement de mesure ainsi que tout verrouillage et étiquetage requis.

NOTE 2 La confirmation métrologique n'est considérée comme achevée que lorsque, et si, l'aptitude de l'équipement de mesure pour l'utilisation prévue est démontrée et documentée.

NOTE 3 Les exigences pour l'utilisation attendue peuvent comprendre des considérations telles que l'étendue, la résolution, les erreurs maximales tolérées, etc.

NOTE 4 Les exigences relatives à la confirmation métrologique sont distinctes des, et ne sont pas spécifiées dans, les exigences pour le produit.

3.10.4 équipement de mesure
instrument de mesure, logiciel, étalon de mesure, matériau de référence ou appareil auxiliaire ou combinaison de ceux-ci, nécessaire pour réaliser un **processus de mesure** (3.10.2)

3.10.5 caractéristique métrologique
trait distinctif qui peut avoir une influence sur les résultats d'une mesure

NOTE 1 Un **équipement de mesure** (3.10.4) a généralement plusieurs caractéristiques métrologiques.

NOTE 2 Les caractéristiques métrologiques peuvent être soumises à étalonnage.

3.10.6 fonction métrologique
fonction qui a la responsabilité administrative et technique de définir et de mettre en œuvre le **système de management de la mesure** (3.10.1)

Anhang A
(informativ)

Bei der Entwicklung der Begriffe benutzte Methoden

A.1 Einleitung

Die universelle Anwendbarkeit der Normen der ISO-9000-Familie verlangt den Einsatz
- einer technischen Beschreibung, aber ohne Benutzung einer technischen Fachsprache, und
- kohärenter und harmonisierter Begriffe, die leicht von allen potenziellen Anwendern von Qualitätsmanagementsystem-Normen verstanden werden.

Begriffe existieren nicht unabhängig voneinander, und eine Analyse der Beziehungen zwischen Begriffen im Bereich Qualitätsmanagementsysteme und deren Einordnung in Begriffssysteme ist eine Voraussetzung für die Entwicklung eines kohärenten Begriffsinventars. Eine derartige Analyse wurde bei der Entwicklung der in dieser Internationalen Norm festgelegten Begriffe durchgeführt. Da die im Entwicklungsprozess benutzten Begriffsdiagramme hilfreich sein können, sind sie in A.4 wiedergegeben.

A.2 Inhalt eines Eintrags und Substitutionsregel

Der Begriff ist die Transfer-Einheit zwischen Sprachen (einschließlich Varianten innerhalb einer Sprache, z. B. amerikanisches Englisch und britisches Englisch). Für jede Sprache ist die für ein weitgehendes Verständnis des Begriffs in dieser Sprache am besten geeignete Benennung gewählt, d. h. keine lexikongetreue Übersetzung.

Eine Definition wird durch Beschreibung nur jener Merkmale, die wesentlich für das Erkennen des Begriffs sind, gebildet. Den Begriff betreffende Informationen, die wichtig, aber nicht wesentlich für seine Beschreibung sind, stehen in einer oder mehreren Anmerkungen zur Definition.

Wenn eine Benennung durch ihre Definition mit geringfügigen Änderungen im Satzbau substituiert wird, sollte sich kein geänderter Sinn des Textes ergeben. Solch eine Substitution ist eine einfache Methode zur Prüfung der Genauigkeit einer Definition. Wenn die Definition jedoch komplex ist, derart, dass sie mehrere Benennungen enthält, substituiert man am besten nur durch eine oder höchstens zwei Definitionen auf einmal. Die vollständige Substitution aller Benennungen ist im Satzbau schwierig zu erreichen und erschwert das Überblicken des Sinnes.

A.3 Begriffsbeziehungen und ihre graphische Darstellung

A.3.1 Allgemeines

In der Terminologiearbeit gründen sich die Beziehungen zwischen Begriffen auf die hierarchische Einstufung der Merkmale derart, sodass die am wenigsten aufwändige Beschreibung eines Begriffs das Nennen seiner Art und Beschreiben der Merkmale ist, die ihn von übergeordneten Eltern- oder Geschwisterbegriff unterscheiden.

In diesem Anhang sind drei grundlegende Arten von Begriffsbeziehungen erwähnt: die Abstraktionsbeziehung (A.3.2), die Bestandsbeziehung (A.3.3) und die assoziative Beziehung (A.3.4).

A.3.2 Abstraktionsbeziehung

Unterbegriffe in der Hierarchie erben alle Merkmale des Oberbegriffs und enthalten Beschreibungen derjenigen Merkmale, die sie vom Ober-(Eltern-) und zugeordneten (Geschwister-)Begriff unterscheiden, z. B. die Beziehung von Frühling, Sommer, Herbst und Winter zu Jahreszeit.

Abstraktionsbeziehungen werden durch schräg verlaufende Linien ohne Pfeilspitzen dargestellt (siehe Bild A.1).

Bild A.1 — Graphische Darstellung einer Abstraktionsbeziehung

A.3.3 Bestandsbeziehung

Unterbegriffe in der Hierarchie sind konstituierende Elemente des Oberbegriffs, z. B. können Frühling, Sommer, Herbst und Winter als Elemente des Begriffs Jahr definiert werden. Dagegen ist es unzweckmäßig, sonniges Wetter (ein mögliches Merkmal des Sommers) als Element eines Jahres zu definieren.

Bestandsbeziehungen werden durch senkrecht und waagerecht verlaufende Linien ohne Pfeilspitzen dargestellt (siehe Bild A.2). Singuläre Elemente werden durch eine Linie, multiple Elemente durch Doppellinien dargestellt.

Bild A.2 – Graphische Darstellung einer Bestandsbeziehung

A.3.4 Assoziative Beziehung

Assoziative Beziehungen sind in der Darstellung nicht so unaufwändig wie Abstraktionsbeziehungen und Bestandsbeziehungen, aber dennoch hilfreich beim Erkennen der Art der Beziehung zwischen einem und einem anderen Begriff in einem Begriffsplan, z. B. Ursache und Wirkung, Tätigkeit und Ort, Tätigkeit und Ergebnis, Werkzeug und Funktion, Material und Produkt.

Assoziative Beziehungen werden durch Linien mit Pfeilspitzen an beiden Enden dargestellt (siehe Bild A.3)..

Bild A.3 – Graphische Darstellung einer assoziativen Beziehung

A.4 Begriffsdiagramme

Die Bilder A.4 bis A.13 zeigen Begriffsdiagramme, auf denen die thematischen Gruppen in Abschnitt 3 beruhen.

Da die zu den Benennungen gehörigen Definitionen in diesem Abschnitt ohne die zugehörigen Anmerkungen aufgeführt werden, wird empfohlen, in Bezug auf die Anmerkungen den Abschnitt 3 heranzuziehen.

Bild A.4 – Qualitätsbezogene Begriffe (3.1)

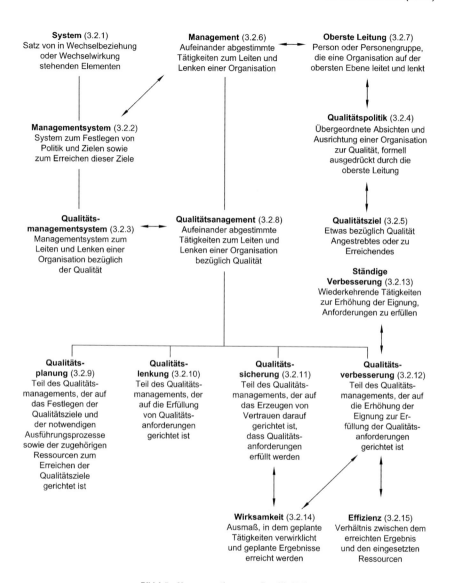

Bild A.5 – Managementbezogene Begriffe (3.2)

EN ISO 9000:2005 (D/E/F)

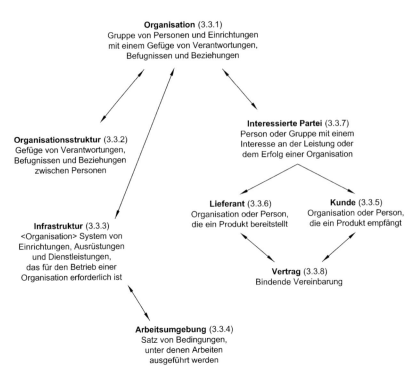

Bild A.6 – Organisationsbezogene Begriffe (3.3)

EN ISO 9000:2005 (D/E/F)

Bild A.7 – Prozess- und produktbezogene Begriffe (3.4)

Bild A.8 – Merkmalsbezogene Begriffe (3.5)

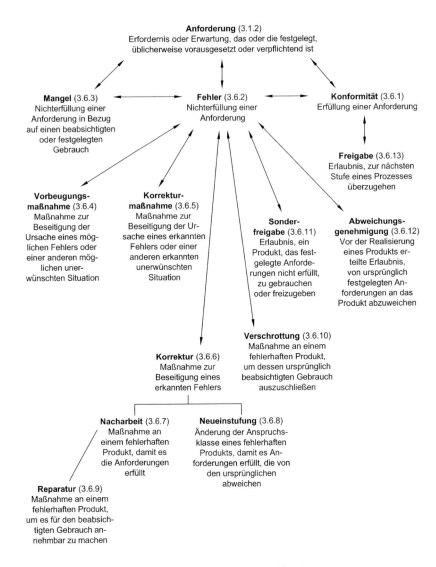

Bild A.9 – Konformitätsbezogene Begriffe (3.6)

Bild A.10 – Dokumentationsbezogene Begriffe (3.7)

Bild A.11 – Untersuchungsbezogene Begriffe (3.8)

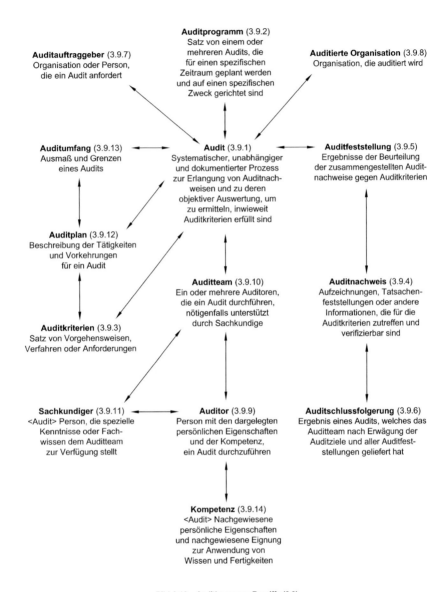

Bild A.12 – Auditbezogene Begriffe (3.9)

EN ISO 9000:2005 (D/E/F)

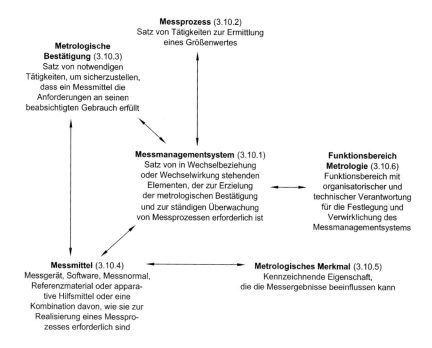

Bild A.13 – Auf Qualitätsmanagement bei Messprozessen bezogene Begriffe (3.10)

EN ISO 9000:2005 (D/E/F)

Annex A
(informative)

Methodology used in the development of the vocabulary

A.1 Introduction

The universality of application of the ISO 9000 family of standards requires the use of
— a technical description but without the use of technical language, and
— a coherent and harmonized vocabulary that is easily understandable by all potential users of quality management systems standards.

Concepts are not independent of one another, and an analysis of the relationships between concepts within the field of quality management systems and the arrangement of them into concept systems is a prerequisite of a coherent vocabulary. Such an analysis was used in the development of the vocabulary specified in this document. Since the concept diagrams employed during the development process may be helpful in an informative sense, they are reproduced in A.4.

A.2 Content of a vocabulary entry and the substitution rule

The concept forms the unit of transfer between languages (including variants within one language, for example American English and British English). For each language, the most appropriate term for the universal transparency of the concept in that language, i.e. not a literal approach to translation, is chosen.

A definition is formed by describing only those characteristics that are essential to identify the concept. Information concerning the concept which is important but which is not essential to its description is put in one or more notes to the definition.

When a term is substituted by its definition, subject to minor syntax changes, there should be no change in the meaning of the text. Such a substitution provides a simple method for checking the accuracy of a definition. However, where the definition is complex in the sense that it contains a number of terms, substitution is best carried out taking one or, at most, two definitions at a time. Complete substitution of the totality of the terms will become difficult to achieve syntactically and unhelpful in conveying meaning.

A.3 Concept relationships and their graphical representation

A.3.1 General

In terminology work, the relationships between concepts are based on the hierarchical formation of the characteristics of a species so that the most economical description of a concept is formed by naming its species and describing the characteristics that distinguish it from its parent or sibling concepts.

There are three primary forms of concept relationships indicated in this annex: generic (A.3.2), partitive (A.3.3) and associative (A.3.4).

A.3.2 Generic relation

Subordinate concepts within the hierarchy inherit all the characteristics of the superordinate concept and contain descriptions of these characteristics which distinguish them from the superordinate (parent) and coordinate (sibling) concepts, e.g. the relation of spring, summer, autumn and winter to season.

Generic relations are depicted by a fan or tree diagram without arrows (see Figure A.1).

Figure A.1 – Graphical representation of a generic relation

A.3.3 Partitive relation

Subordinate concepts within the hierarchy form constituent parts of the superordinate concept, e.g. spring, summer, autumn and winter may be defined as parts of the concept year. In comparison, it is inappropriate to define sunny weather (one possible characteristic of summer) as part of a year.

Partitive relations are depicted by a rake without arrows (see Figure A.2). Singular parts are depicted by one line, multiple parts by double lines.

44

EN ISO 9000:2005 (D/E/F)

Figure A.2 – Graphical representation of a partitive relation

A.3.4 Associative relation

Associative relations cannot provide the economies in description that are present in generic and partitive relations but are helpful in identifying the nature of the relationship between one concept and another within a concept system, e.g. cause and effect, activity and location, activity and result, tool and function, material and product.
Associative relations are depicted by a line with arrowheads at each end (see Figure A.3).

Figure A.3 – Graphical representation of an associative relation

A.4 Concept diagrams

Figures A.4 to A.13 show the concept diagrams on which the thematic groupings of Clause 3 are based.
Since the definitions of the terms are repeated without any related notes, it is recommended to refer to Clause 3 to consult any such notes.

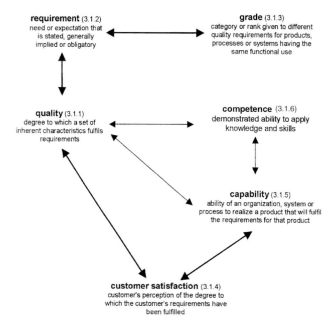

Figure A.4 – Concepts relating to quality (3.1)

45

EN ISO 9000:2005 (D/E/F)

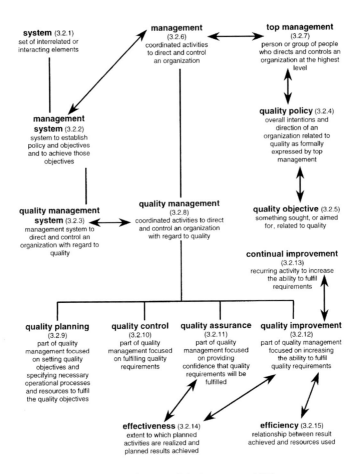

Figure A.5 – Concepts relating to management (3.2)

46

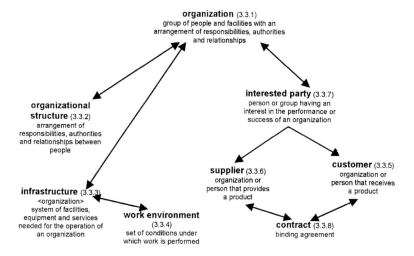

Figure A.6 – Concepts relating to organization (3.3)

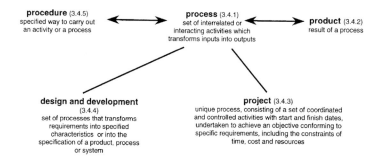

Figure A.7 – Concepts relating to process and product (3.4)

Figure A.8 – Concepts relating to characteristics (3.5)

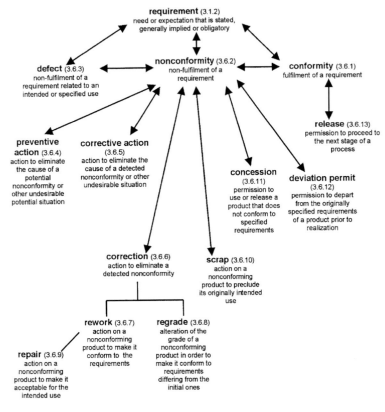

Figure A.9 – Concepts relating to conformity (3.6)

EN ISO 9000:2005 (D/E/F)

Figure A.10 – Concepts relating to documentation (3.7)

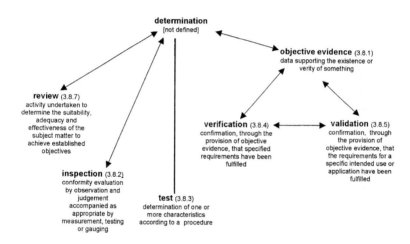

Figure A.11 – Concepts relating to examination (3.8)

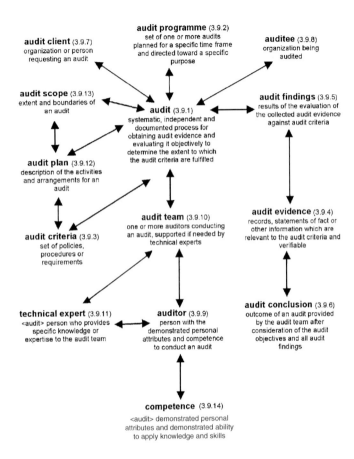

Figure A.12 — Concepts relating to audit (3.9)

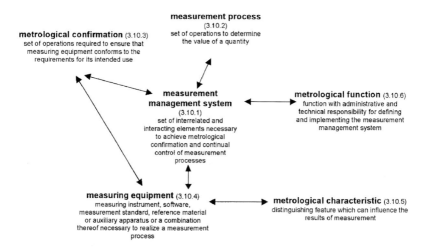

Figure A.13 – Concepts relating to quality management for measurement processes (3.10)

EN ISO 9000:2005 (D/E/F)

Annexe A
(informative)

Méthode utilisée pour élaborer le vocabulaire

A.1 Introduction

L'application universelle des normes de la famille ISO 9000 nécessite l'utilisation
- de descriptions techniques mais qui n'emploient pas de jargon technique, et
- d'un vocabulaire cohérent et harmonisé, aisément compréhensible par tous les utilisateurs potentiels des normes de systèmes de management de la qualité.

Les concepts ne sont pas indépendants les uns des autres. L'analyse des relations entre les concepts dans le domaine des systèmes de management de la qualité et leur disposition en systèmes de concepts conditionnent la cohérence du vocabulaire. Une telle analyse a été utilisée pour l'élaboration du vocabulaire spécifié dans le présent document. Comme les diagrammes de concepts employés dans le processus d'élaboration peuvent être utiles à titre d'information, ils ont été reproduits en A.4.

A.2 Contenu d'un élément de vocabulaire et règle de substitution

Le concept constitue l'unité de transfert entre les langues (y compris au sein d'une même langue, par exemple entre Anglais américain et Anglais britannique). Dans chaque langue, il est fait le choix du terme le plus approprié pour représenter le concept dans cette langue, ce qui signifie une approche non littérale de la traduction.

Une définition s'élabore par la description des seules caractéristiques essentielles à l'identification du concept. Des informations importantes sur le concept, mais non essentielles à sa description sont fournies dans les notes qui complètent la définition.

Lorsqu'un terme est remplacé par sa définition, moyennant des modifications syntaxiques mineures, il convient que le sens d'une phrase ne soit pas modifié. Cette substitution fournit une méthode simple de vérification de la justesse d'une définition. Cependant, lorsqu'une définition est complexe par le nombre de termes qu'elle contient, la substitution s'effectue de préférence en prenant une ou deux définitions au plus chaque fois. Une substitution complète de l'ensemble des termes est difficile à opérer en termes de syntaxe et ne sera d'aucune utilité du point de vue du sens.

A.3 Relations entre les concepts et représentation graphique

A.3.1 Généralités

Dans le cadre du travail de terminologie, les relations se fondent sur la structure hiérarchique des caractéristiques d'une espèce, de manière que la description minimale d'un concept soit formée par la dénomination de son espèce et la description des caractéristiques qui le distinguent des concepts parents ou frères.

Il existe trois types principaux de relations entre concepts présentés dans cette annexe: la relation générique (A.3.2), partitive (A.3.3) ou associative (A.3.4).

A.3.2 Relation générique

Les concepts subordonnés héritent de l'ensemble des caractéristiques du concept de rang supérieur et intègrent la description des caractéristiques qui différencient des concepts de rang supérieur (parent) et de rang égal (fratrie), par exemple printemps, été, automne et hiver par rapport à saison.

Une relation générique est représentée par un schéma en éventail ou en arbre, sans flèches (voir Figure A.1).

Figure A.1 – Représentation graphique d'une relation générique

A.3.3 Relation partitive

Les concepts subordonnés constituent des éléments de l'ensemble de rang supérieur, dans le cadre d'une relation hiérarchique, c'est-à-dire où les composants génèrent le tout; par exemple le printemps, l'été, l'automne et l'hiver peuvent être définis comme composants par référence à l'année. Il n'est pas approprié de définir le temps ensoleillé, une caractéristique possible de l'été, par référence au composant de l'année.

Les relations partitives sont représentées par un râteau, sans flèches (voir Figure A.2). Une ligne simple relie les composants unitaires, une ligne double les composants multiples.

Figure A.2 – Représentation graphique d'une relation partitive

A.3.4 Relation associative

Les relations associatives ne permettent pas l'économie en matière de description que permettent les deux formes de relations hiérarchiques décrites ci-dessus. Elles permettent cependant d'identifier la nature d'une relation entre deux concepts dans le cadre d'un champ notionnel, par exemple cause et effet, activité et site, activité et résultat, outil et fonction, matière et produit.
Les relations associatives sont représentées par des flèches aux deux extrémités d'une ligne.

Figure A.3 – Représentation graphique d'une relation associative

A.4 Diagrammes de concepts

Les Figures A.4 à A.13 illustrent les diagrammes de concepts sur lesquels s'appuient les regroupements thématiques de l'Article 3.
Puisque les définitions des termes sont reproduites sans les notes, il est donc recommandé de se référer à l'Article 3 pour les consulter.

Figure A.4 – Concepts relatifs à la qualité (3.1)

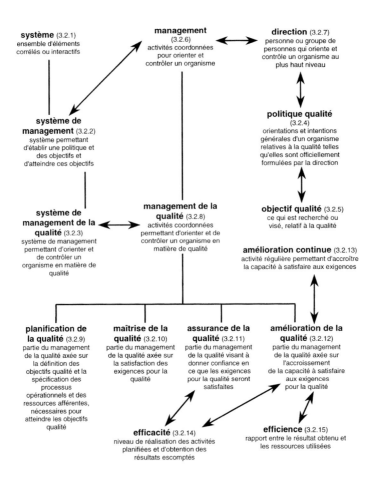

Figure A.5 – Concepts relatifs au management (3.2)

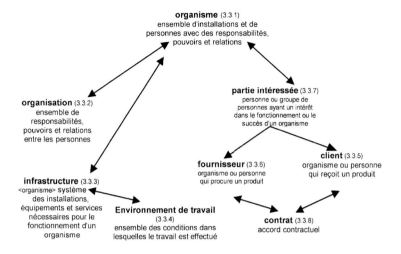

Figure A.6 – Concepts relatifs à l'organisme (3.3)

Figure A.7 – Concepts relatifs aux processus et aux produits (3.4)

Figure A.8 – Concepts relatifs aux caractéristiques (3.5)

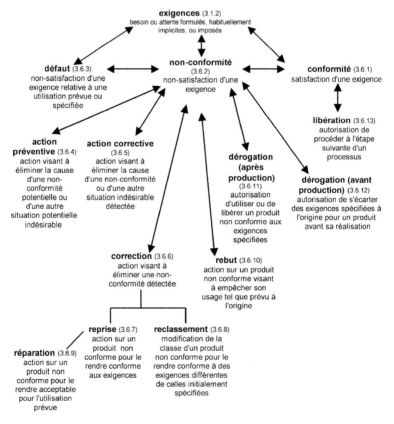

Figure A.9 – Concepts relatifs à la conformité (3.6)

EN ISO 9000:2005 (D/E/F)

Figure A.10 – Concepts relatifs à la documentation (3.7)

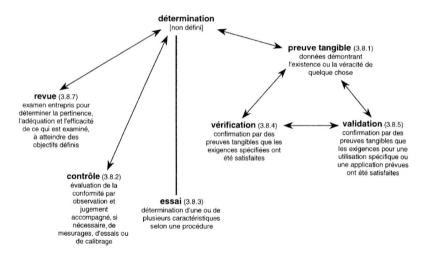

Figure A.11 – Concepts relatifs à l'examen (3.8)

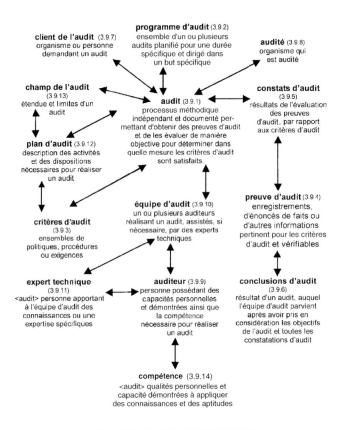

Figure A.12 – Concepts relatifs à l'audit (3.9)

Figure A.13 – Concepts relatifs au management qualité pour les processus de mesure (3.10)

Literaturhinweise

[1] ISO 704, *Terminologiearbeit – Grundlagen und Methoden*

[2] ISO 1087-1, *Terminologiearbeit – Begriffe – Teil 1: Terminologielehre und ihre Anwendung*

[3] ISO 3534-2, *Statistik – Begriffe und Formelzeichen – Teil 2: Angewandte Statistik* [1)]

[4] ISO 9001:2000, *Qualitätsmanagementsysteme – Anforderungen*

[5] ISO 9004:2000, *Qualitätsmanagementsysteme – Leitfaden zur Leistungsverbesserung*

[6] ISO 10012, *Messmanagementsysteme – Anforderungen an Messprozesse und Messmittel*

[7] ISO/TR 10013, *Leitfaden für die Dokumentation des Qualitätsmanagementsystems*

[8] ISO/TR 10017, *Leitfaden für die Anwendung statistischer Verfahren für ISO 9001:2000*

[9] ISO 10019, *Leitfaden für die Auswahl von Beratern zum Qualitätsmanagementsystem und für den Einsatz ihrer Dienstleistungen*

[10] ISO 10241, *Internationale Begriffsnormen – Ausarbeitung und Gestaltung*

[11] ISO/TR 13425, *Leitfaden zur Auswahl statistischer Verfahren in der Normung und für Spezifikationen*

[12] ISO/IEC 17000, *Konformitätsbewertung – Begriffe und allgemeine Grundlagen*

[13] ISO 19011, *Leitfaden für Audits von Qualitätsmanagement- und/ oder Umweltmanagementsystemen*

[14] ISO/IEC Leitfaden 2, *Normung und damit zusammenhängende Tätigkeiten – Allgemeine Begriffe*

[15] IEC 60050-191, *Internationales Elektrotechnisches Wörterbuch – Kapitel 191: Zuverlässigkeit und Dienstgüte*

[16] IEC 60050-191/A2:2002, *Internationales Elektrotechnisches Wörterbuch – Kapitel 191: Zuverlässigkeit und Dienstgüte; Änderung 2*

[17] VIM:1993, *Internationales Wörterbuch der Metrologie*, BIPM/IEC/IFCC/ISO/OIML/IUPAC/IUPAP

[1)] In Vorbereitung.

Bibliography

[1] ISO 704, *Terminology work – Principles and methods*

[2] ISO 1087-1, *Terminology work – Vocabulary – Part 1: Theory and application*

[3] ISO 3534-2, *Statistics – Vocabulary and symbols – Part 2: Applied statistics* [1)]

[4] ISO 9001:2000, *Quality management systems – Requirements*

[5] ISO 9004:2000, *Quality management systems – Guidelines for performance improvements*

[6] ISO 10012, *Measurement management systems – Requirements for measurement processes and measuring equipment*

[7] ISO/TR 10013, *Guidelines for quality management system documentation*

[8] ISO/TR 10017, *Guidance on statistical techniques for ISO 9001:2000*

[9] ISO 10019, *Guidelines for the selection of quality management system consultants and use of their services*

[10] ISO 10241, *International terminology standards – Preparation and layout*

[11] ISO/TR 13425, *Guidelines for the selection of statistical methods in standardization and specification*

[12] ISO/IEC 17000, *Conformity assessment – Vocabulary and general principles*

[13] ISO 19011, *Guidelines for quality and/or environmental management systems auditing*

[14] ISO/IEC Guide 2, *Standardization and related activities – General vocabulary*

[15] IEC 60050-191, *International Electrotechnical Vocabulary – Chapter 191: Dependability and quality of service*

[16] IEC 60050-191/A2:2002, *International Electrotechnical Vocabulary – Chapter 191: Dependability and quality of service; Amendment 2*

[17] VIM:1993, *International vocabulary of basic and general terms in metrology*, BIPM/IEC/IFCC/ISO/OIML/IUPAC/IUPAP

[1)] To be published.

Bibliographie

[1] ISO 704, *Travail terminologique – Principes et méthodes*

[2] ISO 1087-1, *Travaux terminologiques – Vocabulaire – Partie 1: Théorie et application*

[3] ISO 3534-2, *Statistique – Vocabulaire et symboles – Partie 2: Statistique appliquée* [1)]

[4] ISO 9001:2000, *Systèmes de management de la qualité – Exigences*

[5] ISO 9004:2000, *Systèmes de management de la qualité – Lignes directrices pour l'amélioration des performances*

[6] ISO 10012:2003, *Systèmes de management de la mesure – Exigences pour les processus et les équipements de mesure*

[7] ISO/TR 10013, *Lignes directrices pour le développement de la documentation sur les systèmes de management de la qualité*

[8] ISO/TR 10017, *Lignes directrices pour les techniques statistiques relatives à l'ISO 9001:2000*

[9] ISO 10019, *Lignes directrices en systèmes de management de la qualité et pour l'utilisation de leurs services*

[10] ISO 10241, *Normes terminologiques internationales – Élaboration et présentation*

[11] ISO/TR 13425, *Lignes directrices pour la sélection des méthodes statistiques en normalisation et en spécifications*

[12] ISO/CEI 17000, *Évaluation de la conformité – Vocabulaire et principes généraux*

[13] ISO 19011, *Lignes directrices pour l'audit des systèmes de management de la qualité et/ou de management environnemental*

[14] ISO/CEI Guide 2, *Normalisation et activités connexes – Vocabulaire général*

[15] CEI 60050-191, *Vocabulaire électrotechnique international – Chapitre 191: Sûreté de fonctionnement et qualité de service*

[16] CEI 60050-191/A2:2002, *Vocabulaire électrotechnique international – Chapitre 191: Sûreté de fonctionnement et qualité de service; Amendement 2*

[1)] À publier.

[18] *ISO-Broschüre über Grundsätze des Qualitätsmanagements*[2]

[19] *ISO 9000 + ISO 14000 News* (eine zweimonatliche Veröffentlichung, die einen umfassenden Überblick über die internationalen Entwicklungen in Bezug auf Managementsystem-Normen der ISO gibt, einschließlich deren Umsetzung durch verschiedene Organisationen weltweit)[3]

[20] ISO/IEC-Direktiven, Teil 1, Teil 2: 2004 und Ergänzung

[18] *Quality Management Principles Brochure*[2]

[19] *ISO 9000 + ISO 14000 News* (a bimonthly publication which provides comprehensive coverage of international developments relating to ISO's management system standards, including news of their implementation by diverse organizations around the world)[3]

[20] ISO/IEC Directives, Part 1, Part 2: 2004 and Supplement

[17] VIM:1993, *Vocabulaire international des termes fondamentaux et généraux de métrologie*, BIPM/CEI/FICC/ISO/OIML/UICPA/UIPPA

[18] *Brochure sur les principes de management de la qualité*[2]

[19] *ISO 9000 + ISO 14000 News* (publication bimestrielle offrant une vue d'ensemble des développements sur le plan international en relation avec les normes ISO sur les systèmes de management et comprenant des nouvelles relatives à leur mise en œuvre par diverses organisations dans le monde entier)[3]

[20] Directives ISO/CEI Partie 1, Partie 2: 2004 et Supplément

---

2) Siehe Website http://www.iso.org
3) Zu beziehen von: ISO-Zentralsekretariat (sales@iso.org).

2) Available from website: http://www.iso.org
3) Available from ISO Central Secretariat (sales@iso.org).

2) Disponible sur le site web: http://www.iso.org.
3) Disponible auprès du Secrétariat central de l'ISO (sales@iso.org).

Stichwortverzeichnis

A
Abweichungsgenehmigung 3.6.12
Anforderung 3.1.2
Anspruchsklasse 3.1.3
Arbeitsumgebung 3.3.4
Audit 3.9.1
Auditauftraggeber 3.9.7
Auditfeststellung 3.9.5
auditierte Organisation 3.9.8
Auditkriterien 3.9.3
Auditnachweis 3.9.4
Auditor 3.9.9
Auditplan 3.9.12
Auditprogramm 3.9.2
Auditschlussfolgerung 3.9.6
Auditteam 3.9.10
Auditumfang 3.9.13
Aufzeichnung 3.7.6

B
Bewertung 3.8.7

D
Dokument 3.7.2

E
Effizienz 3.2.15
Entwicklung 3.4.4

F
Fähigkeit 3.1.5
Fehler 3.6.2
Freigabe 3.6.13
Funktionsbereich Metrologie 3.10.6

I
Information 3.7.1
Infrastruktur 3.3.3
Inspektion 3.8.2
interessierte Partei 3.3.7

K
Kompetenz 3.1.6
Kompetenz <Audit> 3.9.14
Konformität 3.6.1
Korrektur 3.6.6
Korrekturmaßnahme 3.6.5
Kunde 3.3.5
Kundenzufriedenheit 3.1.4

L
Lieferant 3.3.6

M
Management 3.2.6
Managementsystem 3.2.2
Mangel 3.6.3
Merkmal 3.5.1
Messmanagementsystem 3.10.1
Messmittel 3.10.4
Messprozess 3.10.2
metrologische Bestätigung 3.10.3
metrologisches Merkmal 3.10.5

N
Nacharbeit 3.6.7
Neueinstufung 3.6.8

O
oberste Leitung 3.2.7
objektiver Nachweis 3.8.1
Organisation 3.3.1
Organisationsstruktur 3.3.2

P
Produkt 3.4.2
Projekt 3.4.3
Prozess 3.4.1
Prüfung 3.8.2

Q
QM-Handbuch 3.7.4
QM-Plan 3.7.5
QM-System 3.2.3
Qualifizierungsprozess 3.8.6
Qualität 3.1.1
Qualitätslenkung 3.2.10
Qualitätsmanagement 3.2.8
Qualitätsmanagement-Handbuch 3.7.4
Qualitätsmanagementplan 3.7.5
Qualitätsmanagementsystem 3.2.3
Qualitätsmerkmal 3.5.2
Qualitätsplanung 3.2.9
Qualitätspolitik 3.2.4
Qualitätssicherung 3.2.11
Qualitätsverbesserung 3.2.12
Qualitätsziel 3.2.5

R
Reparatur 3.6.9
Rückverfolgbarkeit 3.5.4

S
Sachkundiger <Audit> 3.9.11
Sonderfreigabe 3.6.11
Spezifikation 3.7.3
ständige Verbesserung 3.2.13
System 3.2.1

T
Test 3.8.3

V
Validierung 3.8.5
Verfahren 3.4.5
Verifizierung 3.8.4
Verschrottung 3.6.10
Vertrag 3.8.8
Vorbeugungsmaßnahme 3.6.4

W
Wirksamkeit 3.2.14

Z
Zuverlässigkeit 3.5.3

Alphabetical index

A
audit 3.9.1
audit client 3.9.7
audit conclusion 3.9.6
audit criteria 3.9.3
audit evidence 3.9.4
audit findings 3.9.5
audit plan 3.9.14
audit programme 3.9.2
audit scope 3.9.13
audit team 3.9.10
auditee 3.9.8
auditor 3.9.9

C
capability 3.1.5
characteristic 3.5.1
competence 3.1.6
competence <audit> 3.9.14
concession 3.6.11
conformity 3.6.1
continual improvement 3.2.13
contract 3.3.8
correction 3.6.6
corrective action 3.6.5
customer 3.3.5
customer satisfaction 3.1.4

D
defect 3.6.3
dependability 3.5.3
design and development 3.4.4
deviation permit 3.6.12
document 3.7.2

E
effectiveness 3.2.14
efficiency 3.2.15

G
grade 3.1.3

I
information 3.7.1
infrastructure 3.3.3
inspection 3.8.2
interested party 3.3.7

M
management 3.2.6
management system 3.2.2
measurement management system 3.10.1
measurement process 3.10.2
measuring equipment 3.10.4
metrological characteristic 3.10.5
metrological confirmation 3.10.3
metrological function 3.10.6

N
nonconformity 3.6.2

O
objective evidence 3.8.1
organization 3.3.1
organizational structure 3.3.2

P
preventive action 3.6.4
procedure 3.4.5
process 3.4.1
product 3.4.2
project 3.4.3

Q
qualification process 3.8.6
quality 3.1.1
quality assurance 3.2.11

quality characteristic 3.5.2
quality control 3.2.10
quality improvement 3.2.12
quality management 3.2.8
quality management system 3.2.3
quality manual 3.7.4
quality objective 3.2.5
quality plan 3.7.5
quality planning 3.2.9
quality policy 3.2.4

R
record 3.7.6
regrade 3.6.8
release 3.6.13
repair 3.6.9
requirement 3.1.2
review 3.8.7
rework 3.6.7

S
scrap 3.6.10
specification 3.7.3
supplier 3.3.6
system 3.2.1

T
technical expert <audit> 3.9.11
test 3.8.3
top management 3.2.7
traceability 3.5.4

V
validation 3.8.5
verification 3.8.4

W
work environment 3.3.4

Index alphabétique

A
action corrective 3.6.5
action préventive 3.6.4
amélioration continue 3.2.13
amélioration de la qualité 3.2.12
assurance de la qualité 3.2.11
audit 3.9.1
audité 3.9.8
auditeur 3.9.9

C
capacité 3.1.5
caractéristique 3.5.1
caractéristique métrologique 3.10.5
caractéristique qualité 3.5.2
champ de l'audit 3.9.13
classe 3.1.3
client 3.3.5
client de l'audit 3.9.7
compétence 3.1.6
compétence <audit> 3.9.14
conception et développement 3.4.4
conclusions d'audit 3.9.6
confirmation métrologique 3.10.3
conformité 3.6.1
constatations d'audit 3.9.5
contrat 3.3.8
contrôle 3.8.2
correction 3.6.6
critères d'audit 3.9.3

D
défaut 3.6.3
dérogation (après production) 3.6.11
dérogation (avant production) 3.6.12

direction 3.2.7
document 3.7.2

E
efficacité 3.2.14
efficience 3.2.15
enregistrement 3.7.6
environnement de travail 3.3.4
équipe d'audit 3.9.10
équipement de mesure 3.10.4
essai 3.8.3
exigence 3.1.2
expert technique <audit> 3.9.11

F
fonction métrologique 3.10.6
fournisseur 3.3.6

I
information 3.7.1
infrastructure 3.3.3

L
libération 3.6.13

M
maîtrise de la qualité 3.2.10
management 3.2.6
management de la qualité 3.2.8
manuel qualité 3.7.4

N
non-conformité 3.6.2

O
objectif qualité 3.2.5
organisation 3.3.2
organisme 3.3.1

P
partie intéressée 3.3.7
plan d'audit 3.9.12

plan qualité 3.7.5
planification de la qualité 3.2.9
politique qualité 3.2.4
preuves d'audit 3.9.4
preuve tangible 3.8.1
procédure 3.4.5
processus 3.4.1
processus de mesure 3.10.2
processus de qualification 3.8.6
produit 3.4.2
programme d'audit 3.9.2
projet 3.4.3

Q
qualité 3.1.1

R
rebut 3.6.10
reclassement 3.6.8
réparation 3.6.9
reprise 3.6.7
revue 3.8.7

S
satisfaction du client 3.1.4
spécification 3.7.3
sûreté de fonctionnement 3.5.3
système 3.2.1
système de management 3.2.2
système de management de la mesure 3.10.1
système de management de la qualité 3.2.3

T
traçabilité 3.5.4

V
validation 3.8.5
vérification 3.8.4

September 2004

DIN ISO 11843-1

ICS 01.040.17; 17.020

Ersatz für
DIN 55350-34:1991-02

**Erkennungsfähigkeit –
Teil 1: Begriffe (ISO 11843-1:1997 einschließlich Technisches Korrigendum 1:2003)**

Capability of detection –
Part 1: Terms and definitions (ISO 11843-1:1997, including Technical Corrigendum 1:2003)

Capacité de détection –
Partie 1: Termes et définitions (ISO 11843-1:1997, Rectificatif Technique 1:2003 inclus)

Gesamtumfang 13 Seiten

Normenausschuss Qualitätsmanagement, Statistik und Zertifizierungsgrundlagen (NQSZ) im DIN

DIN ISO 11843-1:2004-09

Die Internationale Norm ISO 11843-1:1997, „Capability of detection — Part 1: Terms and definitions", einschließlich Technisches Korrigendum 1:2003 ist unverändert in diese Deutsche Norm übernommen worden.

Nationales Vorwort

Die Internationale Norm ISO 11843-1 wurde vom Technischen Komitee 69 „Anwendung statistischer Methoden" der Internationalen Organisation für Normung (ISO) aufgrund einer Vorlage des DIN weiterentwickelt. Die 1. Ausgabe 1997 dieses Teils 1 beschränkt sich auf Begriffe.

Diese Norm dient dazu, Bezeichnungen und Definitionen von Begriffen zu vereinheitlichen, die im Zusammenhang mit der Aufgabe stehen, anhand von Untersuchungen unbekannter Systemzustände zu erkennen, ob Letztere vom Grundzustand abweichen.

Die in dieser Norm dargelegten allgemeinen Begriffe Erkennungsgrenze, Erfassungsgrenze und Erfassungsvermögen von Messsystemen und Messanordnungen sowie die zugehörigen Hilfsbegriffe lassen sich auf verschiedenartige Aufgabenbereiche anwenden. Solche Aufgaben kommen beispielsweise bei der Prüfung auf Vorhandensein eines Stoffes in einem Stoffgemisch vor, bei einer aus Proben oder Anlagen emittierten Energie (z. B. Strahlung) oder bei einer geometrischen Veränderung in statischen Systemen unter Belastung.

Erkennungs- und Erfassungsgrenzen sind Entscheidungsgrenzen für die Spezifikation unbekannter Systemzustände im Rahmen einer Messserie. Messserienübergreifende Erfassungsgrenzen sind für die Herleitung von Aussagen über spezielle Systemzustände ungeeignet. Zur allgemeinen Charakterisierung eines Messsystems, einer Untersuchungsstätte oder eines Messverfahrens können jedoch übergreifende Werte der Erfassungsgrenze oder des Erfassungsvermögens angegeben werden, wenn geeignete Daten zur Verfügung stehen. Dabei ist zu beachten, dass die Erfassungsgrenze und das Erfassungsvermögen für jede dieser Ebenen (Messserie, Messsystem, Untersuchungsstätte, Messverfahren) andere Werte annehmen können.

Zur Problematik der Benennungen ist zu sagen: Von der deutschen Benennung „Nachweisgrenze" wird abgeraten, weil der Grundbegriff Nachweis ein Ergebnis kennzeichnet und international genormt ist (ISO 9000:2000). Weil die englischen Benennungen aus bis zu acht Wörtern bestehen, muss man häufig mit Verkürzungen (Weglassungen einzelner Wörter) rechnen, die zu Irrtümern führen können.

Die vorliegende Norm gilt für quantitative Merkmale. Sie gilt für Messsysteme und Messanordnungen, deren Kalibrierung die Abhängigkeit des Erwartungswertes der Messgröße von der Zustandsgröße erfasst. Handelt es sich bei der Messgröße oder der Zustandsgröße um vektorielle Größen, dann sind die Begriffe dieser Norm auf die Komponenten der Vektoren einzeln oder auf Funktionen der Komponenten anwendbar.

Änderungen

Gegenüber DIN 55350-34:1991-02 wurden folgende Änderungen vorgenommen:

Da das Normungsprojekt bei der ISO maßgeblich durch Deutschland gestaltet wurde, sind nur redaktionelle Änderungen eingetreten.

Frühere Ausgaben

DIN 55350-34: 1991-02

DIN ISO 11843-1:2004-09

Vorwort

Die ISO (Internationale Organisation für Normung) ist die weltweite Vereinigung nationaler Normungsinstitute (ISO-Mitgliedskörperschaften). Die Erarbeitung Internationaler Normen obliegt den Technischen Komitees der ISO. Jede Mitgliedskörperschaft, die sich für ein Thema interessiert, für das ein Technisches Komitee eingesetzt wurde, ist berechtigt, in diesem Komitee mitzuarbeiten. Internationale (staatliche und nicht staatliche) Organisationen, die mit der ISO in Verbindung stehen, sind an den Arbeiten ebenfalls beteiligt. Die ISO arbeitet in allen Angelegenheiten der elektrotechnischen Normung eng mit der Internationalen Elektrotechnischen Kommission (IEC) zusammen.

Die von den Technischen Komitees verabschiedeten Internationalen Norm-Entwürfe werden den Mitgliedskörperschaften zur Abstimmung vorgelegt. Die Veröffentlichung als Internationale Norm erfordert Zustimmung von mindestens 75 % der abstimmenden Mitgliedskörperschaften.

Die Internationale Norm ISO 11843-1 wurde durch das Technische Komitee ISO/TC 69, *Anwendung statistischer Methoden*, Unterkomitee SC 6, *Messmethoden und Messergebnisse*, erarbeitet.

ISO 11843 besteht unter dem Haupttitel *Erkennungsfähigkeit* aus den folgenden Teilen:

— Teil 1: Begriffe

— Teil 2: Verfahren

Die Anhänge A und B dieses Teils von ISO 11843 dienen nur der Information.

Foreword

ISO (the International Organization for Standardization) is a worldwide federation of national standards bodies (ISO member bodies). The work of preparing International Standards is normally carried out through ISO technical committees. Each member body interested in a subject for which a technical committee has been established has the right to be represented on that committee. International organizations, governmental and non-governmental, in liaison with ISO, also take part in the work. ISO collaborates closely with the International Electrotechnical Commission (IEC) on all matters of electrotechnical standardization.

Draft International Standards adopted by the technical committees are circulated to the member bodies for voting. Publication as an International Standard requires approval by at least 75 % of the member bodies casting a vote.

International Standard ISO 11843-1 was prepared by Technical Committee ISO/TC 69, *Applications of statistical methods*, Subcommittee SC 6, *Measurement methods and results*.

ISO 11843 consists of the following parts, under the general title *Capability of detection*:

— Part 1: Terms and definitions

— Part 2: Methodology

Annexes A and B of this part of ISO 11843 are for information only.

Anwendungsbereich

Dieser Teil von ISO 11843 legt die Begriffe zur Erkennung einer Differenz zwischen einem Istzustand eines Systems und dessen Grundzustand fest.

Die in diesem Teil von ISO 11843 festgelegten Hauptbegriffe Erkennungsgrenze, Erfassungsgrenze und Erfassungsvermögen (siehe die Begriffe mit den Nummern 9 bis 11) gelten für verschiedene Situationen wie etwa die Ermittlung des Vorhandenseins einer zu betrachtenden Substanz in einem Material, die Energieabgabe von Proben oder die geometrische Änderung von statischen Systemen unter Torsionsbelastung.

Scope

This part of ISO 11843 specifies terms and definitions relating to the detection of a difference between an actual state of a system and its basic state.

The general concepts laid down in this part of ISO 11843, critical value of the response variable, critical value of the net state variable and minimum detectable value of the net state variable (see definitions Nos. 9 to 11), apply to various situations such as checking the existence of a certain substance in a material, the emission of energy from samples or plants, or the geometric change in static systems under distortion.

Erkennungsgrenze und Erfassungsgrenze können zur Prüfung der unbekannten Systemzustände aus einer konkreten Messserie abgeleitet werden, welche diese kritischen Werte enthält (nämlich Erfassungsgrenze; Erkennungsgrenze). Demgegenüber dient das Erfassungsvermögen als Kenngröße des Messverfahrens zur Auswahl eines geeigneten Messprozesses. Zur Beschreibung eines Messprozesses, eines Labors oder eines Messverfahrens kann das Erfassungsvermögen festgestellt werden, sofern geeignete Messwerte für jedes relevante Merkmalsniveau verfügbar sind, das heißt eine Messserie, ein Messprozess, ein Labor oder ein Messverfahren. Die Werte des Erfassungsvermögens können für eine Messserie, einen Messprozess, ein Labor oder das (angewendete) Messverfahren unterschiedlich sein.

ISO 11843 ist auf kontinuierliche Messgrößen anwendbar. Diese Norm betrifft Messprozesse und Arten von Messeinrichtungen, bei denen die funktionale Beziehung zwischen dem Erwartungswert der Messgröße und dem Wert der Zustandsgröße durch eine Kalibrierfunktion beschrieben ist. Wenn die Messgröße oder die Zustandsgröße eine vektorielle Größe ist, sind die Begriffe von ISO 11843 getrennt auf die Komponenten der Vektoren oder auf Funktionen der Komponenten anzuwenden.

ANMERKUNG Die Definitionen der Begriffe unter den Nummern 6 und 11 betreffen theoretische Größen, die in der Wirklichkeit unbekannt bleiben. Schätzwerte für diese theoretischen Größen können aus den experimentellen Ergebnissen ermittelt werden.

Critical values can be derived from an actual measurement series so as to assess the unknown states of systems included in the series, whereas the minimum detectable value of the net state variable as a characteristic of the measurement method serves for the selection of appropriate measurement processes. In order to characterize a measurement process, a laboratory or the measurement method, the minimum detectable value can be stated if appropriate data are available for each relevant level, i.e. a measurement series, a measurement process, a laboratory or a measurement method. The minimum detectable values may be different for a measurement series, a measurement process, a laboratory or the measurement method.

ISO 11843 applies to quantities measured on scales that are fundamentally continuous. It applies to measurement processes and types of measurement equipment where the functional relationship between the expected value of the response variable and the value of the state variable is described by a calibration function. If the response variable or the state variable is a vectorial quantity, the concepts of ISO 11843 apply separately to the components of the vectors or functions of the components.

NOTE Definitions Nos. 6 and 11 refer to theoretical quantities which in reality remain unknown. Estimates of these theoretical quantities can be determined from experimental results.

Begriffe

Ohne Einschränkung der allgemeinen Anwendbarkeit dieses Teils von ISO 11843 wird davon ausgegangen, dass die Zustandsgrößendifferenz (siehe Nr. 4) nicht negativ ist, und dass die Kalibrierfunktion (siehe Nr. 6) eine streng monoton steigende Funktion ist. Siehe auch die Anmerkung 1 beim Begriff unter der Nr. 9.

Bild 1 veranschaulicht einige der definierten Begriffe. Die Form der Verteilung der Messgröße sowie die Kalibrierfunktion sind nur Beispiele. Sie enthalten keinerlei Einschränkung auf eine besondere Verteilungsart. Die in diesem Teil von ISO 11843 angewendeten Formelzeichen beziehen sich auf Bild 1 und dienen der Veranschaulichung. Sie sind kein normativer Bestandteil dieses Teils von ISO 11843.

Terms and definitions

Without restriction to the general applicability of this part of ISO 11843, it is assumed that the net state variable (see No. 4) is non-negative and that the calibration function (see No. 6) is strictly monotonically increasing. See also note 1 of definition No. 9.

Figure 1 illustrates some of the concepts defined. The form of the distribution of the response variable and the calibration function is only an example and does not imply any restriction to a particular type of distribution. The symbols used in this part of ISO 11843 refer to figure 1 and are illustrative. They do not form a normative part of this part of ISO 11843.

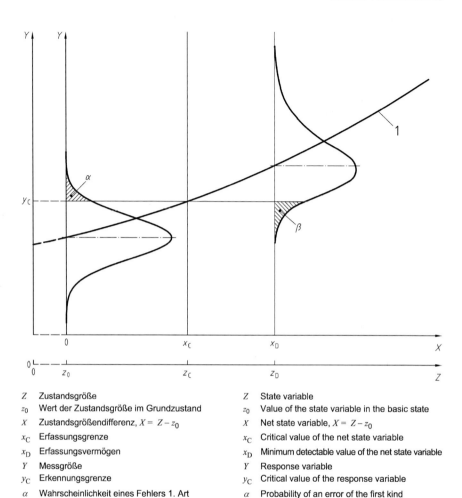

Z	Zustandsgröße	Z	State variable
z_0	Wert der Zustandsgröße im Grundzustand	z_0	Value of the state variable in the basic state
X	Zustandsgrößendifferenz, $X = Z - z_0$	X	Net state variable, $X = Z - z_0$
x_C	Erfassungsgrenze	x_C	Critical value of the net state variable
x_D	Erfassungsvermögen	x_D	Minimum detectable value of the net state variable
Y	Messgröße	Y	Response variable
y_C	Erkennungsgrenze	y_C	Critical value of the response variable
α	Wahrscheinlichkeit eines Fehlers 1. Art	α	Probability of an error of the first kind
β	Wahrscheinlichkeit eines Fehlers 2. Art für $X = x_D$	β	Probability of an error of the second kind for $X = x_D$
1	Kalibrierfunktion	1	Calibration function

Bild 1 — Kalibrierfunktion, Erkennungsgrenze, Erfassungsgrenze und Erfassungsvermögen

Figure 1 — Calibration function, critical value of the response variable, critical value of the net state variable and minimum detectable value of the net state variable

1
Zustandsgröße
Z

Größe zur Beschreibung des Zustands eines Systems

ANMERKUNG 1 Im Allgemeinen ist ein System durch mehr als eine Zustandsgröße charakterisiert. Abhängig vom Ziel der Untersuchung wird allerdings nur eine einzige Zustandsgröße ausgewählt, um eine Differenz zwischen einem Istzustand und dem Grundzustand zu entdecken.

ANMERKUNG 2 Üblicherweise nimmt die ausgewählte Zustandsgröße ihren kleinsten Wert im Grundzustand ein.

BEISPIELE

a) Konzentration oder Menge einer Substanz in einer Mischung von Substanzen.

b) Intensität (Energiedichte, Leistungsdichte usw.) der durch eine (Energie-)Quelle emittierten Energie (Strahlung, Geräusch usw.).

c) Geometrische Veränderung in einem statischen System, wenn es verformt wird.

1
state variable
Z

quantity describing the state of a system

NOTE 1 Generally, a system is characterized by more than one state variable. However, depending on the scope of the investigation, only one state variable is selected for the purpose of detecting a difference between an actual state and the basic state.

NOTE 2 Usually the selected state variable attains its smallest value in the basic state.

EXAMPLES

a) Concentration or amount of a substance in a mixture of substances.

b) Intensity (energy density, power density, etc.) of the energy (radiation, sound, etc.) emitted by a source.

c) Geometric change in a static system when it is distorted.

2
Grundzustand
spezieller Zustand eines Systems zur Anwendung als Ausgangspunkt für die Ermittlung von Istzuständen des Systems

BEISPIEL Ein Gleichgewichtszustand oder ein Extremalzustand.

2
basic state
specific state of a system for use as a base for the evaluation of actual states of the system

EXAMPLE A state of equilibrium or of an extreme condition.

3
Bezugszustand
Zustand eines Systems, dessen Abweichung vom Grundzustand bezüglich der Zustandsgröße Z als bekannt vorausgesetzt wird

3
reference state
state of a system, the deviation of which from the basic state is assumed to be known with respect to the state variable, Z

4
Zustandsgrößendifferenz
X

Differenz zwischen der Zustandsgröße Z und ihrem Wert z_0 im Grundzustand

ANMERKUNG 1 Die Zustandsgrößendifferenz bildet eine abgeleitete Variable, die einer Intervall-Skala folgt, deren Nullpunkt dem Wert der Zustandsgröße im Grundzustand entspricht.

ANMERKUNG 2 Wenn der Wert der Zustandsgröße im Grundzustand unbekannt ist (wie es oft der Fall ist), kann nur der Wert der Zustandsgrößendifferenz gemessen werden, nicht aber der Wert der Zustandsgröße selbst.

ANMERKUNG 3 Wenn die Voraussetzung festgelegt wurde, dass der Grundzustand durch den Wert Null der Zustandsgröße repräsentiert wird, entspricht im Gedankenmodell[N1] die Zustandsgrößendifferenz der Zustandsgröße selbst.

4
net state variable
X

difference between the state variable, Z, and its value in the basic state, z_0

NOTE 1 The net state variable constitutes a derived variable following an interval scale, the zero of which corresponds to the value of the state variable in the basic state.

NOTE 2 If the value of the state variable in the basic state is unknown (as is often the case), only the value of the net state variable can be measured but not that of the state variable itself.

NOTE 3 If the assumption is made that the basic state is represented by the zero value of the state variable, the net state variable is conceptually equivalent to the state variable itself.

N1) Siehe Bild 1.

5 Messgröße
Y

eine Variable, welche die ermittelten Ergebnisse eines experimentellen Vorgehens zeigt [ISO 3534-3:1985]

Für den Zweck von ISO 11843 ist diese allgemeine Definition in der folgenden speziellen Form zu verstehen:

Unmittelbar ermittelbarer Ersatz für die Zustandsgröße Z

ANMERKUNG Der Erwartungswert der Messgröße ist über eine Kalibrierfunktion verknüpft mit der Zustandsgrößendifferenz X.

BEISPIEL Wenn die Zustandsgröße die Konzentration oder die Menge einer Substanz ist und eine spektroskopische Untersuchungsmethode angewendet wird, kann die Messgröße ein Extremwert oder die Fläche (im Bereich) unter einem (ausgeprägten) Extremwert sein.

6 Kalibrierfunktion

funktionale Beziehung zwischen dem Erwartungswert der Messgröße und dem Wert X der Zustandsgrößendifferenz X

ANMERKUNG 1 Siehe Absatz 1 unter „Begriffe".

ANMERKUNG 2 In graphischen Darstellungen einer Kalibrierfunktion wird die Messgröße üblicherweise auf der Ordinate und die Zustandsgrößendifferenz auf der Abszisse dargestellt, siehe Bild 1.

ANMERKUNG 3 Die Kalibrierfunktion ist eine gedankliche (Modell-)Vorstellung. Sie kann durch einen Versuch nicht ermittelt werden. Sie wird durch Kalibrierung geschätzt.

7 Kalibrierung

vollständige Serie von Tätigkeiten, die unter festgelegten Bedingungen die Kalibrierfunktion aus Ermittlungen der Messgröße Y schätzt, gewonnen bei Bezugszuständen

ANMERKUNG Bezüglich ihres wesentlichen Inhalts steht diese Definition im Einklang mit der Definition von Kalibrierung im *Internationalen Wörterbuch* (der Grundbegriffe und allgemeinen Begriffe) *der Metrologie* (VIM). Dieses Wörterbuch benutzt auch die in diesem Teil von ISO 11843 definierten Begriffe.

8 Messserie

Gesamtheit aller Messwerte, deren Auswertung auf derselben Kalibrierung beruht

ANMERKUNG Im vorliegenden Zusammenhang bedeutet Auswertung die Umrechnung der sich ergebenden Werte der Messgröße in Schätzwerte der Zustandsgrößendifferenz mittels der geschätzten Kalibrierfunktion.

5 response variable
Y

variable that shows the observed results of an experimental treatment [ISO 3534-3:1985]

For the purposes of ISO 11843, this general definition is understood in the following specialized form:

directly observable surrogate for the state variable, Z

NOTE The expected value of the response variable is related to the net state variable, X, via a calibration function.

EXAMPLE If the state variable is the concentration or amount of a substance and a spectroscopic measurement method is used, the response variable might be a peak height or the area under a peak.

6 calibration function

functional relationship between the expected value of the response variable and the value of the net state variable, X

NOTE 1 See paragraph 1 in "Terms and definitions".

NOTE 2 In graphical representations of a calibration function, the response variable is usually represented by the ordinate and the net state variable by the abscissa; see figure 1.

NOTE 3 The calibration function is conceptual and cannot be determined empirically. It is estimated through calibration.

7 calibration

complete set of operations which estimates under specified conditions the calibration function from observations of the response variable, Y, obtained on reference states

NOTE As regards its essential content this definition is consistent with the definition of "calibration" in the *International Vocabulary of Basic and General Terms in Metrology*. However, it uses the terms defined in this part of ISO 11843.

8 measurement series

totality of all measurements, the evaluation of which is based on the same calibration

NOTE Evaluation in this context means the conversion of response variable results into estimates of the net state variable by means of the estimated calibration function.

9
Erkennungsgrenze
y_C

Wert der Messgröße Y, dessen Überschreitung für eine festgelegte Wahrscheinlichkeit eines Fehlers 1. Art α zum Schluss führt, dass das betrachtete System nicht in seinem Grundzustand ist

ANMERKUNG 1 Wenn die Zustandsgrößendifferenz negativ ist oder die Kalibrierfunktion streng monoton abfallend, dann ist diese Definition entsprechend anzupassen.

ANMERKUNG 2 Die Erkennungsgrenze ist der kritische Wert eines statistischen Tests mit der Nullhypothese: „Der betrachtete Zustand (des Systems) unterscheidet sich hinsichtlich der Zustandsgröße nicht vom Grundzustand". Ihr steht die Alternativhypothese gegenüber: „Der betrachtete Zustand (des Systems) unterscheidet sich hinsichtlich der Zustandsgröße vom Grundzustand".

Die Prüfgröße des oben erwähnten statistischen Tests, das heißt die Ermittlungsergebnis zur Messgröße, ist im Fall nur eines Messwerts dieser ermittelte Wert (selbst), oder im Fall wiederholter Messungen ein zentraler Wert (z. B. [arithmetischer] Mittelwert oder Median).

ANMERKUNG 3 Wenn die Nullhypothese nicht verworfen wird und die obige Regel für das Ziehen von Schlüssen befolgt wird, dann besteht die Wahrscheinlichkeit α dafür, dass die Nullhypothese zu Unrecht verworfen wird (Fehler 1. Art).

ANMERKUNG 4 Die Erkennungsgrenze hängt ab von

— der festgelegten Wahrscheinlichkeit α (Wahrscheinlichkeit eines Fehlers 1. Art; siehe auch „Signifikanzniveau" in ISO 3534-1);

— den für die Kalibrierung gewählten Bezugszuständen;

— dem für die Kalibrierung gewählten Stichprobenumfang;

— dem für die Untersuchung eines unbekannten Zustands gewählten Stichprobenumfang;

— der Art des zentralen Wertes (z. B. [arithmetischer] Mittelwert, Median), der im Fall wiederholter Messungen aus den ermittelten Werten gewonnen ist;

— den Schwankungen des Messsystems.

ANMERKUNG 5 Die Spannweite der sich bei verschiedenen Kalibrierungen ergebenden Erkennungsgrenzen hängt von Zufallseinflüssen und zeitabhängigen Schwankungen der (Werte der) Merkmale des Messsystems ab. Wegen dieser Störeinflüsse ist jede Erkennungsgrenze nur für die zugehörige Messserie gültig.

10
Erfassungsgrenze
x_C

Wert der Zustandsgrößendifferenz X, dessen Überschreitung für eine festgelegte Wahrscheinlichkeit eines Fehlers 1. Art α zum Schluss führt, dass das betrachtete System nicht in seinem Grundzustand ist

9
critical value of the response variable
y_C

value of the response variable, Y, the exceeding of which leads, for a given error probability α, to the decision that the observed system is not in its basic state

NOTE 1 If the net state variable is negative or the calibration function is strictly monotonically decreasing, this definition has to be adjusted accordingly.

NOTE 2 The critical value of the response variable is the critical value of a statistical test of the null hypothesis "The state under consideration is not different from the basic state with respect to the state variable" against the alternative hypothesis "The state under consideration is different from the basic state with respect to the state variable".

The test statistic of the above-mentioned statistical test, i.e. the response variable result, is the observed value in the case of a single measurement or a central value (e.g. average, median) in the case of repeated measurements.

NOTE 3 If the null hypothesis is true and the above rule of drawing conclusions is obeyed, the probability of wrongly rejecting the null hypothesis (error of the first kind) is α.

NOTE 4 The critical value of the response variable depends on:

— the specified probability α (probability of the error of the first kind; see also "significance level" in ISO 3534-1);

— the reference states chosen for calibration;

— the sample size chosen for calibration;

— the sample size chosen for the investigation of an unknown state;

— the kind of central value (e.g. average, median, etc.) derived from the observed values in the case of repeated measurements;

— the variation in the measurement system.

NOTE 5 The range of critical values of the response variable resulting from different calibrations depends on random influences and variations of properties of the measurement system over time. Due to these disturbing influences, each critical value of the response variable is valid only for the corresponding measurement series.

10
critical value of the net state variable
x_C

value of the net state variable, X, the exceeding of which leads, for a given error probability α, to the decision that the observed system is not in its basic state

ANMERKUNG 1 Die Erfassungsgrenze ist der Wert der Zustandsgrößendifferenz, der dem kritischen Wert der Messgröße durch Anwendung der geschätzten Kalibrierfunktion zugeordnet wird.

ANMERKUNG 2 Siehe Anmerkung 1 von Nr. 9.

ANMERKUNG 3 Die Erfassungsgrenze ist der auf eine Wahrscheinlichkeit eines Fehlers 1. Art α gegründete Wert, dessen Überschreitung durch den Schätzwert der Zustandsgrößendifferenz dazu führt, dass die Nullhypothese „Unter Berücksichtigung der Zustandsgröße ist der betrachtete Zustand nicht verschieden vom Grundzustand" verworfen wird.

ANMERKUNG 4 Inhaltlich gelten die Anmerkungen 3 bis 5 von Nr. 9.

11
Erfassungsvermögen
x_D

Wert der Zustandsgrößendifferenz X beim Istzustand, der mit einer Wahrscheinlichkeit $(1 - \beta)$ zum Schluss führt, dass sich das System nicht im Grundzustand befindet

ANMERKUNG 1 Siehe Anmerkung 1 von Nr. 9.

ANMERKUNG 2 Das Erfassungsvermögen legt den Wert der Zustandsgrößendifferenz fest, für den die Wahrscheinlichkeit β gilt, dass die Nullhypothese zu Unrecht nicht verworfen wird (Fehler 2. Art).

ANMERKUNG 3 Inhaltlich gelten die Anmerkungen 4 und 5 von Nr. 9.

ANMERKUNG 4 Das aus den Messwerten einer Serie von Istwerten vorhergesagte Erfassungsvermögen kennzeichnet die Erkennungsfähigkeit des Messprozesses für diese spezielle Messserie.

ANMERKUNG 5 Die Werte des Erfassungsvermögens für unterschiedliche Messserien

— eines einzelnen Messprozesses,

— von unterschiedlichen Messprozessen der gleichen Art,

— von unterschiedlichen Arten von Messprozessen, die auf dem gleichen Messverfahren beruhen,

können als Realisierungen einer Zufallsgröße aufgefasst werden, wobei die Parameter der Wahrscheinlichkeitsverteilung dieser Größen (demzufolge) in erster Linie als Merkmale des Messprozesses, oder der Art des Messprozesses oder des Messverfahrens betrachtet werden können.

ANMERKUNG 6 Das Erfassungsvermögen des Messverfahrens kann für die Auswahl von Messprozessen und Messverfahren für künftige Messungen angewendet werden. Ein Messprozess oder ein Messverfahren ist für eine spezielle Messaufgabe geeignet, wenn das Erfassungsvermögen kleiner oder gleich einem festgelegten Wert ist (also einer festgelegten Forderung aus wissenschaftlichen, gesetzlichen oder anderen Gründen im Hinblick auf die Erkennungsfähigkeit).

NOTE 1 The critical value of the net state variable is the value of the net state variable allocated to the critical value of the response variable by use of the estimated calibration function.

NOTE 2 See note 1 of No. 9.

NOTE 3 The critical value of the net state variable is the value, based on an error probability α, the exceeding of which by the estimated value of the net state variable leads to the rejection of the null hypothesis "The state under consideration is not different from the basic state with respect to the state variable".

NOTE 4 Notes 3 to 5 of No. 9 are valid as regards content.

11
minimum detectable value of the net state variable
x_D

value of the net state variable, X, in the actual state that will lead, with probability $(1 - \beta)$, to the conclusion that the system is not in the basic state

NOTE 1 See note 1 of No. 9.

NOTE 2 The minimum detectable value specifies the value of the net state variable for which the probability of wrongly not rejecting the null hypothesis (error of the second kind) is β.

NOTE 3 Notes 4 and 5 of No. 9 are valid as regards content.

NOTE 4 The minimum detectable value predicted from data of an actual measurement series characterizes the capability of detection of the measurement process for this specific measurement series.

NOTE 5 The minimum detectable values for different measurement series

— of a particular measurement process,

— of different measurement processes of the same type,

— of different types of measurement processes based on the same measurement method,

can be understood as realizations of random variables where the parameters of the probability distribution of these values can be considered as characteristics of the measurement process, the type of measurement process or the measurement method, respectively.

NOTE 6 The minimum detectable value of the measurement method may be used for the selection of measurement processes and methods for further measurements. A measurement process or a measurement method is suitable for a certain measurement task if the minimum detectable value is equal to or smaller than a specified value (i.e. a specified requirement on scientific, legal or other reasons regarding the capability of detection).

Anhang A
(informativ)

Bei chemischen Analysen benutzte Begriffe

Ein wichtiges Anwendungsgebiet sowohl für die Begriffe dieses Teils von ISO 11843 als auch für die in ISO 11843-2 (in Vorbereitung) angegebenen Verfahren ist die chemische Analyse. Wenn die Entsprechungen zwischen den in diesem Teil von ISO 11843 angewendeten allgemeinen Begriffen (linke Spalte) und den bei einer chemischen Analyse angewendeten Begriffen (rechte Spalte) benutzt werden, wie sie in Tabelle A.1 aufgelistet sind, dann erhält man spezielle Definitionen der Begriffe Erkennungsgrenze, Erfassungsgrenze und Erfassungsvermögen, wie sie unten (im unteren Kasten der Tabelle A.1) angegeben sind.

Annex A
(informative)

Terms used in chemical analysis

An important field of application of the terms and definitions in this part of ISO 11843 as well as the methods given in ISO 11843-2 (under preparation) is chemical analysis. If the correspondences between the general terms used in this part of ISO 11843 and the terms used in chemical analysis listed in table A.1 are used, specific definitions of the terms "critical value" and "minimum detectable value" are obtained which are given below.

Tabelle A.1
Table A.1

Allgemeine Begriffe General term	Bei chemischen Analysen angewendete Begriffe Terms used in chemical analysis
Betrachtetes System observed system	Zu analysierendes Material material to be analysed
Zustand (eines Systems) state (of a system)	Chemische Zusammensetzung (des zu analysierenden Materials) chemical composition (of the material to be analysed)
Zustandsgröße state variable	Konzentration oder Menge der zu bestimmenden chemischen Substanz concentration or amount of the chemical species to be determined
Grundzustand basic state	Chemische Zusammensetzung des reinen Materials chemical composition of the blank material
Bezugszustand reference state	Chemische Zusammensetzung eines Referenzmaterials chemical composition of a reference material
Zustandsgrößendifferenz net state variable	Konzentrations- oder Mengen-Differenz des Analyten, also der Unterschied zwischen der Konzentration oder der Menge der zu bestimmenden chemischen Substanz in dem zu analysierenden Material und derjenigen im reinen Material net concentration or amount of the chemical species to be determined, i.e. the difference between the concentration or amount of the chemical species to be determined in the material to be analysed and that in the blank material
Messgröße response variable	
Kalibrierfunktion calibration function	identisch mit dem jeweiligen allgemeinen Begriff
Kalibrierung calibration	(Benennung eingeschlossen) identical to general term
Messserie measurement series	
Erkennungsgrenze critical value of the response variable	[1]
Erfassungsgrenze critical value of the net state variable	Erfassungsgrenze für eine Konzentration oder Menge [2] critical value of the net concentration or amount [2]
Erfassungsvermögen minimum detectable value of the net state variable	Erfassungsvermögen für eine Konzentration oder Menge [3] minimum detectable net concentration or amount [3]

[1] Die entsprechende Definition lautet:
Erkennungsgrenze
Wert der Messgröße, dessen Überschreitung für eine festgelegte Wahrscheinlichkeit eines Fehlers 1. Art α zum Schluss führt, dass die betrachtete Konzentration oder Menge der zu bestimmenden chemischen Substanz im zu analysierenden Material größer ist als die im reinen Material

[2] Die entsprechende Definition lautet:
Erfassungsgrenze
Wert der Konzentrations- oder Mengendifferenz, dessen Überschreitung für eine festgelegte Wahrscheinlichkeit eines Fehlers 1. Art α zum Schluss führt, dass die Konzentration oder Menge der zu bestimmenden chemischen Substanz im zu analysierenden Material größer ist als die im reinen Material

[3] Die entsprechende Definition lautet:
Erfassungsvermögen
Wahrer Wert der Konzentration oder Menge der zu bestimmenden chemischen Substanz im zu analysierenden Material, die mit einer Wahrscheinlichkeit $(1 - \beta)$ zum Schluss führt, dass die Konzentration oder Menge der zu bestimmenden chemischen Substanz im zu analysierenden Material größer ist als im reinen Material

DIN ISO 11843-1:2004-09

Tabelle A.2 *(abgeschlossen)*
Table A.1 *(concluded)*

[1] Corresponding definition is:

critical value of the response variable

value of the response variable the exceeding of which leads, for a given error probability α, to the decision that the concentration or amount of the chemical species to be determined in the analysed material is larger than that in the blank material

[2] Corresponding definition is:

critical value of the net concentration or amount

value of the net concentration or amount the exceeding of which leads, for a given error probability α, to the decision that the concentration or amount of the chemical species to be determined in the analysed material is larger than that in the blank material

[3] Corresponding definition is:

minimum detectable net concentration or amount

true net concentration or amount of the chemical species to be determined in the material to be analysed which will lead, with probability $(1 - \beta)$, to the conclusion that the concentration or amount of the chemical species to be determined in the analysed material is larger than that in the blank material

Anhang B
(informativ)

Literaturhinweise

[1] ISO 3534-1:1993, *Statistik — Begriffe und Formelzeichen — Teil 1: Wahrscheinlichkeit und allgemeine statistische Begriffe.*

[2] ISO 3534-3:1985, *Statistik — Begriffe und Formelzeichen — Teil 3: Versuchsplanung.*

[3] VIM:1993, *Internationales Wörterbuch (von Grundbegriffen und allgemeinen Begriffen) der Metrologie.*

Annex B
(informativ)

Bibliography

[1] ISO 3534-1:1993, *Statistics — Vocabulary and symbols — Part 1: Probability and general statistical terms.*

[2] ISO 3534-3:1985, *Statistics — Vocabulary and symbols — Part 3: Design of experiments.*

[3] VIM:1993, *International Vocabulary of Basic and General Terms in Metrology.*

Inserentenverzeichnis

Die inserierenden Firmen und die Aussagen in Inseraten stehen nicht notwendigerweise in einem Zusammenhang mit den in diesem Buch abgedruckten Normen. Aus dem Nebeneinander von Inseraten und redaktionellem Teil kann weder auf die Normgerechtheit der beworbenen Produkte oder Verfahren geschlossen werden, noch stehen die Inserenten notwendigerweise in einem besonderen Zusammenhang mit den wiedergegebenen Normen. Die Inserenten dieses Buches müssen auch nicht Mitarbeiter eines Normenausschusses oder Mitglied des DIN sein. Inhalt und Gestaltung der Inserate liegen außerhalb der Verantwortung des DIN.

DQS GmbH 4. Umschlagseite
60433 Frankfurt am Main

Zuschriften bezüglich des Anzeigenteils werden erbeten an:

Beuth Verlag GmbH
Burggrafenstraße 6
10787 Berlin